DAS AUTOBIOGRAPHISCHE GEDÄCHTNIS: GRUNDLAGEN UND KLINIK

D1732452

Das autobiographische Gedächtnis:

Grundlagen und Klinik

Herausgeber

Johannes Schröder

Sektion Gerontopsychiatrie, Universität Heidelberg

und

Frank G. Brecht

St. Thomas e. V., Heidelberg

Bibliographic information published by *Die Deutsche Bibliothek*
Die Deutsche Bibliothek lists this publication in the *Deutsche Nationalbibliografie*;
Detailed bibliographic data is available on the Internet at http://dnb.ddb.de.

Akademische Verlagsgesellschaft   **Verlagsauslieferung**
AKA GmbH   HEROLD Auslieferung & Service GmbH
Postfach 103305   Raiffeisenallee 10
69023 Heidelberg   82041 Oberhaching
Tel. +49 (0) 6221 21881   Tel. +49 (0) 89 6138710
FAX +49 (0) 6221 167355   FAX +49 (0) 89 61387120
E-Mail: info@aka-verlag.de   E-Mail: herold@herold-va.de

Printed in the Netherlands

ISBN 978-3-89838-618-0

Inhaltsverzeichnis

Das autobiographische Gedächtnis: Grundlagen und Klinik
J. Schröder und F.G. Brecht (Hrsg.)
© 2009, AKA Verlag Heidelberg

1

„La réalité ne se forme que dans la mémoire"

Anstelle eines Vorworts

Johannes PANTEL

Das in der Titelzeile angeführte Zitat von Marcel Proust steht zu Beginn einer der beeindruckendsten literarischen Autobiographien des 20. Jahrhunderts. In „Der Wendepunkt" erzählt Klaus Mann – geboren 1906 in München als ältester Sohn von Katja und Thomas Mann – seinen Lebenslauf, beschreibt ein Generationenschicksal und illustriert mit überragender Sprachgewalt politische, historische und kulturelle Schlüsselereignisse seiner Zeit. Gleich zu Beginn des ersten Kapitels seiner Autobiographie reflektiert Klaus Mann über dasjenige Phänomen, das auch im Mittelpunkt der Beiträge des vorliegenden Buches steht:

> „Erinnerungen sind aus wundersamen Stoffen gemacht – trügerisch und dennoch zwingend, mächtig und schattenhaft. Es ist kein Verlass auf die Erinnerung, und dennoch gibt es keine Wirklichkeit außer der, die wir im Gedächtnis tragen. Jeder Augenblick, den wir durchleben, verdankt dem Vorangegangenen seinen Sinn. Gegenwart und Zukunft wirken wesenlos, wenn die Spur des Vergangenen aus unserem Bewusstsein gelöscht wäre. Zwischen uns und dem Nichts steht unser Erinnerungsvermögen, ein allerdings etwas problematisches und fragiles Bollwerk" (Mann, 2006, S. 25f).

In der Tat, Gedächtnis und Erinnerung stellen auch heute noch aus wissenschaftlicher Perspektive einen der faszinierendsten, vielschichtigsten und für eine Vielzahl wissenschaftlicher Disziplinen relevantesten Forschungsgegenstände dar. Das Phänomen Gedächtnis beschäftigt nicht nur Philosophen, Historiker und Kulturwissenschaftler, gerade auch für Hirnforscher, Psychiater und Psychologen ist es eine spannende und in vielerlei Hinsicht nach wie vor ungelöste Herausforderung.

Entsprechend stand das Thema Gedächtnis – mit thematischem Fokus auf das autobiographische Gedächtnis – im Mittelpunkt des *VIII. Heidelberger Symposiums zur interdisziplinären Arbeit in der Sozialpsychiatrie*. Die wissenschaftliche Tagung sollte den fachlichen Austausch zwischen Ärzten, Psychologen, Sozialarbeitern, Sozialpädagogen, Ergotherapeuten, Krankenpflegern, Theologen, Juristen und ehrenamtlich Tätigen fördern und im interdisziplinären Dialog theoretische, aber vor allem auch für die Praxis relevante Aspekte des Themas „Autobiographisches Gedächtnis" ausarbeiten. Tatsächlich ist es den Organisatoren der Veranstaltung mit diesem international besetzten Symposium gelungen, ausgewiesene Experten und Praktiker nicht nur zusammenzuführen, sondern sie auch in einen fruchtbaren interdisziplinären Austausch zu bringen. Die Ergebnisse dieser Reflexion, die das Thema „Autobiographisches Gedächtnis" aus Perspektive der Hirnforschung, Neurobiologie, Medizin, Psychopathologie, Psychologie und Sozialwissenschaft jeweils prototypisch beleuchtet, sind in dem vorliegenden Band zusammengefasst.

Das „Autobiographische Gedächtnis" umfasst die Erinnerung an äußere Lebensdaten und Umstände, vor allem jedoch an Selbsterlebtes und persönliche Erfahrungen.
Offene Fragen betreffen dabei nicht nur die neurobiologischen Grundlagen des autobiographischen Gedächtnisses, sondern auch die jeweils charakteristischen Störungs-
muster im Kontext unterschiedlicher psychiatrischer Krankheitsbilder. Bei der Bildung
des autobiographischen Gedächtnisses, das ja von besonderer Relevanz für die Identität
und Selbstverwirklichung des Menschen ist, spielen jedoch nicht nur neurobiologische
Grundlagen eine Rolle, vielmehr wird es auch geformt und in starker Weise beeinflusst
durch die gesellschaftlichen Umstände, in denen wir leben. Insofern einzelne Individuen in interaktiver Weise gesellschaftliche Wirklichkeit konstituieren und gesellschaftliche Wirklichkeit umgekehrt für die jeweils individuelle Entwicklung prägend
ist, stehen Gedächtnis und Erinnerung bei der Erklärung von sowohl individuellen aber
auch gesellschaftlichen Entwicklungsprozessen in ganz besonderer Weise im Mittelpunkt.

Gewiss, Gedächtnisbildung – zumal die Herausbildung autobiographischer Gedächtnisinhalte – findet zunächst einmal im menschlichen Gehirn statt. Was genau lief
also im Gehirn von Klaus Mann ab – so könnte man fragen – als er den „Wendepunkt"
schrieb? Welche Antwort kann die Hirnforschung schon heute auf die Frage nach den
neurobiologischen Grundlagen der Entstehung von autobiographischer Erinnerung
geben? Welche Hirnregionen und zerebralen Netzwerke sind aktiv, wenn ich mich
etwa an prägende Episoden meiner Kindheit oder frühen Erwachsenenjahre erinnere?
Eine annähernde Antwort auf diese Fragen mögen die Ergebnisse einer Untersuchung
der eigenen Arbeitsgruppe (AG Gerontopsychiatrie am Universitätsklinikum Frankfurt)
geben (Matura et al., 2008). An 26 älteren Erwachsenen (13 kognitiv gesunden und 13
Personen mit leichter kognitiver Beeinträchtigung) studierte Silke Matura die autobiographischen Gedächtnisfunktionen mithilfe der funktionellen Magnetresonanztomographie
(MRT). Zur Untersuchung der Fragestellungen wurde ein neues Stimulationsparadigma
geschaffen: Zunächst wurden bei allen Probanden mithilfe des Bielefelder autobiographischen Gedächtnisinventars (BAGI) ausführliche Interviews durchgeführt, welche
verschriftet wurden und als Grundlage für die Generierung von Stimuli dienten, die bei
den funktionellen MRT-Messungen verwendet wurden. Aus jedem Interview wurden
18 alte (älter als 5 Jahre) und 18 neue (jünger als 5 Jahre) Erinnerungen extrahiert und
in kurzen Sätzen zusammengefasst. Die Sätze wurden den Probanden während der
Messung im Magnetresonanztomographen mit der Aufforderung präsentiert, sich
möglichst lebhaft zu erinnern. Als Kontrollbedingung wurde der Abruf semantischer
Informationen implementiert (semantische Satzergänzung).

Unsere Ergebnisse zeigten, dass beim autobiographischen Erinnern eine Vielzahl
unterschiedlicher Hirnregionen aktiv sind und miteinander interagieren (**Abbildung 1**):
Beide Gruppen aktivierten ein bilaterales Netzwerk neuronaler Strukturen einschließlich der medialen und vorderer Anteile des Temporallappens, der temporo-parietalen
Übergangsregionen, des lateralen präfrontalen Cortex, des Occipitallappens, des
Präcuneus, des rechten Thalamus, des cingulären Cortex und des Mandelkerns. Zur
Interpretation der Befunde lässt sich das folgende neurobiologische Modell autobio-
graphischer Erinnerung konstruieren: Wenn sich ein Individuum an ein autobiographi-
sches Ereignis erinnert, wird zunächst ein Suchprozess im Bereich des ventrolateralen
präfrontalen Cortex in Gang gesetzt. Hierbei spielt vermutlich auch das Kleinhirn eine
Rolle, welches weit mehr als bisher angenommen nicht nur für motorische, sondern
auch kognitive Koordinationsprozesse bedeutsam ist. Kurz nach Initiierung dieses
Suchprozesses wird durch Strukturen im mittleren Temporallappen, insbesondere im

Bereich des Hippocampus, ein räumlich–zeitlich spezifisches Ereignis reproduziert. Dieses geschieht unter der Führung temporo-parietaler Übergangsregionen, die die gerichtete Aufmerksamkeit auf das Ereignis sicherstellen. Im Allgemeinen sind auto-biographische Erinnerungen durch mehr oder weniger lebhafte Bilder und Vorstel-lungen des erinnerten Ereignisses charakterisiert. Die Generierung dieser lebhaften Bilder wird vermutlich durch Areale im occipitalen Cortex und Präcuneus initiiert. Dagegen sind Regionen im Thalamus und dorsolateralen präfrontalen Cortex für die Aufrechterhaltung und Weiterverarbeitung des erinnerten Ereignisses im Arbeits-gedächtnis zuständig. Die erinnerten Bilder sind für das Individuum jedoch alles anderes als abstrakt! Vielmehr sind sie begleitet von bisweilen lebhaften Emotionen und werden gleichzeitig als „Meinhaftig" (zum Selbst gehörig) erlebt. Bei der Ent-stehung der emotionalen Tönung ist vermutlich der Mandelkern maßgeblich beteiligt, der auch in unserer Untersuchung eine beidseitige Aktivierung zeigte. Auch Areale, die bekanntermaßen eine bedeutsame Rolle bei der Bildung selbstreferenzieller mentaler Prozesse spielen – namentlich der ventromediale präfrontale Cortex und das posteriore Cingulum – wurden bei unseren Probanden aktiviert.

Autobiographisches Erinnern > Semantisches Erinnern bei älteren gesunden Probanden

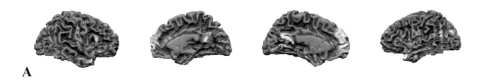

A

Autobiographisches Erinnern > Semantisches Erinnern bei (amnestischer) leichter kognitiver Beeinträchtigung

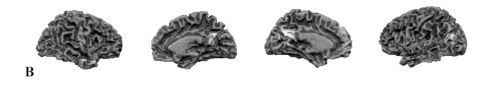

B

t-score 3.2 ■■■■■■■■■ 8.0

Abbildung 1: Neuronale Aktivierung bei der Erinnerung an autobiographische Gedächtnisinhalte im Vergleich zu einer Satzergänzungsaufgabe (semantisches Gedächtnis). Die funktionellen Karten der Hirnaktivierung sind auf die rekonstruierte Oberfläche eines Standardhirns projiziert (MNI Template). Von links nach rechts gelesen sind jeweils die laterale Sicht auf die rechte Hemisphäre, die mediale Sicht auf die rechte Hemisphäre, die laterale Sicht auf die linke Hemisphäre und die mediale Sicht auf die linke Hemisphäre bei älteren Gesunden (obere Reihe) und älteren Patienten mit leichter kognitiver Beeinträchtigung (untere Reihe) abgebildet (Matura et al., 2008).

Das dargestellte Netzwerk funktionierte in unserer Studie selbst dann noch rei-bungslos, wenn die Probanden bereits nachweislich Störungen des deklarativen Ge-dächtnisses (d. h. Störungen bei der Erinnerung an Wortlisten) zeigten. Offensichtlich ist das intakte Funktionieren autobiographischer Gedächtnisfunktionen für das Individuum von solch großer Bedeutung, dass es selbst bei einer beginnenden degenerativen Hirnschädigung (unter der unsere Probanden mit leichter kognitiver Beeinträchtigung vermutlich litten) noch kompensiert ist. Dieser Befund hat auch mögliche Implikationen für Aspekte der Therapie und Rehabilitation von Patienten mit Gedächtnisstörungen, von denen in dem vorliegenden Buch im Beitrag von *Ulrich Seidl, Pablo Toro* und *Johannes Schröder* noch die Rede sein wird.

Die dargestellten Befunde machen deutlich, dass die neurobiologischen Grundlagen der autobiographischen Gedächtnisbildung keineswegs durch einfache lokalisatorische Modelle zu beschreiben sind bzw. durch die Funktion einer einzelnen Hirnregion aufrechterhalten wird. In dem vorliegenden Buch gibt der Beitrag von *Hans J. Markowitsch* dem Leser daher eine ausführliche Einleitung und Übersicht in dieses Forschungsgebiet und macht es damit – z. T. anhand anschaulicher Fallbeispiele – auch für den Laien nachvollziehbar. Nach Lektüre dieses Kapitels ist der Leser mit den wichtigsten Grundlagen der Neuropsychologie menschlicher Gedächtnisbildung vertraut und hat verstanden, dass diese elementare kognitive Funktion nur durch eine komplexe Interaktion einer Vielzahl neuroanatomischer Einzelregionen erklärbar ist.

Die Fähigkeit stabile autobiographische Gedächtnisinhalte zu generieren ist uns jedoch nicht am Tag unserer Geburt automatisch verfügbar, sondern muss im Laufe von Kindheit und Jugend zunächst heranreifen. In einer weiteren beeindruckenden Autobiographie der Gegenwartsliteratur reflektiert der türkische Literatur-Nobelpreisträger Orhan Pamuk gleich zu Beginn des Buches „Istanbul" über dieses Phänomen.

„Es gibt im Türkischen eine von mir sehr geschätzte spezielle Vergangenheitsform für alles, was in Träumen und Märchen geschieht oder wir nicht direkt miterlebt haben, und im Grunde genommen ist das auch das geeignete Tempus, um alles wiederzugeben, was wir in der Wiege erleben, im Kinderwagen oder bei unseren ersten wackligen Schritten. Unsere ersten Lebenserfahrungen werden uns ja später von unseren Eltern vermittelt und wir hören dann gerührt die Geschichte unserer Gehversuche und unseres ersten Gestammels, als sei gar nicht von uns selbst die Rede. (…) In glücklichen Momenten – von denen es in meiner Kindheit zuhauf gab – nahm ich nicht zu sehr mein eigenes Dasein wahr, sondern empfand vielmehr, dass die Welt gut, schön, angenehm und sonnig war. Ein schlechtes Essen, ein übler Geschmack, der Laufstall in den ich gesperrt wurde, bis ich vor Wut ins Gitter biss, oder mein schlimmstes Kindheitserlebnis, nämlich der Tag, an dem ich mir im Auto meines Onkels den Finger in der Tür quetschte und auch beim Röntgenarzt immer noch herzzerreißend weinte, all das klärte mich nicht über mein eigenes Ich auf, sondern über Gemeinheiten und Schmerzen, denen es aus dem Weg zu gehen galt. Und doch begann sich aus dem Wirrwarr meines Bewusstseins allmählich ein Gespür für mein eigenes Ich herauszuschälen" (Pamuk, 2006, S. 15f und 17f).

Die Frage nach der Entwicklung des autobiographischen Gedächtnisses in Kindheit und Jugend – die hier so plastisch beschrieben wurde – ist Domäne der Entwicklungspsychologie und der Kinder- und Jugendpsychiatrie. Die entsprechenden Zusammenhänge werden in dem Beitrag von *Stephan Bender* in kompetenter Weise beleuchtet. Auch die Entwicklungspsycho(patho)logie ist nicht ohne Zugriffe auf neurobiologische Grundlagen zu verstehen, jedoch müssen psychosoziale Dimensionen zusätzlich herangezogen werden, um dem Verständnis dieser Prozesse näher zu kommen. Die Antworten auf die – auch gewiss z. T. noch offenen – Fragen haben besondere Implikationen nicht nur für das Erkennen und die Behandlung seelischer Störungen in Kindheit und Jugend, sondern auch für Aspekte der Prävention, Pädagogik und kindlichen Bildung.

Die Komplexität der Heranbildung und auch Aufrechterhaltung eines funktionalen autobiographischen Erinnerungsvermögens macht diese menschliche Fähigkeit verständlicherweise anfällig für Störungen, die sowohl im Gesunden wie auch im Kranken zu beschreiben sind. Schon im Zustand vollkommener seelischer Gesundheit kann uns das autobiographische Erinnerungsvermögen bisweilen an der Nase herumführen und uns Ereignisse aus der Vergangenheit vortäuschen, die entweder gar nicht oder nicht in der erinnerten Form stattgefunden haben. Diese Erinnerungstäuschungen bzw. Pseudoerinnerungen werden in der psychologischen Literatur unter dem Begriff des *false memory syndrom* beschrieben. Auch dieses Phänomen wird von Orhan Pamuk in seiner Autobiographie anschaulich dargestellt:

> „Wir gewöhnen uns nämlich daran, alles Erlebte – und selbst die höchsten Genüsse – danach zu bewerten, wie andere es sehen. Genau wie unsere ersten „Erinnerungen" aus der Babyzeit, die wir von anderen so oft erzählt bekommen, bis sie ganz zu unseren eigenen geworden sind, sodass wir schließlich meinen, uns wirklich daran erinnern zu können, und sie gutgläubig weiter erzählen, so wird auch im späteren Leben oft das, was andere über unser Tun und Lassen denken, uns nicht nur zum eigenen Gedankengut, sondern auch zu einer Erinnerung, die uns wichtiger als das Erlebte selbst ist" (Pamuk, 2006, S. 15f).

Falsche Erinnerungen bzw. Pseudoerinnerungen sind also alltägliche Phänomene, die jedem Menschen in der einen oder anderen Form schon widerfahren sind. Bisweilen können sie jedoch extreme, z. T. bizarre Dimensionen annehmen und eine überwältigende Dynamik auf das innere Erleben eines Menschen entwickeln. In ihrem Buch „Spectral Evidence. The Ramona Case: Incest, Memory, and Truth on Trial in Napa Valley" dokumentierte Moira Johnston auf packende Weise einen Gerichtsfall, der sich im Jahre 1994 im Kalifornischen Napa Valley zugetragen hat. In dem Prozess kämpfte ein Vater und ehemals erfolgreicher Manager im Weingeschäft um Schadenersatz gegen die Zerstörung seiner Familie, seiner persönlichen Reputation und seiner beruflichen Karriere, die er durch Inzestanschuldigungen seiner Tochter Holly erlitten hatte. Beschuldigt wurde in diesem Prozess jedoch nicht die Tochter – die vielmehr selbst durchgängig als Opfer der dargestellten Ereignisse erscheint – sondern die Therapeutin der Tochter, die durch dilettantisches Vorgehen bei der Therapie von Hollys Essstörung falsche Inzesterinnerungen bei Holly induziert haben sollte.

In dem Buch, das sich teilweise wie ein spannender Krimi liest, werden minutiös die Details des Gerichtsverfahrens nachgezeichnet, dessen zentraler Punkt die Klärung der Authentizität der von Holly vorgebrachten Erinnerungen an den vermeintlichen Missbrauch war. Nach umfangreicher Beweisaufnahme, die auch die Anhörung namhafter wissenschaftlicher Experten aus dem Bereich der Gedächtnisforschung enthielt, kam das Gericht zu dem Schluss, dass die Psychotherapeutin einen schweren Kunstfehler begangen habe und verklagte sie zur Zahlung einer siebenstelligen Schadenersatzsumme. Auch dieses Beispiel macht deutlich, dass die Frage nach der Entwicklung autobiographischer Gedächtnisinhalte nicht nur eine rein theoretische ist, sondern auch erhebliche praktische Auswirkungen für die tägliche Arbeit von Psychiatern und Psychotherapeuten haben kann.

Entsprechend naheliegend ist die Beschäftigung mit der Frage, welche Störungen des autobiographischen Gedächtnisses bei häufigen neuropsychiatrischen Erkrankungen vorliegen und wie diese auf der Basis pathogenetisch relevanter zerebraler Veränderungen bei diesen Krankheitsbildern erklärt werden können. Anhand eines Sonderphänomens des autobiographischen Gedächtnisses, dem so genannten „*flashbulb memory*" untersuchen *Narinder Kapur, Pat Abbott, Kim S. Graham und Jon S. Simons* in ihrem Beitrag detailliert, inwieweit unterschiedlich lokalisierte Läsionen bei verschiedenen hirnorganischen Erkrankungen zu differenziellen Beeinträchtigungen des in Rede stehenden Gedächtnisphänomens führen können. Bei *flashbulb memories* handelt es sich um lebhafte Erinnerungen, die Personen an konkrete Situationen haben, in denen sie mit zumeist emotional beeindruckenden Ereignissen konfrontiert wurden. So mögen sich viele Menschen noch daran erinnern, in welcher Situation sie sich gerade befunden haben, als sie vom Tod der britischen Prinzessin Diana oder aber von den Anschlägen auf das World Trade Center am 11. September 2001 erfuhren. Menschen mit Hirnschädigungen gelingt dies nicht immer in entsprechender Weise und so können über die Korrelation der jeweiligen Hirnschädigungen mit den Erinnerungsbeeinträchtigungen wichtige Rückschlüsse auf die Hirnmechanismen gezogen werden, die dem Phänomen *flashbulb memory* und damit der Bildung autobiographischer Gedächtnisinhalte im Allgemeinen zugrunde liegen.

Einen weiteren klinisch hochrelevanten Ansatz verfolgen dagegen *Ulrich Seidl, Pablo Toro und Johannes Schröder* bzw. *Ulrich Seidl, Marc M. Lässer, Lena A. Schmid und Christina J. Herold* in ihren Beiträgen, die sich mit autobiographischem Erinnerungsvermögen und seinen Störungen bei Patienten mit schizophrenen Psychosen sowie bei Patienten mit Alzheimer Demenz in verschiedenen Verlaufsstadien befassen. Kognitive Störungen, zu denen auch Störungen der Gedächtnisbildung zu zählen sind, wurden bei Patienten mit schizophrenen Psychosen bereits häufig untersucht. Im Gegensatz zu anderen Gedächtnissystemen jedoch wurde speziell das autobiographische Gedächtnis bei schizophrenen Psychosen bislang nur sehr wenig in den Mittelpunkt der Betrachtung gerückt, wie *Christina J. Herold und Johannes Schröder* in ihrem Beitrag betonen. Dabei kann vermutet werden, dass gerade bei der Schizophrenie aufgrund ihres frühen Erkrankungsbeginns (im Gegensatz etwa zum relativ späten Erkrankungsbeginn bei der Demenz) die Konsolidierung vor allem früher persönlicher Erfahrungen und Erinnerungen und damit die Entwicklung des autobiographischen Gedächtnisses in besonderer Weise beeinflusst wird. Dies wiederum wird als essentiell für die Konstruktion und Aufrechterhaltung einer stabilen Identität betrachtet.

Um den dargestellten Forschungsdefiziten gerecht zu werden, führen *Seidl, Lässer, Schmid und Herold* Forschungsarbeiten durch, in denen „die zerrüttete Erinnerung" bei der Schizophrenie im Mittelpunkt des Interesses steht. Ziel der Untersuchung, deren erste Ergebnisse in dem vorliegenden Band vorgestellt werden, ist nicht nur ein genaueres Verständnis des autobiographischen Gedächtnisses und seiner Störungen bei schizophrenen Psychosen, sondern auch die Entwicklung rehabilitativer Programme für die Betreuung der betroffenen Patienten, bei denen gerade die Störung der persönlichen Identität eine zufriedenstellende Lebensführung und Planung beeinträchtigen kann und damit auch einen großen Leidensdruck mit sich bringt.

Im Gegensatz zu der Schizophrenie zählen Störungen der Gedächtnisfunktion zu den Leitsymptomen demenzieller Erkrankungen. Dies gilt in besonderem Maße für die häufigste Form der Demenz, die Alzheimer Demenz. Auch diesem Thema ist daher in dem vorliegenden Band ein ausführliches Kapitel gewidmet, in dem *Ulrich Seidl, Pablo Toro und Johannes Schröder* die Störungen des autobiographischen Gedächtnisses in den unterschiedlichen Krankheitsstadien der Alzheimer Demenz (beginnend bei der leichten kognitiven Beeinträchtigung) anhand eigener Ergebnisse beschreiben und darüber hinaus Befunde über die neurobiologischen Grundlagen dieser Störungen präsentieren. Sie stellen dar, dass ein sprunghafter Verlust episodischer autobiographischer Gedächtnisinhalte bereits in frühen Stadien der Alzheimer Demenz mit Veränderungen von Substrukturen des medialen Temporallappens (insbesondere des Hippocampus) korrespondiert. Damit schließen die Ergebnisse der Heidelberger Arbeitsgruppe sehr treffend an die von *Markowitsch* und *Kapur* gegebenen theoretischen Modelle autobiographischer Gedächtnisbildung an und exemplifizieren diese anhand eines auch für die klinische Versorgung bedeutenden Untersuchungsfeldes.

So lassen sich die gewonnenen Erkenntnisse nicht nur für die Optimierung diagnostischer Verfahren einsetzen, sondern sie verweisen auch auf die Auswirkungen, die die beschriebenen Prozesse auf das subjektive Erleben der Betroffenen haben, die bislang kaum bekannt waren und für die Therapie nutzbar gemacht werden konnten. Erinnert sei an dieser Stelle nur an die häufige Prävalenz etwa depressiver Störungen oder apathischer Syndrome gerade in den frühen Phasen der Alzheimer Demenz. Die Alzheimer Demenz ist eben nicht nur eine Krankheit des Gehirns, sie erfasst immer von Beginn an den ganzen Menschen und sein soziales Umfeld. Gerade der Verlust autobiographischer Erinnerungen kann bei dem Betroffenen existenzielle Ängste und ein Gefühl elementarer Bedrohungen auslösen, das gleichwohl häufig schamhaft verschwiegen und tabuisiert wird. Das Wissen um die dargestellten Beeinträchtigungen ermöglicht Therapeuten und Betreuern einen aktiveren Umgang mit den inneren Erlebnisweisen des Patienten und ebnet damit möglicherweise auch einen Weg für die Prävention depressiver Entwicklungen sowie eine möglichst langfristige Aufrechterhaltung sozialer Teilhabe.

Während sich die bisher angesprochenen Beiträge vorwiegend mit den intraindividuellen Aspekten des autobiographischen Gedächtnisses und seiner Entwicklung beschäftigten, schlägt der Beitrag von *Harald Welzer* den Bogen vom Individuum zur Gesellschaft und führt damit auf allgemein verständliche Weise in den faszinierenden Themenkomplex der soziokulturellen Bedeutung des autobiographischen Gedächtnisses ein.

Der Beitrag geht dabei konsequenterweise auch auf mögliche Verfälschungen und Verzerrungen von Gedächtnisinhalten ein, die erhebliche Auswirkungen auf die Konstruktion von kollektiver Wirklichkeit haben können und damit in massiver Weise auf die gesellschaftliche Realität, die Politik und auch die Identitätsbildung ganzer Kulturkreise zurückwirken. Gerade in dem Beitrag von *Harald Welzer* wird deutlich, dass die Entwicklung des individuellen autobiographischen Gedächtnisses nicht allein nach biologischen Vorgaben verläuft, sondern im hohen Maße kulturell und historisch moderiert ist. Das autobiographische Gedächtnis ist – wie *Welzer* erläutert – eben nicht so „auto" wie der Terminus suggeriert. Das heißt, die Gedächtnisentwicklung ist nicht ausschließlich als autonomer im biologischen Mikrokosmos des menschlichen Gehirns angesehener Prozess zu verstehen, sondern verläuft vielmehr auch vom Sozialen hin zum Individuellen. Dies hat auch einen funktionalen Sinn, wenn man versteht, dass eine menschliche Gesellschaft nur dann funktioniert und komplexe Gruppen nur kooperieren können, wenn Menschen verlässlich heute dieselben sind, die sie gestern waren und morgen noch sein werden. Eine soziale Kontrolle des individuellen autobiographischen Gedächtnisses beeinflusst daher die Konstruktion jeweils individueller Selbstbilder, und diese müssen sogar teilweise unter sozialer Kontrolle stehen, da sonst die Gesellschaft als Ganzes niemals funktionieren könnte.

Gerade unter Berücksichtigung der oben genannten möglichen Verzerrungen und Erinnerungsfälschungen ist dieser Prozess der „kollektiven Gedächtnis- und Identitätsbildung" jedoch höchst störanfällig und kann auch in gesellschaftlicher Hinsicht zu Fehlentwicklungen führen. Der Beitrag von *Welzer* berührt damit nicht nur in spannender Weise philosophische Aspekte des autobiographischen Gedächtnisses – insbesondere der Erkenntnistheorie –, sondern sensibilisiert auch für die besondere Rolle, die diese menschliche Fähigkeit für das gesamte Funktionieren der Gesellschaft – einschließlich ihrer Ziele und Werthaltungen – spielt.

Und mit diesem Plädoyer für die Notwendigkeit interdisziplinären Denkens und für die Verständigung über die Fächergrenzen hinweg schließt sich der in diesem Buch gezogene thematische Kreis: Erst die individuelle Gedächtnisbildung schafft die Basis für kollektives Erinnern. Dieses wirkt jedoch unausweichlich wieder auf das Individuum, seine Entwicklung und seine Identitätsbildung zurück.

So möchte ich dieses Vorwort mit einem weiteren Zitat von Klaus Mann aus dem „Wendepunkt" beenden, in dem der eben formulierte Gedanke mit sprachlicher Brillanz zum Ausdruck gebracht wird:

> „Wo beginnt die Geschichte? Wo sind die Quellen unseres individuellen Lebens? Welche versunkenen Abenteuer und Leidenschaften haben unser Wesen geformt? Woher kommt die Vielfalt widerspruchvoller Züge und Tendenzen, aus denen unser Charakter sich zusammensetzt? Ohne Frage, wir sind tiefer verwurzelt, als unser Bewusstsein es wahrhaben will. Niemand, Nichts ist zusammenhanglos. Ein umfassender Rhythmus bestimmt unsere Gedanken und Handlungen; unsere Schicksalskurve ist Teil eines gewaltigen Mosaiks, das durch Jahrhunderte hindurch dieselben uralten Figuren prägt und variiert. Jede unserer Gesten wiederholt einen urväterlichen Ritus und antizipiert zugleich die Gebärden künftiger Geschlechter; noch die einsamste Erfahrung unseres Herzens ist die Vorwegnahme oder das Echo vergangener oder kommender Passionen" (Mann, 2006, S. 9f).

Auch nach dem Studium des vorliegenden Buches werden sich für den aufmerksamen Leser gewiss nicht alle Rätsel um das Phänomen des autobiographischen Gedächtnisses gelöst haben und womöglich manche neue Frage entstehen. Der Leser kann jedoch sicher sein, eine gehaltvolle, fundierte und verständlich geschriebene Einführung und Übersicht zum Thema erhalten zu haben, die die Notwendigkeit des interdisziplinären Dialogs ernst meint und sowohl dem theoretisch als auch praktisch Interessierten fruchtbare neue Impulse geben kann.

Johannes Pantel

Frankfurt am Main, im November 2008

Literatur

[1]   Johnston, M.: Spectral Evidence. The Ramona Case: Incest, Memory, and Truth on Trial in Nappa Valley. Westview Press, Boulder, Colorado 1997.

[2]   Mann, K.: Der Wendepunkt. Ein Lebensbericht. Erweiterte Neuausgabe. Rowohlt Taschenbuch Verlag, Hamburg 2006.

[3]   Matura, S., Haenschel, C., Prvulovic, D., Muth, K., Pilatus, U., Walter, H., Maurer, K., Pantel, J (2008): Neuronal correlates of autobiographical memory in amnestic mild cognitive impairment patients: a fMRI study. Alzheimer's & Dementia 4 (suppl. 2): T381.

[4]   Pamuk, Orhan: Istanbul: Erinnerungen an eine Stadt. Carl Hanser Verlag München 2006.

Dem Gedächtnis auf der Spur

Die Neuropsychologie des autobiographischen Gedächtnisses

Hans J. MARKOWITSCH
Physiologische Psychologie, Universität Bielefeld

1. Einleitung

Gedächtnis macht den zentralsten Anteil unserer Persönlichkeit aus. Es entwickelte sich im Tierreich vermutlich insbesondere als Geruchs- und Raumgedächtnis. Dies deswegen, weil es für das Individuum von Vorteil war, die Konsequenzen der Nahrungsaufnahme – wo ist schmackhafte Nahrung zu finden, welche ist toxisch – möglichst lange zu behalten. Und weil es dem Überleben der Art diente, Orte, die durch Gerüche von Nebenbuhlern als deren Reviere markiert waren, zu behalten und hierbei auch bei der Kommunikation mit Individuen der gleichen Art zu wissen, welcher Geruch Paarungsbereitschaft und welcher Aggression bedeutete (Markowitsch, 2008a, 2009; Markowitsch & Welzer, 2006). Der Überlebensvorteil des Gedächtnisses für den Menschen liegt vor allem in der dadurch sich ausbildenden und sich kohärent festigenden Persönlichkeit (Nelson, 2006). Dies war schon Ewald Hering, dem Erfinder der Gegenfarbentheorie und Entdecker des Hering-Breuer-Reflexes, klar, als er 1870 konstatierte: „Das Gedächtnis verbindet die zahllosen Einzelphänomene zu einem Ganzen. Und wie unser Leib in unzählige Atome zerstieben müsste, wenn nicht die Attraktion

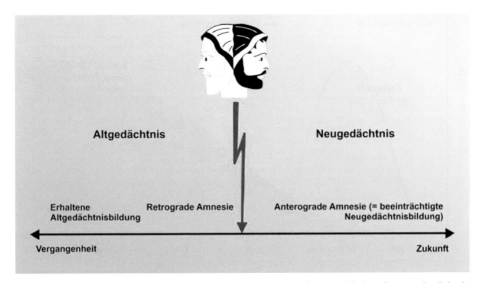

Abbildung 1. Mögliche Konsequenzen einer Hirnverletzung oder eines psychischen Stress- oder Schockzustands für das Alt- und Neugedächtnis; Das Blitzsymbol steht für den Zeitpunkt des Ereignisses, das nachfolgend Alt- oder Neugedächtnis beeinflusst.

unserer Materie ihn zusammenhielte, so zerfiele ohne die bindende Macht des Gedächtnisses unser Bewusstsein in so viele Splitter, als es Augenblicke zählt." (Hering,
1870, S. 12). In Herings Ausspruch zeigt sich, was uns von unseren nächsten Verwand-
ten im Tierreich unterscheidet: Wir sind in der Lage, die Gegenwart dadurch zu beherr-
schen, dass wir unser Wissen über unser Leben aus der Vergangenheit schöpfen und in
die Zukunft projizieren können, wir haben die Fähigkeit retrograd wie auch prospektiv
auf einer Zeitachse zu jonglieren, zumindest als hirngesunde Individuen (Abb. 1).

2. Gedächtnissysteme

2.1. Zeitliche Unterteilung

Am meisten etabliert ist die Unterteilung in ein Kurzzeitgedächtnis und ein Langzeitgedächtnis, was aber nicht bedeutet, dass hierunter immer das Gleiche verstanden wird.
Im alltäglichen Sprachgebrauch und auch in dem der Allgemeinmediziner gilt das
Kurzzeitgedächtnis als durchaus Stunden andauernd. Anders in der neurowissenschaft-
lichen Grundlagenforschung und der experimentellen Gedächtnisforschung (Atkinson
& Shiffrin, 1971). Hier wird Kurzzeitgedächtnis im Sekunden- bis Minutenbereich angesiedelt, oder, in Bits ausgedrückt, im Bereich von 4-7 Informationseinheiten (Cowan,
2000; Miller, 1956). Alles, was darüber hinausgeht, wird dem Langzeitgedächtnis zuge-
schrieben (Abb. 2). Wir differenzieren weiterhin, wie schon in Abbildung 1 zu sehen,
in Neugedächtnis und Altgedächtnis. Neugedächtnis bedeutet, sich neue Informationen
langfristig merken zu können, Altgedächtnis heißt, sich schon lange abgespeicherte
Informationen wieder neu ins Bewusstsein zu rufen. Diese Differenzierung zieht nochmals eine weitere nach sich, nämlich die zwischen Kurzzeit- und Arbeitsgedächtnis.
Während sich Kurzzeitgedächtnis allein auf die initiale Abspeicherung von Information
bezieht, bedeutet Arbeitsgedächtnis – wie der Name sagt – das Arbeiten mit begrenzten

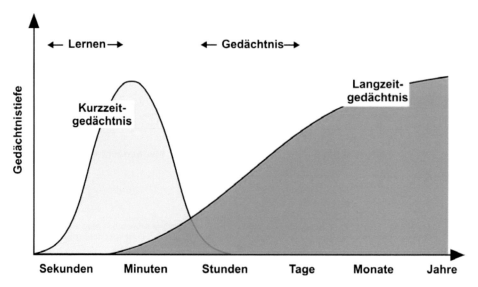

Abbildung 2. Schematische Darstellung der Beziehungen zwischen Gedächtnisstärke und -dauer für die
zwei zentralen zeitbezogenen Gedächtnissysteme, das Kurzzeit- und das Langzeitgedächtnis.

Informationsmengen, ähnlich (wenn auch um viele Dimensionen kleiner) wie beim Arbeitsspeicher des Computers. Das Arbeitsgedächtnis setzt sich aus modalitäts-abhängigen Schleifen oder Puffern (für auditive und visuell-räumliche Information), aus einem episodischen Puffer und einer zentralen Exekutiveinheit, die die Puffer kontrolliert und kombiniert, zusammen (Baddeley, 2001). Dies impliziert, dass auch begrenzte Informationsmengen, die wieder aus dem Langzeitgedächtnis abgerufen werden, das Arbeitsgedächtnissystem passieren, bevor sie reproduziert werden.

2.2. Inhaltliche Unterteilung

Neben der zeitlichen Differenzierung hat sich seit den Arbeiten von Tulving (1972, 1983) und Mishkin und Petri (1984) die Erkenntnis durchgesetzt, dass das Langzeitge-dächtnis auch inhaltlich differenzierbar ist, dass nach Hirnschäden bestimmte Gedächt-nissysteme gestört, andere aber erhalten sein können und dass es bewusste („explizite") und unbewusste („implizite") Gedächtnisprozesse gibt. Es werden fünf Langzeitgedächt-nissysteme unterschieden, die ontogenetisch wie phylogenetisch aufeinander aufbauen: das prozedurale Gedächtnis, „Priming", das perzeptuelle Gedächtnis, das Wissenssystem und das episodisch-autobiographische Gedächtnis. Babys beginnen ihr Leben, in dem sie strampeln und auf diese Weise ihren Horizont erweitern: Sie stoßen an Gegen-stände, etwa an ein über ihrem Bettchen hängendes Mobile, und erfahren so, dass *actio* gleich *reactio* ist, d. h., dass sie die Umwelt verändern können. Hierdurch legen sie den Grundstein für das „prozedurale Gedächtnissystem" (s. Abb. 3). Und eventuell ist in diesem Verhalten auch die Ursache dafür zu suchen, dass man im späteren Leben, wenn zusätzlich unser limbisches Triebsystem sich manifestiert (Markowitsch, 1999a), für sich von der, wie Freud (1919) es nannte, Illusion eines freien Willens ausgeht (Markowitsch, 2004). Das prozedurale Gedächtnis steht für motorische Fertigkeiten, die wir unbewusst abrufen, wie z. B. Fahrrad fahren, Klavier spielen, Karten spielen, Ski fahren, Autofahren. Der Charakter des prozeduralen Gedächtnisses lässt sich gut am Beispiel des Autofahrens vergegenwärtigen. Auf die Frage: „Was müssen Sie beim Autofahren zuerst tun, wenn Sie vom zweiten in den dritten Gang schalten wollen?", antworten viele: „Kupplung drücken". Tatsächlich muss man aber zuerst mit dem rechten Fuß das Gaspedal loslassen. Dieser Bewegungsablauf erfolgt also hochgradig automatisiert, wir denken gar nicht mehr darüber nach. Im Gegenteil, sich die Abfolge des „Gangschaltens" bewusst vor Augen zu führen, würde viel längere Zeit in Anspruch nehmen, als der Schaltvorgang dauern darf und man käme ins Grübeln, statt gezielt (wenn auch automatisch, sozusagen hirnlos) zu agieren.

Das nächstfolgende, ebenfalls unbewusst agierende Gedächtnissystem ist das Priming-System (Abb. 3). Priming steht für Prägung oder Bahnung. Darunter ist eine höhere Wiedererkennwahrscheinlichkeit für Reize zu verstehen, denen man zuvor in gleicher oder ähnlicher Weise unbewusst begegnet ist. Beispiel: Man hört Musik im Autoradio und es fällt einem „automatisch" der zur Melodie zugehörige Text ein. Ein weiteres Beispiel: Im Radio oder Fernsehen wird von Firma A ein 20sekündiger Werbeblock gezeigt, danach jeweils ähnlich lange von Firmen B und C, danach kommt wieder eine, meist kürzere, Werbeeinblendung der Firma A. Die Werbe-strategen gehen also davon aus, dass der erste Werbeblock unbewusst am Zuhörer bzw. Zuschauer vorbeizog (der mit seinen Gedanken noch an der vorangegangenen Spielfilmsequenz hing), aber auf Hirnebene schon eine Art Prägung oder Bahnung hinterließ. In der Gedächtnisforschung nennt man dies „einen Prime setzen". Die nachfolgende Werbe-Wiederholung soll dann dazu führen, die Werbung tat-

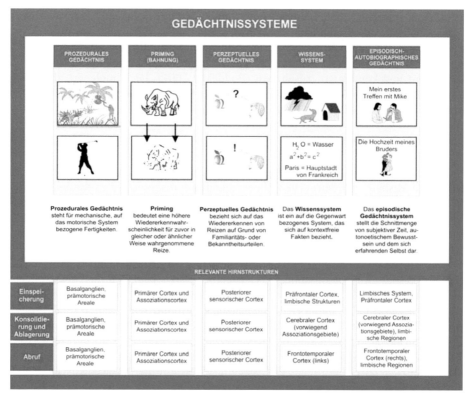

Abbildung 3. Die fünf für die Informationsverarbeitung beim Menschen wichtigsten Gedächtnissysteme. Das episodisch-autobiographische Gedächtnissystem ist kontextspezifisch in Hinblick auf Zeit und Ort. Es erlaubt mentale Zeitreisen. Beispiele dafür sind der letzte Urlaub oder das Abendessen am Tag vorher. Das deklarative Gedächtnis ist kontextfrei und bildet allgemeine Fakten ab. Es wird auch als semantisches Gedächtnis oder Wissenssystem bezeichnet. Das perzeptuelle Gedächtnis ist präsemantisch, d. h., es wird angenommen, dass die Identifikation und Differenzierung von Objekten (z. B. Apfel gegenüber Birne oder Pfirsich) sprachfrei erfolgt, also beispielsweise auch Patienten mit semantischer Demenz noch gelingen könnte. Das prozedurale Gedächtnis umfasst vor allem motorische Fähigkeiten, schließt jedoch auch sensorische und kognitive Fertigkeiten (»Routinen«) ein. »Priming« bezeichnet die höhere Wahrscheinlichkeit, zuvor wahrgenommene Reize wieder zuerkennen. Der untere Teil der Abbildung zeigt die zugehörigen Hirnregionen, die mit den verschiedenen Abschnitten der Informationsverarbeitung zu tun haben.

sächlich ins Bewusstsein zu holen, um den Konsumenten zum Kauf des Produktes zu bewegen.

Das perzeptuelle Gedächtnis steht für Bekanntheit, für Familiarität mit Objekten, also dafür, dass wir auf einer präsemantischen Ebene sicher Objekte kategorisieren und identifizieren können, also unterscheiden können zwischen Apfel, Pfirsich und Nektarine, gleichgültig, ob der Apfel jetzt ganz, angebissen, rot oder grün ist; wir können ihn in jedem Fall sicher und damit auch schon bewusst von anderen Obstsorten unterscheiden (Abb. 3). Das Wissenssystem arbeitet dagegen vorwiegend auf der semantischen Ebene (weswegen Tulving es auch „semantisches Gedächtnis" nannte); es enthält unser Allgemeinwissen oder Weltwissen, d. h. Fakten, die kontextfrei eingespeichert sind, von denen wir aber wissen, dass sie sicher gelten. Beispiele hierfür sind: 'Stockholm ist die Hauptstadt von Schweden', ‚$3^3 = 27$', oder ‚$a^2 + b^2 = c^2$'. Diese vier Gedächtnissysteme haben wir mit vielen Säugetieren und Vögeln gemeinsam, wenngleich diese natürlich nicht die in den Beispielen genannten Operationen durchführen können.

Das episodisch-autobiographische Gedächtnis ist dagegen wohl nur dem bewusst denkenden Menschen eigen, wenngleich Vorstufen davon im Tierreich existieren (Clayton & Dickinson, 1998; Dere et al., 2005; Ferbinteanu et al., 2006). Es bezeichnet die Schnittmenge von subjektiver Zeit, autonoetischem Bewusstsein (Markowitsch, 2003a, b) und dem sich erfahrenden Selbst (Tulving, 2002, 2005). Die Inhalte dieses Systems beziehen sich in erster Linie auf Erinnerungen an autobiografische Erlebnisse, an Ereignisse, die wir über eine geistige Zeitreise wieder in unser Gedächtnis zurückrufen, an Erlebnisse, bei denen wir im Regelfall auch eine Bewertung vornehmen – die wir als im Rückblick betrachtet freudig, traurig, beschämend oder andersartig bewerten. Gemeint sind Erlebnisse, bei denen wir uns genau an die Umstände erinnern, also den Kontext, und bei denen unser Gedächtnis synchron – das ist wichtig – emotionale und kognitiv-rationale Anteile zusammenführen muss, um die Erinnerung re-präsent zu machen. Damit ist das Gedächtnissystem gleichzeitig am anfälligsten für verschiedene Formen von Hirnschäden oder auch psychische Ausnahmesituationen, Stress und Traumatisierungen; in diesen Situationen kommt es dann zu einer Desynchronisierung oder ,Dissoziation' (Brand et al., 2009; Brand & Markowitsch, 2007; Markowitsch, 2000a, b; Reinhold & Markowitsch, 2009; Piefke & Markowitsch, 2008c), einem Auseinanderlaufen zwischen den emotionalen und den kognitiv-rationalen Anteilen.

3. Gedächtnis als dynamischer Prozess

Vor allem im Zeitalter der Biokybernetik wurden das Gehirn mit einer Festplatte und das Gedächtnis mit der darin enthaltenen Information verglichen. Die kognitiven Wissenschaften und die Neurowissenschaften haben diese Analogie als Fehlschluss bloßgestellt. Stattdessen wird das menschliche Gedächtnis als hochgradig dynamisch und zustandsabhängig angesehen. Wir schaffen uns unsere Erinnerungen selbst, sie entsprechen nicht unbedingt dem, was zuvor in der Außenwelt geschehen ist. In einem depressiven Zustand beispielsweise rufen wir eher negative Erlebnisse ab oder färben diese negativ ein, in einem euphorischen Zustand dagegen sehen wir die Welt und unsere persönliche Vergangenheit durch eine ,rosarote Brille'. Gleichzeitig bedeutet die Zustandsabhängigkeit und Subjektivität von Erinnerung, dass sich unser Gedächtnis im Laufe des Lebens verändert und den Gegenwartsgegebenheiten anpasst. Erinnerungen werden mit jedem Abruf auch wieder in dem momentan im Erinnernden vorherrschenden Zustand neu eingespeichert; damit verändern sie ihren ursprünglichen Charakter, was im Extremfall dazu führen kann, dass es zu fehlerhaften oder zu gänzlich falschen Erinnerungen kommen kann (Kühnel & Markowitsch, 2008). Dies ist insbesondere natürlich in Situationen bedeutend, in denen es um Zeugenaussagen geht (Kühnel, Woermann, Mertens & Markowitsch, 2008; Markowitsch & Kalbe, 2007; Markowitsch & Siefer, 2007; Markowitsch, 2008b, c; Piefke & Markowitsch, 2008a, b). Aber auch im Alltag können Fehlerinnerungen Probleme machen, die einen selbst wie auch andere belasten. Insbesondere bei körperlicher Verausgabung (Müdigkeit, Erschöpfung), aber auch in Zuständen starker emotionaler Erregtheit oder Stressanfälligkeit kann es zu Fehlerinnerungen hinsichtlich Zeit, Ort und Personen kommen – man assoziiert hier die frühere Standardfrage bei Patientenexaminationen durch Psychiater: Welchen Wochentag haben wir heute, welches Datum und wo befinden wir uns hier? Falsche Antworten sind Indizien für psychiatrische Auffälligkeit. Auch Personen, die aufgrund ihres Intellekts oder ihres Lebensalters anfällig gegenüber Suggestionen sind, unterliegen dieser Art von Fehlerinnerungen (Loftus, 2000, 2003; Kühnel & Markowitsch, 2008).

Ekphorie. Die Dynamik unseres Gedächtnisses wurde von dem Biologen Richard Semon 1904 als ‚Ekphorie' bezeichnet. Damit charakterisierte er einen Prozess, durch den Abrufreize mit gespeicherter Information so in Wechselwirkung treten, dass ein Bild oder eine Repräsentanz der fraglichen Information auftaucht. Abrufreize können dabei durch andere Gedankenassoziationen entstehen oder die Form von Umweltreizen haben. Sind die Abrufreize sehr verschieden von den Einspeicherreizen, kommt es zu Erinnerungsverfälschungen. Hierfür ist auch verantwortlich, dass wir uns als Erwachsene kaum mehr an Ereignisse aus unserer frühen Kindheit erinnern („infantile Amnesie"), d.h. die ersten drei, vier Lebensjahre sind für uns *Tabula rasa*. Das hängt damit zusammen, dass das Einspeichern beim Kleinkind sich sehr massiv von dem Einspeichern beim Erwachsenen unterscheidet. Deshalb kann der Abruf im Erwachsenenalter auch nicht mehr in dem gleichen Zustand erfolgen, in dem man als Kleinkind die Erinnerung aufnahm. Hinzu kommen noch zwei weitere Faktoren: Kleine Kinder haben ihre Hirnentwicklung noch nicht abgeschlossen und besitzen nicht die Sprachfertigkeiten, die wir als Erwachsene haben. Zusammen genommen bedeutet das, dass wir keine (bewusste) Erinnerung an die frühe Kindheit haben können.

Ribot'sches Gesetz. Umgekehrt vergessen wir als Erwachsene weit weniger als wir annehmen (vgl. Markowitsch & Welzer, 2006). Wir können zwar nicht unbedingt jederzeit alles abrufen, aber dennoch ist das meiste, das wir im Laufe des Lebens langfristig eingespeichert haben, weiterhin irgendwo im Gehirn verfügbar. Dies macht ein Brief deutlich, den mir eine 93jährige Frau schrieb und in dem sie um Aufklärung bat, warum sie jetzt in ihrem hohen Alter auf einmal Gedichte wie „Des Sängers Fluch" von Ludwig Uhland oder „Die Bürgschaft" von Schiller lückenlos aufsagen könne, obwohl sie die letzten 80 Jahre nie an sie gedacht habe. Ihr Brief zeigt zum einen: Wir vergessen wenig, wir können nur nicht zu jedem Zeitpunkt alles abrufen. Und zum anderen ist zu vermuten, dass das Gehirn einer 93jährigen Dame schon viele Neurone verloren hat und dass deswegen Hemmprozesse, die sonst Informationen unterdrücken, nicht mehr in dem Maße stattfinden. Deshalb kehren Erinnerungen, die eigentlich wenig bedeutend für die Gegenwart sind, trotzdem wieder ins Bewusstsein zurück. Vielleicht sind – was man ja bei alten Menschen fast regelmäßig erlebt – im Alter von 93 Jahren die Erinnerungen an die Kindheit und Jugend (und damit auch an die Gedichte) auch deswegen wieder vorherrschend, weil man sich, wie wir in eigenen Studien zeigen konnten (vgl. auch Markowitsch & Welzer, 2006), im Alter wieder stärker mit seiner Jugend auseinandersetzt. Auch dies ist schon vor weit über 100 Jahren von Ribot (1882) behauptet worden, der beschrieb, dass die Jugenderinnerungen viel stabiler erhalten sind als die der letzten Dekaden („Ribot'sches Gesetz"; ‚last in, first out': Was zuletzt ins Gedächtnis gelangte, fällt auch zuerst wieder heraus).

Zungenphänomen. Die Zustandsabhängigkeit unseres Gedächtnisses erleben wir auch in Form des Zungenphänomens, wenn einem unter Stress Fakten nicht einfallen oder Namen nicht in den Sinn kommen, die einem unter entspannten Umweltbedingungen auf Anhieb parat sind. Anders herum: Man spaziert im Urlaub durch Hongkong und plötzlich erinnert man sich, wenn man rechts um die Ecke läuft, dass sich dort in der Straße ein bunt bemalter und reich verzierter Tempel mit vielen dicken Buddhastatuen befindet. Man hat über Jahre nicht an diesen Tempel gedacht, den man vor zwei Dekaden einmal gesehen hatte. Die gleichartige Stimmung, die exotischen Straßengerüche und die fremdartige Umgebung bringen die Erinnerung zurück, weil Einspeicher- und Abrufsituation sich gleichen.

Abrufvarianten. Die Dynamik unserer Erinnerung und das Erhaltenbleiben einmal gespeicherter Informationen wird auch dadurch deutlich, dass man unter „einfach gestalteten" Abrufbedingungen Reize wieder erkennt, die man aktiv und spontan nicht generieren konnte. In der experimentellen Psychologie demonstriert man Schwere oder Leichtigkeit der Erinnerung über unterschiedliche Fragetechniken (Tabelle 1): Die schwierigste Fragetechnik ist der ‚freie Abruf' ohne irgendwelche Hinweisreize. Wenn sich der Proband mithilfe dieser Fragetechnik nicht erinnert, kann man Hinweisreize geben. Geht es etwa um Namen von Personen, dann kann man die ersten Buchstaben von Vor- oder Nachname vorsagen – und schon kommt die Erinnerung wieder (‚Abruf mit Hinweisreizen'). Die leichteste Form der Hilfestellung ist das ‚Wiedererkennen': Man zeigt sechs Bilder – Liz Taylor, Queen Elizabeth, Ulla Schmidt etc. – und fragt, welche davon die Schauspielerin ist, die Kleopatra gespielt hat.

Tabelle 1.   Abrufvarianten.

Freier Abruf	Wie heißt die Schauspielerin, die in Casablanca die Hauptrolle spielte?
Abruf mit Hinweisreizen	Der Vorname der Schauspielerin fängt mit I, ihr Nachname mit B an.
Wiedererkennen	Elizabeth Taylor, Ingrid Bergman, Zarah Leander, Ava Gardner, Betty Davis, Liv Ulman*

*Man kann dieses statt verbal auch mit Bildern machen, indem man den Probanden z. B. sechs Bilder vorlegt und sie das Bild herausfinden müssen, das die Schauspielerin zeigt (ähnlich wie bei einer polizeilichen Gegenüberstellung).

4. Gedächtnis und Gehirn

Die „moderne" Lokalisationsforschung hatte ihren Ursprung in der Phrenologie des frühen 19. Jahrhunderts (Gall, 1825; Clarke & Dewhurst, 1972; Markowitsch, 1992). Während sich die Phrenologie bis zur Mitte des 19. Jahrhunderts überlebt hatte, folgten in den 70er und 80er Jahren des vergangenen Jahrhunderts bekannte Forscher, die ebenso propagierten, dass man sich das Gehirn als modulartig zusammengesetzt vorstellen müsse (Fodor, 1985; Marr, 1970; Szentágothai, 1983). In dieser Zeit sprachen manche Wissenschaftler auch immer noch von der Existenz von „Großmutterzellen", d. h., davon, dass einzelne Neurone nur auf eine bestimmte Person oder einen bestimmten Gegenstand hin aktiv (oder gehemmt) sind. Heute wissen wir, dass die Lokalisierbarkeit von Funktionen auf Hirnebene sehr viel komplexer ist. Das bedeutet, dass verschiedene Netzwerke ineinandergreifen und Funktionskomplexe, die z. B. für die allgemeine Aktivierung, die emotionale Kolorierung und die Faktenrepräsentation bedeutend sind, ineinander greifen müssen (Abeles, 1988; Markowitsch, 1985a)(Abb. 4). Diese Vorstellung soll im Folgenden näher erläutert werden.

Unsere Sinnessysteme nehmen initial Information auf und leiten diese weiter zu den entsprechenden Verarbeitungszentren – meist thalamische Kerne, die unimodale und polymodale Hirnrinde; alternativ ist das Gehirn natürlich auch in der Lage, intern, d. h. mittels eigener „Gedankengänge" und assoziativer Überlegungen, Information zu generieren. Was die Informationseinspeicherung betrifft, so geht man meist von einer seriellen Verarbeitung von Information aus, d. h. es wird angenommen, dass neue Informationen zuerst in das Kurzzeitgedächtnis gelangen und danach in das Langzeit-

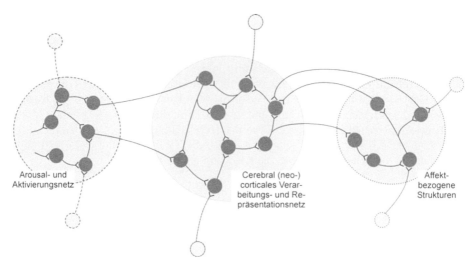

Abbildung 4. Vorstellung von netzwerkartigem Zusammenwirken bei der Informationsrepräsentation.

gedächtnis überführt werden (Warrington, 1982; Markowitsch et al., 1999b; Zweifel an dieser Sequenz haben Ranganath & Blumenfeld, 2005). Information verbleibt im Kurzzeitgedächtnis Sekunden bis wenige Minuten (vgl. Abb. 1) und wird dann – das betrifft unser Wissenssystem und unser episodisches Gedächtnis – weitergeleitet in Strukturen, die wir unter dem Begriff ‚limbisches System' zusammenfassen (Markowitsch, 1999a). Das limbische System ist wichtig sowohl für die Emotions- als auch für die Gedächtnisverarbeitung und teilt sich in zwei miteinander verbundene Schaltkreise auf, die sich hinsichtlich emotiver und kognitiver Verarbeitung komplementär ergänzen: den basolateralen limbischen und den Papez'schen (oder medial limbischen) Schaltkreis (Abb. 5). Zum limbischen System gehören insbesondere die Hippocampusformation

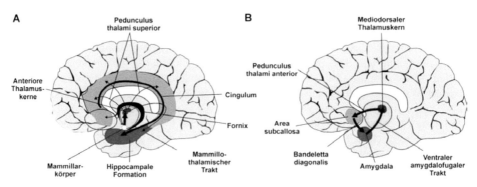

Abbildung 5. Die beiden limbischen Schaltkreise, die für die Einspeicherung und Konsolidierung von episodisch-autobiographischer Information und – wenn auch in weit geringerem Ausmaß – von solcher des Wissenssystems essentiell sind.

und die Amygdala sowie diencephale Strukturen wie der anteriore und mediodorsale Thalamus. Bedeutende Faserstrukturen sind der Fornix, die ventrale amygdalofugale Bahn, die Bandeletta diagonalis, der mammillothalamische Trakt, die thalamo-corticalen Pedunculi und das Cingulum. Jedes neu eintreffende Ereignis muss prinzipiell durch das limbische System hindurchgeschleust werden (Markowitsch, 2008d). Hier erfolgt eine Assoziationsbildung und Bindungs- und Vergleichsprozesse laufen ab. Ist der Vergleich erfolgreich, wird das Ereignis in anderen (neocorticalen) Regionen weiter assoziiert und hinsichtlich seiner biologischen und sozialen Bedeutung bewertet. Was assoziiert, also angebunden werden kann, wird auf die Hirnrindenebene weitergeleitet, um dort endgültig abgelagert zu werden, wobei man folgende Unterscheidung trifft: Die rechte Hirnhälfte wird als eher wichtig für das Abspeichern von persönlicher Information (episodisch-autobiografisches Gedächtnis) angesehen, die linke eher für das Abspeichern von Fakten (Wissenssystem; vgl. Abb. 6). Des Weiteren wird ange-

Abbildung 6. Vorstellung, wie man sich auf Hirnebene die Verarbeitung von Information erklärt (nach Markowitsch, 2008a. 2009a; Markowitsch & Welzer, 2006).

nommen, dass dann, wenn Information abgerufen werden soll, auch wieder hemisphärenspezifische Regionenkomplexe im vorderen und seitlichen Hirnrindenbereich (d. h. in Teilen des Stirnhirns und des vorderen Schläfenlappens) wichtig sind (Kroll et al., 1997; Markowitsch et al., 1993a). Die temporofrontale Rindenregion steuert im Schläfen- und Scheitellappen liegende Areale an und aktiviert diese, sodass wieder eine Neurepräsentation der abgelagerten Ereignisse und Fakten initiiert wird (Abb. 6). Bei diesem Prozess aktiviert die temporofrontale Rindenregion der rechten Hirnhälfte die weiter hinten in dieser Hemisphäre liegenden biografischen Erinnerungen, die linke Hirnhälfte unser Faktenwissen (Wissenssystem; Markowitsch, 2000c, 2009a; Markowitsch & Welzer, 2006). Eine Zusammenfassung dieser Vorstellungen ist in Abbildung 7 wiedergegeben.

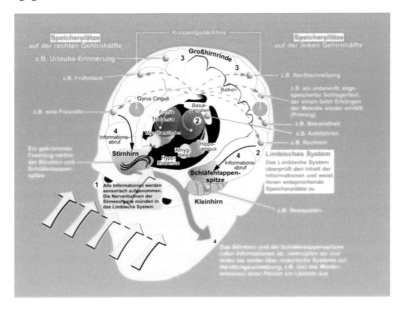

Abbildung 7. Vorstellung, wie Information über die Zeit verarbeitet wird.

5. Neurologische Fallbeispiele und funktionelle Bildgebung

Patienten mit fokalen Hirnschäden werden herangezogen, um Rückschlüsse auf Zusammenhänge zwischen Gedächtnisfunktionen und Gehirnregionen ziehen zu können – wobei man, wie oben erwähnt – inzwischen das synchrone Zusammenarbeiten von netzwerkartig verbundenen Hirnbereichen als Grundlage für eine erfolgreiche Informationsverarbeitung ansieht und umgekehrt die Unterbrechung von Regelkreisen („Diskonnektionssyndrom", „Flaschenhalsstrukturen"; Warrington & Weiskrantz, 1982; Molko et al., 2002; Brand & Markowitsch, 2003; Catani & Ffytche, 2005) als hinreichend für das Auftreten amnestischer Zustände. Wichtig zu betonen sind vielleicht noch Chows Warnungen von 1967. Er schrieb in etwa: Erstens, aus der Nicht-Beeinflussung einer Hirnläsion bezüglich einer bestimmten Aufgabe oder Funktion lässt sich nicht ableiten, dass dieser Hirnbereich bei Nichthirngeschädigten für diese Aufgabe oder Funktion unwichtig ist. Zweitens beeinflusst eine Hirnläsion die Leistung in einer Aufgabe, so bedeutet dies noch nicht, dass diese die einzige neuronale Struktur ist, die mit dieser Funktion zu tun haben wird. Drittens, die Methode, von lädierten Strukturen aus zu schließen, kann an sich deswegen nicht zum Ziel führen, weil das Objekt (die Hirnregion), die es zu studieren gilt, entfernt ist.

Sowohl Abbildung 3 wie Abbildung 7 weisen auf die Hirnregionen hin, die mit Einspeicher-, Ablagerungs- und Abruffunktionen der jeweiligen Gedächtnissysteme befasst sind. Hierbei lässt sich konstatieren, dass für die ersten drei Gedächtnissysteme vermutlich Einspeicherung, Ablagerung und Abruf in den gleichen Hirnregionen, bzw. Netzwerken erfolgen. Diese sind für das prozedurale Gedächtnis vor allem die Basalganglien sowie Hirnrindenregionen, die im weiteren Sinne für die Steuerung und Kontrolle motorischer Vorgänge zuständig sind. Für das Priminggedächtnis und das perzeptuelle Gedächtnis sind vermutlich Hirnrindenregionen bedeutend, die als primäre, sekundäre und Assoziationscortexregionen bezeichnet werden (s. z. B. Pritzel et al., 2003 oder Markowitsch, 2000d). Komplizierter stellt sich die Situation für das Wissenssystem und das episodisch-autobiographische Gedächtnis dar, da für diese beiden Systeme die Hirnregionen, die für Einspeicherung, Ablagerung und Abruf von Information wichtig sind, differieren. Für die Einspeicherung (Enkodierung) von beiden Gedächtnissystemen sind Teile des (linken) Stirnhirns und Regionen wichtig, die dem limbischen System zuzuordnen sind (Hippocampusbereich, Amygdala). Die Ablagerung erfolgt in Netzwerken des posterioren (temporalen und parietalen) Cortex. Hierbei lassen eine Reihe von Ergebnissen darauf schließen, dass die linke Hirnrinde eher mit der Abspeicherung von Wissensinformation (Fakten) befasst ist, die rechte – die generell auch als die enger mit Emotionen verknüpfte angesehen wird – dagegen vorwiegend mit der Abspeicherung episodisch-autobiographischer Gedächtnisinhalte (Abb. 7). Was den Abruf betrifft, so zeigen wiederum Daten von hirngeschädigten Patienten (Kroll et al., 1997; Markowitsch et al., 1993a; Markowitsch et al., 1999a) und mittels funktioneller Bildgebung erzielter Ergebnisse (Fink et al., 1996), dass ein Regionenkomplex, der aus Teilen des Stirnhirns und des vorderen Schläfenlappens besteht, wichtig ist, um die netzwerkartig im posterioren Assoziationscortex abgelegte Information aus dem Wissenssystem und dem episodisch-autobiographischen Gedächtnis wieder abzurufen. Auch hier wird angenommen, dass es eine Hemisphärenasymmetrie in der Weise gibt, dass der Regionenkomplex der rechten Hirnhälfte für den Abruf aus dem episodisch-autobiographischen Gedächtnis und der der linken Hirnhälfte für den Abruf aus dem Wissenssystem zuständig ist (vgl. Abb. 7).

Unterstützung findet diese Aufteilung in Gedächtnissysteme und deren Zuordnung zu bestimmten Hirnbereichen wiederum durch Resultate, die auf Fallanalysen von Patienten beruhen. So zeigte sich bei einem Patienten – einem früheren Professor für Neurologie –, der 1983 einen dorsal diencephalen Schlaganfall erlitten hatte, dass dieser nicht mehr in der Lage war, neue Information einzuspeichern (Markowitsch, von Cramon & Shuri, 1993b). Ähnliches zeigte sich bei einem Patienten nach beidseitiger operativer Entfernung von großen Teilen des Schläfenlappens und damit auch des Hippocampuskomplexes (Markowitsch, 1985b). Selbst dann, wenn bedeutende verbindende Fasern innerhalb des limbischen Systems unterbrochen sind, kann es zu massiven Einspeicherdefiziten kommen. Wir fanden dies z. B. bei einem Jugendlichen, der einen Tumor an der Hirnbasis hatte, der über einen Operationszugang von oben herauspräpariert werden musste, was die Durchtrennung der Fornixfasern zur Folge hatte (Calabrese et al., 1995).

Neben der Hippocampusformation (Corkin, 2002) stellt die Amygdala eine weitere bedeutende Struktur innerhalb des limbischen Systems dar. Der Mandelkern bewertet Information hinsichtlich ihrer biologischen und sozialen Bedeutungshaltigkeit. Wir haben sowohl in Deutschland (Markowitsch et al., 1994) als auch in Südafrika (Siebert et al., 2003) Patienten untersuchen können, die an einer genetisch bedingten Krankheit, der Urbach-Wiethe-Krankheit, litten. Die Urbach-Wiethe-Krankheit führt vor allem zu dermatologischen Veränderungen, aber auch zu weiteren Fehlbildungen, wie einer veränderten Zahnstellung und einer rauen Stimme. Im Alter von etwa 20 bis 30 Jahren kann die Krankheit des Weiteren bei rund zwei Drittel der diagnostizierten Patienten zu sehr spezifischen neurologischen Schäden, nämlich zu Verkalkungen der beiden Mandelkerne führen. Als Konsequenz haben manche dieser Patienten massive Probleme, zu differenzieren, was wichtig und was unwichtig ist. Ein Beispiel verdeutlicht das: Während der neuropsychologischen Untersuchung erzählen wir den Urbach-Wiethe-Patienten eine Geschichte, die u. a. folgende Elemente enthält: Eine Frau im schwarz-gelb-geblümten Kleid betritt einen Raum; im weiteren Verlauf der Geschichte wird von einem Mann berichtet, der von hinten an die Frau herantritt und sie erdolcht. Nachdem wir die Geschichte erzählt haben, schließen wir eine halbe Stunde weitere neuropsychologische Tests an; dann bitten wir die Patienten, uns die Geschichte nochmals zu erzählen. Die Patienten berichten uns dann eher über das gelb-schwarz-geblümte Kleid der Frau als darüber, dass die Frau ermordet wurde. Das Verhalten der Patienten mit Urbach-Wiethe-Krankheit zeigt somit, wie bedeutend einzelne Hirnstrukturen sind, um Informationen differenziert zu behalten. Die Schädigungen im Bereich des limbischen Systems (Amygdala, Hippocampus, Diencephalon) verdeutlichen auch, warum das episodische Gedächtnis für Hirnschäden besonders anfällig ist: Damit episodische Ereignisse abgespeichert und wieder abgerufen werden können, muss es zu einer konzertierten Aktivität von Hirnregionen kommen, die die emotionalen und die kognitiv-rationalen Anteile synchron vernetzen.

Bei der Ablagerung und Abspeicherung von Information sind großflächige Bereiche der Großhirnrinde wichtig. Dass dem so sein muss, zeigen Patienten, die an Demenz leiden (Kessler et al., 1999; Markowitsch, Kessler, Schramm & Frölich, 2000) oder die aufgrund von Herzstillstand und nachfolgendem längerem Koma bedeutende Anteile ihrer Nervenzellen verloren haben (Markowitsch et al., 1997).

Was den Abruf von episodischen Gedächtnisinhalten angeht, so wurde schon weiter oben festgestellt, dass der inferolaterale präfrontale Cortex und die temporopolare Region hierfür zentral sind. Wir überprüften diese zuerst an hirngeschädigten Patienten gewonnenen Erkenntnisse, indem wir einige Studenten baten, uns bedeutende Ereignisse aus ihrem Leben zu erzählen. Diese Erzählungen haben wir auf Band aufgenommen. Anschließend haben wir die Studenten mittels Positronen-Emissions-Tomographie (PET) untersucht. Hierbei ergab sich eine massive Aktivierung genau der rechten Temporofrontalregion, die bei den Patienten mit autobiographischer Abrufunfähigkeit zerstört waren.

Um herauszufinden, inwieweit wahre autobiographische Erinnerungen sich auf Hirnebene von solchen unterscheiden, die erfunden, also fiktiv sind, unternahmen wir eine weitere PET-Studie an Studenten. Diese wurden gebeten, einerseits ihre Lebenserinnerungen zu schildern, andererseits zusätzlich „Erinnerungen" hinzu zu erfinden. Z. B. könnte ein Student erzählt haben, er sei nach dem Abitur mit seiner Freundin nach Australien geflogen, habe in Melbourne einen Jeep gemietet und sei dann zum Kakadu National Park gefahren. Dort hatte der Jeep einen Achsenbruch und sie mussten zwei Nächte im Jeep, umgeben von Dingos und Salzwasserkrokodilen übernachten, bevor Hilfe kam. Während sich auf die wirklich erlebten Erinnerungen wieder eine Aktivierung rechts temporofrontal sowie in der rechten Amygdala zeigte, führten die erlogenen Erzählungen ausschließlich zu einer Aktivierung im Umfeld des Präcuneus. Das heißt, in einer Region, die primär für bildhaftes Vorstellen zuständig ist. Somit demonstrieren diese Ergebnisse, dass sich mit funktioneller Hirnbildgebung unterschiedliche Aktivierungen auf Lüge gegenüber Wahrheit nachweisen lassen.

6. Dissoziative Amnesien und funktionelle Bildgebung

Dissoziative Amnesien stellen einen Teilbereich der dissoziativen Störungen dar, die auch motorische (z. B. Burgmer et al., 2006) und sensorische (z. B. Freud, 1910) Symptome umfassen können. Der Bereich amnestischer Symptomatiken wird in der Regel, wenn nicht durchweg, durch Stress oder psychische Traumazustände ausgelöst; früher sprach man von Hysterien (Janet, 1886, 1894; Breuer & Freud, 1895; Donath, 1899, 1907). Der Ausdruck „dissoziativ" kennzeichnet das Wesentliche dieses Krankheitsbilds: Es kommt zu einem Auseinanderlaufen zwischen der Erinnerung an reine Fakten und deren emotionaler Bewertung, d. h. es gelingt diesen Patienten nicht mehr, affektive und kognitive Anteile von Episoden zu synchronisieren, während sie weiterhin in der Lage sind, Allgemeinwissen abzurufen und neue Informationen einzuspeichern.

Überraschenderweise findet sich bei einer Reihe dieser Patienten ein neurales Korrelat ihrer Amnesie in Form eines selektiv verminderten Hirnstoffwechsels (Markowitsch, 1999b; Markowitsch et al., 1998; Markowitsch et al., 2000; Reinhold et al., 2006). Ähnlich wie bei neurologisch geschädigten Patienten kommt es zu einer Stoffwechselverminderung in den Bereichen, die für den Gedächtnisabruf wichtig sind (Markowitsch, 1998). Diese Bereiche enthalten die meisten Rezeptoren für Stresshormone (Lupien & McEwen, 1997; Bremner, 2002; O'Brien, 1997; McEwen, 2000; Oei et al., 2007). Stresshormone (Glucocorticoide) verhindern, dass die Regionen weiterhin aktiv in den Abrufprozess eingebunden werden können. Menschen, die beispielsweise durch ein traumatisches Erlebnis ihre Erinnerungen nicht mehr ins Bewusstsein rufen können, zeigen sowohl eine globale Verminderung des Hirnstoffwechsels als auch eine lokale, und zwar in den Regionen, die mit Gedächtnis und Emotionen zu tun haben (Markowitsch, 1999b, c; Reinhold et al., 2006).

Beispiel für einen derartigen Fall ist die Geschichte eines 23jährigen Bankkaufmanns, der eines Tages erlebte, wie im Keller seines Hauses ein Feuer ausbrach. Er rannte unmittelbar aus dem Haus, hatte sich nur ganz kurz das Feuer angesehen, schrie:

„Feuer! Feuer!" Sein Freund, der im Haus geblieben war, rief die Feuerwehr an, worauf der Brand rasch gelöscht wurde. Am nächsten Morgen war der 23jährige verwirrt, er meinte, er sei 17 Jahre alt, konnte sich keine neuen Informationen mehr merken und wurde deswegen in eine Klinik überwiesen. In der dortigen Universitäts-psychiatrie blieb er über Wochen, ohne dass sich sein Zustand besserte. Durch Gespräche fand man allerdings heraus, dass er im Alter von vier Jahren mit ansehen musste, wie ein Mann in seinem Auto verbrannte. Er sah, wie die Person im Auto gegen die Scheiben hämmerte und schrie, aber niemand ihm helfen konnte. Seither sah er offenes Feuer in seiner Nähe als für ihn lebensbedrohlich an, und die Feuersituation in seinem eigenen Haus hat, wie wir meinen, auf Hirnebene eine Kaskade von Stresshormonen ausgelöst, die den Abruf der letzten Jahre blockierte (vgl. hierzu O'Brien, 1997). Immer dann, wenn der Patient an persönliche Informationen herankommen wollte, wurde offensichtlich die Freisetzung von Stresshormonen reaktiviert. So konnte er sich über Monate hinweg nicht an sein Leben der letzten Jahre erinnern (Markowitsch et al., 1998). Durch therapeutische Maßnahmen gelang es aber im Laufe eines Jahres, ihn wieder langsam an seine Erinnerungen heranzuführen und auch sein zuvor „herunter gefahrener" Hirnstoffwechsel kam wieder auf ein Normalmaß zurück (Markowitsch et al., 2000), wie auch in Abbildung 8 zu sehen ist.

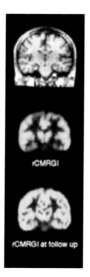

Abbildung 8. Gehirn eines jungen Patienten, der schockbedingt Teile seiner autobiographischen Erinnerung verlor und dessen Glukose-Hirnstoffwechsel zum Zeitpunkt der Amnesie reduziert war, nach Therapie aber wieder in den Normalbereich zurückkehrte. Der obere Hirnquerschnitt zeigt ein Kernspintomogramm auf Thalamusebene, die mittlere und untere Abbildung zeigen den verminderten (Mitte) und wieder normalen (unten) Glukosestoffwechsel auf vergleichbaren Schnittebenen (siehe hierzu die Arbeit von Markowitsch et al., 2000).

Wir haben in den vergangenen Jahren eine Reihe ähnlicher Fälle untersuchen können, wobei bei vielen die Gedächtnisblockaden über Jahre bestehen blieben und damit einhergehend auch die Veränderungen auf Hirnebene (Markowitsch, 2009b; Markowitsch et al., 1999c; Fujiwara et al., 2008; Staniloiu z. Veröff. eing.). Wir schließen daraus: Im Grunde ist es gleichgültig, ob jemand einen manifesten Gewebsschaden hat, also z. B. durch Schlaganfall oder einen Unfall, oder ob durch Umwelteinflüsse, also traumatische, stresshafte Erlebnisse, Stresshormone freigesetzt werden und sich dadurch die Biochemie auf Hirnebene ändert. In beiden Fällen kommt es zum Ausfall des autobiographischen Altgedächtnisses (Markowitsch, 1996, 1998). Damit, denke ich, kann man auch zeigen, wie bedeutend eine Zusammenarbeit von Neuropsychologie und Neurowissenschaft mit ihren neuen bildgebenden Verfahren ist, um das menschliche Gedächtnis besser verstehen zu können.

7. Zusammenfassung

Gedächtnis stellt eine der Grundfunktionen intelligenter Organismen dar und ist beim Menschen vermutlich in Form des autobiographischen Gedächtnisses am höchsten entwickelt und differenziert. Gedächtnisverarbeitung erfolgt über Einspeicherung, Ablagerung und den (Wieder-)Abruf, wobei manche Informationen automatisch und unbewusst verarbeitet werden, andere bewusst und vernetzt mit unserer Gefühlswelt. Gedächtnis wird heutzutage nicht nur in Kurzzeit- und Langzeitgedächtnis, sondern auch dem Inhalt nach in Subsysteme unterteilt, die auch auf Hirnebene in unterschiedlichen Netzwerken verankert sind. Gedächtnisstörungen bis hin zu anhaltenden Amnesien können aufgrund fokaler neurologischer Schäden (insbesondere in so genannten Flaschenhalsstrukturen), aufgrund von degenerativen alterskorrelierten Erkrankungen (z. B. Morbus Alzheimer) und aufgrund von psychischen Stress- und Traumasituationen auftreten, wobei in den meisten Fällen vor allem das episodisch-autobiographische Gedächtnis beeinträchtigt ist, während insbesondere unbewusst aufgenommene Informationen weiterhin verhaltenswirksam sein können und als Routineprozeduren auch den Alltag von Patienten begleiten können.

Literatur

[1] Abeles, M. (1988). Neural codes for higher brain functions. In: H.J. Markowitsch (Ed.), *Information processing by the brain* Toronto: Huber 225-240.

[2] Atkinson, R. C. & Shiffrin, R. M. (1971). The control of short-term memory. *Scientific American, 225*: 82-90.

[3] Baddeley, A.D. (2001). Is working memory still working? *American Psychologist, 56*: 851-64.

[4] Brand, M., Eggers, C., Reinhold, N., Fujiwara, E., Kessler, J., Heiss, W.-D. & Markowitsch, H.J. (2009). Functional brain imaging in fourteen patients with dissociative amnesia reveals right inferolateral prefrontal hypometabolism. *Psychiatry Research: Neuroimaging Section.*

[5] Brand, M. & Markowitsch, H.J. (2003). The principle of bottleneck structures. In: R.H. Kluwe, G. Lüer & F. Rösler (Eds.), *Principles of learning and memory.* Basel: Birkhäuser 171-184.

[6] Brand, M. & Markowitsch, H.J. (2007). Dissoziative („psychogene") Gedächtnisstörungen – Neuropsychologie und funktionelle Hirnbildgebung. *NeuroForum, 13*: 40-46.

[7] Bremner, J.D. (2002). *Does stress damage the brain?* New York: W.W. Norton & Company.

[8] Breuer, J. & Freud, S. (1895). *Studien über Hysterie.* Wien: Deuticke.

[9] Burgmer, M., Konrad, C., Jansen, A., Kugel, H., Sommer, J., Heindel, W., Ringelstein, E.B., Heuft, G. & Knecht, S. (2006). Abnormal brain activation during movement observation in patients with conversion paralysis. *Neuroimage, 29*: 1336-1343.

[10] Calabrese, P., Markowitsch, H.J., Harders, A.G., Scholz, A. & Gehlen, W. (1995). Fornix damage and memory: A case report. *Cortex, 31*: 555-564.

[11] Catani, M. & Ffytche, D.H. (2005). The rises and falls of disconnection syndromes. *Brain, 128*: 2224-2239.

[12] Chow, K.L. (1967). Effects of ablation. In: G.C. Quarton, T. Melnechuk & F.O. Schmitt (Ed.). *The neurosciences.* New York: Rockefeller University Press 705-713.

[13] Clarke, E. & Dewhurst, K. (1972). *An illustrated history of brain function.* New York: Sanford.

[14] Clayton, N. S. & Dickinson, A. (1998). Episodic-like memory during cache recovery by scrub jays. *Nature, 395*: 272-274.

[15] Corkin, S. (2002). What's new with the amnesic patient H.M.? *Neuroscience,* 3: 153-160.
[16] Cowan, N. (2000). The magical number 4 in short-term memory: A reconsideration of mental storage capacity. *Behavioral and Brain Sciences,* 24: 87-185.
[17] Dere, E., Huston, J. P. & De Souza Silva, M. A. (2005). Integrated memory for objects, places, and temporal order: Evidence for episodic-like memory in mice. *Neurobiology of Learning and Memory,* 84: 214-221.
[18] Donath, J. (1899). Der epileptische Wandertrieb (Poriomanie). *Archiv für Psychiatrie und Nervenkrankheiten,* 32: 335-355.
[19] Donath, J. (1907). Weitere Beiträge zur Poriomanie. *Archiv für Psychiatrie und Nervenkrankheiten,* 42: 752-760.
[20] Ferbinteanu, J., Kennedy, P. J. & Shapiro, M. L. (2006). Episodic memory – from brain to mind. *Hippocampus,* 16: 691-703.
[21] Fink, G.R., Markowitsch, H.J., Reinkemeier, M., Bruckbauer, T., Kessler, J. & Heiss, W.-D. (1996). Cerebral representation of one's own past: neural networks involved in autobiographical memory. *Journal of Neuroscience,* 16: 4275-4282.
[22] Fodor, J.A. (1985). Précis of the modularity of mind. *Behavioral and Brain Sciences,* 8: 1-42.
[23] Freud, S. (1910). Die psychogene Sehstörung in psychoanalytischer Auffassung. *Ärztliche Fortbildung (Beiheft zu Ärztliche Standesbildung),* 9: 42-44.
[24] Freud, S. (1919). Das Unheimliche. *Imago,* 5: 297-324.
[25] Fujiwara, E., Brand, M., Kracht, L., Kessler, J., Diebel, A., Netz, J. & Markowitsch, H.J. (2008). Functional retrograde amnesia: a multiple case study. *Cortex,* 44: 29-45.
[26] Gall, F.J. (1825). *Sur les fonctions du cerveau et sur celles de chacune de ses parties (6 vols.).* Paris: Baillière.
[27] Hering, E. (1870). *Ueber das Gedächtnis als eine allgemeine Funktion der organisierten Materie.* Vortrag gehalten in der feierlichen Sitzung der Kaiserlichen Akademie der Wissenschaften in Wien am XXX. Mai MDCCCLXX. Leipzig.
[28] Janet, P. (1886). Les actes inconscientes et la dédoublement de la personnalité pendant le somnambulisme provoqué. *Revue philosophique,* 22: 577-592.
[29] Janet, P. (1894). *Der Geisteszustand der Hysteriker (Die psychischen Stigmata).* Leipzig: Deuticke.
[30] Kessler, J., Markowitsch, H.J., Ghaemi, M., Rudolf, J., Weniger, G.H. & Heiss, W.-D. (1999). Degenerative prefrontal damage in a young adult: Static and dynamic imaging and neuropsychological correlates. *Neurocase,* 5: 173-179.
[31] Kroll, N., Markowitsch, H.J., Knight, R. & von Cramon, D.Y. (1997). Retrieval of old memories - the temporo-frontal hypothesis. *Brain,* 120: 1377-1399.
[32] Kühnel, S. & Markowitsch, H.J. (2008). *Falsche Erinnerungen.* Heidelberg: Spektrum.
[33] Kühnel, S., Woermann, F.G., Mertens, M. & Markowitsch, H.J. (2008). Involvement of the orbitofrontal cortex during correct and false recognitions of visual stimuli. Implications for eyewitness decisions on an fMRI study using a film paradigm. *Brain Imaging and Behavior,* 2: 163-176.
[34] Loftus, E.F. (2000): Remembering what never happened. In: E. Tulving (Ed.), *Memory, consciousness, and the brain.* Philadelphia, PA: Psychology Press 106-118.
[35] Loftus, E.F. (2003). Our changeable memories: legal and practical implications. *Nature Neuroscience,* 4: 232-233.
[36] Lupien, S.J. & McEwen, B.S. (1997). The acute effects of corticosteroids on cognition: integration of animal and human model studies. *Brain Research Reviews,* 24: 1-27.
[37] Markowitsch, H.J. (1985a). Gedächtnis und Gehirn: Auf dem Weg zu einer differentiellen physiologischen Psychologie? *Psychologische Rundschau,* 36: 201-216.
[38] Markowitsch, H.J. (1985b). Der Fall H.M. im Dienste der Hirnforschung. *Naturwissenschaftliche Rundschau,* 38: 410-416.
[39] Markowitsch, H. J. (1992). *Intellectual functions and the brain. An historical perspective.* Toronto: Hogrefe & Huber Publs.
[40] Markowitsch, H.J. (1996). Organic and psychogenic retrograde amnesia: two sides of the same coin? *Neurocase,* 2: 357-371.
[41] Markowitsch, H.J. (1998). The mnestic block syndrome: Environmentally induced amnesia. *Neurology, Psychiatry, and Brain Research,* 6: 73-80.
[42] Markowitsch, H.J. (1999a). Limbic system. In: R. Wilson & F. Keil (Eds.), *The MIT encyclopedia of the cognitive sciences.* Cambridge: MIT Press 472-475.
[43] Markowitsch, H.J. (1999b). Neuroimaging and mechanisms of brain function in psychiatric disorders. *Current Opinion in Psychiatry,* 12: 331-337.
[44] Markowitsch, H.J. (1999c). Functional neuroimaging correlates of functional amnesia. *Memory,* 7: 561-583.

[45] Markowitsch, H.J. (2000a). Amnésie psychogène et autres troubles dissociatifs. In: M. Van der Linden, J.-M. Danion & A. Agniel (Eds.), *La psychopathologie: une approche cognitive et neuropsychologique.* Paris: editions solal 265-280.

[46] Markowitsch, H.J. (2000b). Repressed memories. In: E. Tulving (Ed.), *Memory, consciousness, and the brain: The Tallinn conference.* Philadelphia, PA: Psychology Press 319-330.

[47] Markowitsch, H.J. (2000c). Memory and amnesia. In: M.-M. Mesulam (Ed.), *Principles of cognitive and behavioral neurology.* New York: Oxford University Press 257-293.

[48] Markowitsch, H.J. (2000d). Strukturelle und funktionelle Neuroanatomie. In: W. Sturm, M. Herrmann & C. Wallesch (Hrsg.), *Lehrbuch der Klinischen Neuropsychologie.* Amsterdam: Swets & Zeitlinger 25-50.

[49] Markowitsch, H.J. (2003a) Psychogenic amnesia. *NeuroImage,* 20: 132-138.

[50] Markowitsch, H.J. (2003b). Autonoëtic consciousness. In: A.S. David & T. Kircher (Eds.), *The self in neuroscience and psychiatry.* Cambridge: Cambridge University Press 180-196.

[51] Markowitsch, H.J. (2004). Warum wir keinen freien Willen haben. Der sog. freie Wille aus Sicht der Hirnforschung. *Psychologische Rundschau,* 55: 163-168.

[52] Markowitsch, H.J. (2008a). *Dem Gedächtnis auf der Spur: Vom Erinnern und Vergessen* (3. Aufl.). Darmstadt: Wissenschaftliche Buchgesellschaft und PRIMUS-Verlag.

[53] Markowitsch, H.J. (2008b). Neuroscience and crime. *Neurocase,* 14: 1-6.

[54] Markowitsch, H.J. (2008c). *Neuroscience and crime.* Hove, UK: Psychology Press.

[55] Markowitsch, H.J. (2008d). Anterograde amnesia. In: G. Goldenberg & B. L. Miller (Eds.), *Handbook of clinical neurology (3rd Series, Vol. 88: Neuropsychology and behavioral neurology).* New York: Elsevier 155-183.

[56] Markowitsch, H.J. (2009a). *Das Gedächtnis: Entwicklung – Funktionen – Störungen.* München: C.H. Beck.

[57] Markowitsch, H.J. (2009b). Stressbedingte Erinnerungsblockaden. Neuropsychologie und Hirnbildgebung. *Psychoanalyse,* in Druck.

[58] Markowitsch, H.J., Calabrese, P., Liess, J., Haupts, M., Durwen, H.F. & Gehlen, W. (1993a). Retrograde amnesia after traumatic injury of the temporo-frontal cortex. *Journal of Neurology, Neurosurgery and Psychiatry,* 56: 988-992.

[59] Markowitsch, H.J., Calabrese, P., Neufeld, H., Gehlen, W. & Durwen, H.F. (1999a). Retrograde amnesia for famous events and faces after left fronto-temporal brain damage. *Cortex,* 35: 243-252.

[60] *Markowitsch, H.J., Calabrese, P., Würker, M., Durwen, H.F., Kessler, J., Babinsky, R., Brechtelsbauer, D., Heuser, L. & Gehlen, W. (1994). The amygdala's contribution to memory - A PET-study on two patients with Urbach-Wiethe disease. NeuroReport, 5: 1349-1352.*

[61] Markowitsch, H.J. & Kalbe, E. (2007). Neuroimaging and crime. In S. Å. Christianson (Ed.), *Offender's memory of violent crime.* Chichester, UK: John Wiley & Sons 137-164.

[62] Markowitsch, H.J., Kalbe, E., Kessler, J., von Stockhausen, H.-M., Ghaemi, M. & Heiss, W.-D. (1999b). Short-term memory deficit after focal parietal damage. *Journal of Clinical and Experimental Neuropsychology,* 21: 784 -796.

[63] Markowitsch, H.J., Kessler, J., Russ, M.O., Frölich, L., Schneider, B. & Maurer, K. (1999c). Mnestic block syndrome. *Cortex,* 35: 219-230.

[64] Markowitsch, H.J., Kessler, J., Schramm, U. & Frölich, L. (2000). Severe degenerative cortical and cerebellar atrophy and progressive dementia in a young adult. *Neurocase,* 6: 357-364.

[65] Markowitsch,H.J., Kessler, J., Van der Ven, C., Weber-Luxenburger, G. & Heiss, W.-D. (1998). Psychic trauma causing grossly reduced brain metabolism and cognitive deterioration. *Neuropsychologia,* 36: 77-82.

[66] Markowitsch, H.J., Kessler, J., Weber-Luxenburger, G. , Van der Ven, C. & Heiss, W.-D. (2000). Neuroimaging and behavioral correlates of recovery from 'mnestic block syndrome' and other cognitive deteriorations. *Neuropsychiatry, Neuropsychology, and Behavioral Neurology,* 13: 60-66.

[67] Markowitsch, H.J. & Siefer, W. (2007). *Tatort Gehirn. Auf der Suche nach dem Ursprung des Verbrechens.* Frankfurt/M.: Campus Verlag.

[68] Markowitsch, H.J., von Cramon, D.Y. & Schuri, U. (1993b). Mnestic performance profile of a bilateral diencephalic infarct patient with preserved intelligence and severe amnesic disturbances. *Journal of Clinical and Experimental Neuropsychology,* 15: 627-652.

[69] Markowitsch, H.J., Weber-Luxenburger, G., Ewald, K., Kessler, J. & Heiss, W.-D. (1997). Patients with heart attacks are not valid models for medial temporal lobe amnesia. A neuropsychological and FDG-PET study with consequences for memory research. *European Journal of Neurology,* 4: 178-184.

[70] Markowitsch, H.J. & Welzer, H. (2006). *Das autobiographische Gedächtnis. Hirnorganische Grundlagen und biosoziale Entwicklung* (2. Aufl.). Stuttgart: Klett.

[71] Marr, D. (1970). A theory for cerebral neocortex. *Proceedings of the Royal Society, London B, 176:* 161-234.

[72] McEwen, B.S. (2000). The neurobiology of stress: from serendipity to clinical relevance. *Brain Research Interactive,* 886: 172-189.

[73] Miller, G.A. (1956). The magical number seven plus minus two. Some limits on our capacity for processing information. *Psychological Reviews,* 63: 244-257.

[74] Mishkin, M. & Petri, H.L. (1984). Memories and habits: Some implications for the analysis of learning and retention. In L.R. Squire & N. Butters (Eds.), *Neuropsychology of memory.* New York: Guilford Press 287-296.

[75] Molko, N., Cohen, L., Mangin, J.F., Chochon, F., Lehéricy, S., Le Bihan, D. & Dehaene, S. (2002). Visualizing the neural bases of a disconnection syndrome with diffusion tensor imaging. *Journal of Cognitive Neuroscience,* 14: 629-636.

[76] Nelson, K. (2006). Über Erinnerungen reden: Ein soziokultureller Zugang zur Entwicklung des autobiographischen Gedächtnisses. In: H. Welzer & H.J. Markowitsch (Hrsg.), *Warum Menschen sich erinnern können.* Stuttgart: Klett-Verlag 78-94.

[77] O'Brien, J.T. (1997). The 'glucocorticoid cascade' hypothesis in man. *British Journal of Psychiatry,* 170: 199-201.

[78] Oei, N.Y.L., Elzinga, B.M., Wolf, O.T., De Ruiter, M.B., Damoiseaux, J.S., Kujier, J.P.A., Veltman, D.J., Scheltens, P. & Rombouts, S.A.R.B. (2007). Glucocorticoids decrease hippocampal and prefrontal activation during declarative memory retrieval in young men. *Brain Imaging and Behavior,* 1: 31-41.

[79] Piefke, M. & Markowitsch, H.J. (2008a). Contextualization: Memory formation and retrieval in a nested environment. In: S. Vrobel, O. E. Rössler & T. Marks-Tarlow (Eds.), *Simultaneity: Temporal structures and observer perspectives.* Singapore: World Scientific 130-149.

[80] Piefke, M. & Markowitsch, H.J. (2008b). Bewusstsein und Gedächtnis: Die Bedeutung der Kohärenz und Konsistenz von Erinnerungen. In: D. Ganten, V. Gerhardt & J. Nida-Rümelin (Eds.), *Zur Stellung des Menschen in der Natur* (in Druck). Berlin: De Gruyter.

[81] Piefke, M. & Markowitsch, H.J. (2008c). Gedächtnis und (z.B. stressbedingte) Gedächtnisstörungen. In: G. Schiepek (Hrsg.), *Neurobiologie der Psychotherapie* (2. Aufl.) (in Druck). Stuttgart: Schattauer Verlag.

[82] Pritzel, M., Brand, M. & Markowitsch, H.J. (2003). *Gehirn und Verhalten.* Heidelberg: Spektrum Akad. Verlagsanstalt.

[83] Ranganath, C. & Blumenfeld, R. (2005). Doubts about double dissociations between short- and long-term memory. *Trends in Cognitive Sciences,* 9: 374-380.

[84] Reinhold, N., Kühnel, S., Brand, M. & Markowitsch, H.J. (2006). Functional neuroimaging in memory and memory disturbances. *Current Medical Imaging Reviews,* 2: 35-57.

[85] Reinhold, N. & Markowitsch, H.J. (2009). Dissociative amnesias. *Neuropsychologia,* in press.

[86] Ribot, T. (1882). *Diseases of memory.* New York: D. Appleton &Co.

[87] Semon, R. (1904). *Die Mneme als erhaltendes Prinzip im Wechsel des organischen Geschehens.* Leipzig: Wilhelm Engelmann.

[88] Siebert, M., Markowitsch, H.J. & Bartel, P. (2003). Amygdala, affect, and cognition: Evidence from ten patients with Urbach-Wiethe disease. *Brain,* 126: 2627-2637.

[89] Staniloiu, A., Bender, A., Smolewska, K., Ellis, J., Abramowitz, C. & Markowitsch, H.J. (in press). Ganser syndrome with work-related onset in a patient with a background of immigration. *Cognitive Neuropsychiatry.*

[90] Szentágothai, J. (1983). The modular architectonic principle of neural centers. *Reviews of Physiology,* 98: 11-61.

[91] Tulving, E. (1972). Episodic and semantic memory. In: E. Tulving & W. Donaldson (Eds.), *Organization of memory.* New York: Academic Press 381-403.

[92] Tulving, E. (1983). *Elements of episodic memory.* Oxford: Clarendon Press.

[93] Tulving, E. (2002). Episodic memory: from mind to brain. *Annual Reviews of Psychology,* 53: 1-25.

[94] Tulving, E. (2005). Episodic memory and autonoesis: uniquely human? In: H. Terrace & J. Metcalfe (Eds.), *The missing link in cognition: evolution of self-knowing consciousness.* New York: Oxford University Press 3-56.

[95] Warrington, E.K. (1982). The double dissociation of short- and long-term memory deficits. In: L. Cermak (Ed.), *Human memory and amnesia.* Hillsdale, N.J.: LEA 61-76.

[96] Warrington, E.K. & Weiskrantz, L. (1982). Amnesia: A disconnection syndrome? *Neuropsychologia,* 20: 233-248.

Das autobiographische Gedächtnis: Grundlagen und Klinik
J. Schröder und F.G. Brecht (Hrsg.)
© 2009, AKA Verlag Heidelberg

Das autobiographische Gedächtnis bei Schizophrenien – Eine Einführung

Christina J. HEROLD & Johannes SCHRÖDER
Sektion Gerontopsychiatrie, Universitätsklinik Heidelberg

Indem es die Vergangenheit, ohne sie zu verändern, in die Gegenwart einfügt,
so wie sie war, als sie Gegenwart war, bringt nämlich das Gedächtnis jene große
Dimension der Zeit, in der sich das Leben verwirklicht, gerade zum Verschwinden.[1]

1. Schizophrenien – eine kurze Einführung

1.1. Epidemiologie, Symptomatik und Verlauf

Mit einer Lebenszeitprävalenz von ca. 1 % sind schizophrene Psychosen zwar weit weniger häufig als depressive Erkrankungen (Lebenszeitprävalenz der Majoren Depression etwa 20 %; z. B. Barth, Voss, Martin, Fischer-Cyrulies, Pantel & Schröder, 2002), jedoch nehmen Schizophrenien bei etwa der Hälfte der Betroffenen gegenüber kaum 10 % der depressiven Störungen einen ungünstigen, chronischen Verlauf (Grossman, Harrow, Goldberg & Fichtner, 1991), (Abbildung 1).

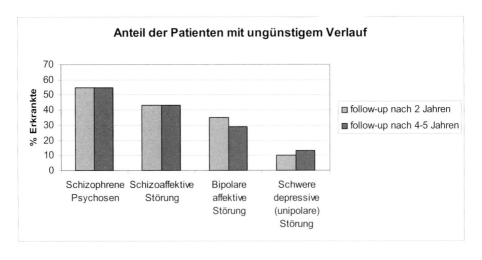

Abbildung 1. Anteil der Patienten mit ungünstigem Verlauf (nach Grossman et al., 1991).

---

[1] aus: Marcel Proust: Auf der Suche nach der verlorenen Zeit. Die wiedergefundene Zeit, S. 503. Suhrkamp. Auflage: Neuauflage. Frankfurter Ausgabe, 2008.

Dieser Unterschied wiegt umso schwerer, als das Hauptmanifestationsalter schizophrener Psychosen im jüngeren Lebensalter liegt – bei Männern zu Beginn, bei Frauen einige Jahre verzögert gegen Ende der dritten sowie mit einem zweiten Manifestationsgipfel Anfang der fünften Lebensdekade (Übersicht: Schröder & Weisbrod, 2006), (Abbildung 2).

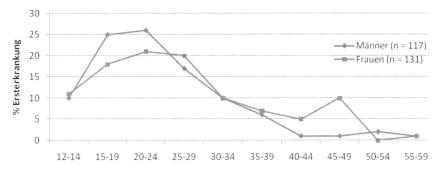

Abbildung 2. Altersverteilung zum Zeitpunkt der Ersterkrankung (nach Häfner, 2003).

Bei Kindern und Heranwachsenden sind schizophrene Psychosen selten, nehmen jedoch wenn aufgetreten in der Regel schwerere Verläufe. Dagegen manifestiert sich etwa ein Viertel aller schizophrenen Psychosen erst jenseits des 45. Lebensjahres. Obwohl Spätschizophrenien durch eine Reihe klinischer und psychopathologischer Besonderheiten ausgewiesen sind, werden sie allgemein nosologisch den schizophrenen Psychosen zugeordnet. Nach den Ergebnissen zahlreicher epidemiologischer Studien gelten diese Feststellungen weitgehend für alle Länder und Kulturkreise. Dies betrifft insbesondere das Lebenszeitrisiko, das – von Ausnahmen abgesehen – weltweit um 1 % schwankt. Diese Angaben unterstreichen nicht nur die gesundheitspolitische Bedeutung schizophrener Psychosen, sondern sind auch für das Verständnis der Ätiologie von grundlegender Bedeutung.

Schizophrene Psychosen bilden heterogene Erkrankungen. Diese Position ist bis auf ihren Namensgeber Eugen Bleuler (1857-1939) zurückzuverfolgen, der 1911 (S. 2) feststellte:

> „So fassen wir unter dem Namen Dementia praecox oder Schizophrenie eine ganze Gruppe von Krankheiten zusammen, die sich scharf von vielen anderen Formen des Kraepelin'schen Systems unterscheiden lassen; sie haben viele gemeinsame Symptome und eine gemeinsame Richtungsprognose; ihre Zustandsbilder aber können äußerst verschieden sein."

Schon Kraepelin (1865-1925), der Schizophrenien unter dem Aspekt der ungünstigen Prognose als „Dementia praecox" bezeichnet hatte, betonte ebenfalls die „Verschiedenartigkeit der klinischen Bilder", um gleichzeitig zu vermuten, dass „den auseinander weichenden Formen nicht schließlich doch der gleiche Krankheitsvorgang zugrunde liegt, nur mit verschiedenartigem Angriffspunkte und in wechselnder Verlaufsart" (1913, S. 667).

Zur Symptomatik schizophrener Psychosen wird deshalb bis heute eine Fülle unterschiedlicher Symptome gerechnet, zu denen sowohl positive oder produktive Akutsymptome als auch Negativ- oder Residualsymptome gehören.

Die Positivsymptomatik oder produktive Symptomatik umfasst vor allem Störungen des Denkens und der Wahrnehmung (Denkstörungen, Wahn und Halluzinationen) und bildet den Kern der nach Kurt Schneider (1888-1967) diagnostisch leitenden Symptome ersten Ranges (Schneider, 1980), die sich noch in den heutigen Diagnose-

Systemen wiederfinden. Zur Negativ- oder Residualsymptomatik, die meist länger persistiert und auch therapieresistenter ist, gehören nach Andreasen (1982) Affektverflachung bzw. inadäquater Affekt, Apathie, Alogie, Asozialität, Anhedonie und Aufmerksamkeitsstörungen.

Die genannten Symptome fanden Eingang in die „Internationale Klassifikation psychischer Störungen" (ICD-10, WHO, 1992 bzw. 2005), die acht Symptomgruppen unterscheidet (aufgelistet in Tabelle 1). Demnach kann die Diagnose der Schizophrenie gestellt werden, wenn ein Symptom aus den Gruppen 1-4 eindeutig vorliegt, oder mindestens zwei Symptome aus den Gruppen 5-8 über einen Monat oder länger bestehen.

Tabelle 1. Symptomgruppen schizophrener Psychosen nach ICD-10.

Eine schizophrene Psychose kann dann diagnostiziert werden, wenn wenigstens eines der unter 1.-4. genannten Symptome eindeutig (zwei oder mehr wenn weniger eindeutig) oder mindestens zwei Symptome der Gruppen 5-8 über einen Monat oder länger bestehen.

Gedankenlautwerden, -eingebung, -entzug, -ausbreitung
Kontrollwahn, Beeinflussungswahn oder das Gefühl des Gemachten
Kommentierende oder dialogisierende Stimmen
Anhaltender, kulturell unangemessener, unrealistischer Wahn
Anhaltende Halluzinationen
Gedankenabreißen oder Einschiebungen in den Gedankenfluss
Katatone Symptome
Apathie, Sprachverarmung, verflachter oder inadäquater Affekt. Diese Negativsymptome dürfen nicht auf Depressivität oder mögliche Nebenwirkungen der Medikation zurückgehen. Erhebliche und anhaltende Veränderungen in einigen Aspekten des persönlichen Verhaltens.

Bereits Bleuler (1983) beschrieb unterschiedliche Verlaufsformen der Erkrankung, die von „einfachen" (akut oder chronisch zu einfachen bzw. schweren chronischen Zuständen) hin zu „wellenförmigen Verläufen" (zu leichten oder schweren chronischen Zuständen, vollständige Remission) reichten. Ähnlich werden in der ICD-10 (ICD-10, WHO, 1992 bzw. 2005) nach der Erstmanifestation der schizophrenen Symptomatik folgende Verlaufsformen unterschieden:

kontinuierlich
episodisch mit zunehmendem Residuum
episodisch remittierend
mit unvollständiger Remission
mit vollständiger Remission

Die einzelnen Faktoren, die den Verlauf schizophrener Psychosen bestimmen, sind nur in Umrissen bekannt. Strauss und Carpenter etwa haben mehrere prognostisch relevante Aspekte in einer Skala zusammengefasst (Strauss & Carpenter, 1974, 1977), deren prognostische Validität im Rahmen einer 5-Jahres-Katamnese von einer deutschen Forschergruppe untersucht wurde (Möller, Scharl & Zerssen, 1984). Als prognostisch besonders relevant erwiesen sich die Variablen „Unzureichende Qualität sozialer Beziehungen im letzten Jahr vor Index-Aufnahme" und „Hilfs-/ Pflegebedürftigkeit im letzten Jahr vor Index-Aufnahme", dicht gefolgt von „Reduktion der Arbeitsqualität im letzten Jahr vor Index-Aufnahme" sowie vom Ausmaß der produktiv psychotischen sowie Negativsymptomatik (Affektverflachung), Ersterkrankungsalter und Dauer der psychiatrischen Störung.

Weithin wird die Bedeutung eines ungünstigen familiären Kommunikationsstiles, der durch ein hohes Niveau an „expressed emotions" charakterisiert ist, für den Verlauf schizophrener Psychosen anerkannt. Das „Expressed Emotion"-Konzept (Leff & Vaughn, 1985) fußt auf der klinischen Beobachtung vermehrter Krankheitsrezidive bei jungen schizophrenen Patienten, die zu ihren Ursprungsfamilien entlassen wurden und der Abhängigkeit dieser Rezidive von einem besonderen, in der Familie geübten Interaktionsstil, der von „Kritik", „Feindseligkeit" und/oder „emotionaler Überbeteiligung" geprägt ist. „Expressed Emotions" haben vermutlich keine pathogenetische Bedeutung für die Manifestation schizophrener Psychosen und können auch bei anderen psychiatrischen Erkrankungen, etwa depressiven Störungen, nachgewiesen werden (vgl. Schröder & Weisbrod, 2006).

1.2. Ätiologie und Pathogenese

Familien- und Zwillingsuntersuchungen zeigen ebenso wie molekulargenetische Studien, dass eine genetische Komponente an der Pathogenese schizophrener Psychosen beteiligt ist (Übersicht: Schröder & Weisbrod, 2006). Grundsätzlich liegt das Erkrankungsrisiko in betroffenen Familien deutlich über dem der Allgemeinbevölkerung und steigt mit näherem Verwandtschaftsgrad zu einem Erkrankten an. Bei Angehörigen ersten Grades schwankt das Risiko, ebenfalls an einer schizophrenen Psychose zu erkranken, um 10 %, bei Angehörigen zweiten Grades dagegen lediglich um 5 %. Dagegen erhöht eine Erkrankung beider Elternteile das Risiko der Kinder auf fast 50 %. Am eindrücklichsten lässt sich die genetische Disposition im Vergleich der Konkordanzraten ein- und zweieiiger Zwillinge verdeutlichen: Schwankt die Konkordanzrate eineiiger Zwillinge um etwa 50 %, so beträgt sie bei zweieiigen Zwillingsgeschwistern, die sich genetisch wie Geschwister zueinander verhalten, nur noch etwa 15% (Propping, 1989). Allerdings liegt die Konkordanzrate selbst bei eineiigen Zwillingen weit unter den bei typischen Erbkrankheiten beobachteten Werten. Zudem ist eine familiäre Belastung nur bei einem Teil der Patienten gegeben. Die genetischen Befunde können demnach die Ätiologie schizophrener Psychosen nur bedingt erklären. Umgekehrt deuten zahlreiche Studien auf umweltgebundene Einflüsse und Belastungen hin (Übersicht: Schröder & Weisbrod, 2006). Hierzu gehören eine Reihe von epidemiologischen und klinischen Studien, die Einflüsse des Geburtszeitpunkts (Winter/Frühling: z. B. Mortensen et al., 1999; Torrey, Miller, Rawlings & Yolken, 1997), des Geburtsortes (Stadt: z. B. Eaten, Mortensen & Frydenberg, 2000; Mortensen et al., 1999; Pedersen & Mortensen, 2001), von Geburtskomplikationen (z. B. Cannon, Jones & Murray, 2002) bzw. in früher Kindheit durchgemachten Erkrankungen (z. B. Toxoplasmainfektionen) sicherten (Bachmann, Schröder, Bottmer, Torrey & Yolken, 2005; Yolken et al., 2001). Für mögliche infektiös vermittelte Mechanismen sprechen auch Untersuchungen, die eine Transkription endogener Retroviren im Umfeld der Erstmanifestation beschrieben (Karlsson et al., 2001; Yao et al., 2008).

Allgemein wird deshalb eine Interaktion zwischen genetischer Prädisposition und Umwelteinflüssen im Sinne des Vulnerabilitäts-Stress-Modells angenommen (Zubin & Spring, 1977). Demnach entstehen schizophrene Psychosen aus einer Wechselwirkung zwischen einer bestehenden Krankheitsbereitschaft („Vulnerabilität") und zusätzlichen Umwelteinflüssen („Stressoren"). Im Rahmen des Vulnerabilitäts-Stress-Modells ist die Vulnerabilität gegenüber schizophrenen Psychosen also nicht ausschließlich genetisch gegeben, sondern kann auch erst in der Schwangerschaft, bei der Geburt bzw. in der frühkindlichen und/oder psychosozialen Entwicklung entstehen.

1.3. Auffälligkeiten vor der Krankheitsmanifestation

Die Annahme einer besonderen Vulnerabilität gegenüber schizophrenen Psychosen wird insbesondere durch Studien gestützt, die auf Auffälligkeiten von später Erkrankten bereits in der Kindheit hinweisen: So werden Personen, die später an einer schizophrenen Psychose erkranken, weithin als eher passive, submissive und unkonzentrierte Kinder beschrieben, die in der Gruppe oder im Klassenverbund oft durch ein unangepasstes Verhalten mit mangelnder Integration auffallen (z. B. Cornblatt, Lencz, Smith, Correll, Auther & Nakayama, 2003; Parnas & Jorgensen, 1989). Es ist offenkundig, dass diese Schwierigkeiten bei der Bewährung in der Gemeinschaft weitere Probleme nach sich ziehen und nicht nur Schulabschluss und Berufsausbildung, sondern auch Partnerfindung und Loslösung vom Elternhaus maßgeblich erschweren. Andere Studien erbrachten zahlreiche diskrete neuropsychologische Defizite, etwa Aufmerksamkeitsstörungen, Verzögerungen in der Sprachentwicklung, psychosenahe Symptome viele Jahre vor der Manifestation der Schizophrenie, aber auch Auffälligkeiten bei der koordinativen Motorik bzw. im Bereich der Sensorik (Erlenmeyer-Kimling et al., 2000; McNeil & Kaji, 1987). Letztere werden auch als „neurologische Soft-Signs" (NSS) bezeichnet und gehören zu den am besten gesicherten neurobiologischen Befunden bei Schizophrenien überhaupt (Schröder et al., 1992). Obwohl das Vulnerabilitäts-Stress-Modell durch zahlreiche Einzelbefunde gestützt wird, sind die genauen Zusammenhänge zwischen Vulnerabilität, Umweltfaktoren und den zerebralen Veränderungen, die letztlich in die schizophrene Symptomatik münden, bislang noch weitgehend unklar.

1.4. Dopaminhypothese und andere biochemische Modelle

Ungleichgewichte zwischen verschiedenen Neurotransmittern, vor allem im dopaminergen System, sind entscheidend an der Pathogenese schizophrener Psychosen beteiligt (Übersicht: Schröder & Weisbrod, 2006). Im Speziellen leitet sich die Dopaminhypothese von zwei Beobachtungen ab:

1. dopaminerg wirksame Substanzen wie Amphetamin können auch bei Gesunden schizophrenieähnliche Symptome provozieren und
2. die antipsychotische Potenz der typischen Neuroleptika korreliert mit ihrer Affinität zu den Dopamin-D2-Rezeptoren.

Die nach der Dopaminhypothese (Carlsson, 1978) zu erwartenden Veränderungen des dopaminergen Systems konnten bei schizophren Erkrankten allerdings noch nicht unstrittig belegt werden. Untersuchungen mit bildgebenden Verfahren erbrachten vor allem Zusammenhänge zwischen extrapyramidalen Nebenwirkungen und der Besetzung der striatalen D2-Dopaminrezeptoren unter neuroleptischer Therapie (Broich, Grünwald, Kasper, Klemm, Biersack & Möller, 1998; Farde, Nordström, Wiesel, Pauli, Halldin & Sedvall, 1992), nicht jedoch einen klaren Nachweis pathogenetisch wirksamer Veränderungen des dopaminergen Systems bei unbehandelten Patienten mit schizophrenen Erstmanifestationen (Frankle & Laruelle, 2002; Karlsson, Farde, Halldin & Sedvall, 2002). Nach der Dopaminhypothese wird angenommen, dass die dopaminerge Überaktivierung im mesolimbischen System vor allem mit Positivsymptomen einhergeht, während ein relativer Dopaminmangel im mesokortikalen System eher für Negativsymptome und kognitive Störungen verantwortlich ist. Dies könnte erklären, warum die dopaminantagonistisch wirkenden Neuroleptika vor allem die Positiv-, weniger jedoch die Negativsymptomatik beeinflussen.

Ebenso wenig konnte bisher geklärt werden, warum neuroleptische Therapien in der Regel erst verzögert mit einer Latenz von Tagen wirksam sind. Von einigen Autoren werden durch Antipsychotika induzierte, neuroplastische Effekte mit einer Modifizierung synaptischer Verbindungen in diesem Zusammenhang diskutiert (Konradi & Heckers, 2001).

Bereits in den 50er und 60er Jahren legte Haase systematische Untersuchungen zum Wechselspiel zwischen antipsychotischer Wirkung und extrapyramidalen Nebenwirkungen „konventioneller" Neuroleptika vor. Wirkungen und Nebenwirkungen schienen fest miteinander verschränkt, indem stark antipsychotisch wirkende „hochpotente" Substanzen (z. B. Flupentixol, Haloperidol, Benperidol) häufiger extrapyramidale Nebenwirkungen verursachten als „niederpotente" Neuroleptika (z. B. Levomepromazin, Chlorpromazin, Perazin) mit ausgeprägt sedativen aber weniger antipsychotischen Eigenschaften (Haase, 1954, 1978). Eine Substanz – Clozapin – brach aus diesem Schema aus und war ausgezeichnet antipsychotisch wirksam ohne nennenswerte extrapyramidale Nebenwirkungen zu provozieren (Bartholini, Haefely, Jalfre, Keller & Pletscher, 1972). Tatsächlich wurden die damit umrissenen Zusammenhänge auch in neueren Studien weithin bestätigt (z. B. Miller, Mohr, Umbricht, Worner, Fleischhacker & Liberman, 1998; Rosenheck et al., 1997). Die Fama will, dass dieser Zusammenhang bzw. der Name seines Beschreibers bei der Wahl des Handelsnamens „Leponex" (lepus [lat.], der Hase) Pate stand.

Die Familie der Dopaminrezeptoren umfasst D1- (D1 und D5) und D2-artige (D2, D3, D4) Rezeptoren. Im Zentrum der Dopaminhypothese und des Wirkmechanismus von Antipsychotika stehen die D2-Rezeptoren, wobei typische Antipsychotika eine höhere Affinität zu den D2-Rezeptoren aufweisen als atypische (vgl. Arolt, Ohrmann & Rothermundt, 2006). In diesem Zusammenhang wurde auch die Bedeutung der D4-Rezeptoren für die Wirkung von atypischen Antipsychotika festgestellt. Das atypische Neuroleptikum Clozapin etwa zeigt eine zehnmal höhere Affinität zu D4- als zu D2- oder D3-Rezeptoren (Übersicht: Sanyal & Van Tol, 1997).

Die Wirksamkeit von Clozapin aber auch weitere Beobachtungen weisen auf die Bedeutung anderer, nicht-dopaminerger Neurotransmittersysteme für Behandlung und – im Umkehrschluss – Symptomatik schizophrener Psychosen hin (Übersicht: Arolt, Ohrmann & Rothermundt, 2006). Serotonerge Halluzinogene wie LSD führen zu schizophrenieähnlichen Symptomen (z. B. Vardy & Kay, 1983); umgekehrt sollen zahlreiche „atypische" Neuroleptika auch das serotonerge System beeinflussen (z. B. Aghajanian & Marek, 2000; Melzer, 1998). Daneben finden sich Hinweise auf die Beteiligung des glutamatergen Systems. So provozieren z. B. die NMDA-Rezeptor-Agonisten Phencyclidin (PCP, „angel dust") und Ketamin nicht nur schizophrenieartige Positiv-, sondern auch typische Negativsymptome (z. B. Halberstadt, 1995; Javitt & Zukin, 1991).

2. Kognitive Defizite

Kognitive Defizite wurden bereits in der klassischen Psychopathologie, so von Bleuler (1911) und Kraepelin (1913), bei Patienten mit schizophrenen Psychosen beschrieben. Kraepelin stellte sie sogar ins Zentrum seiner Konzeption der Erkrankung, für die er deshalb die Bezeichnung „Dementia praecox" vorschlug. Tatsächlich wurden Beeinträchtigungen unterschiedlicher kognitiver Domänen – Aufmerksamkeit, räumliches Vorstellungsvermögen, Theory of Mind, sowie Gedächtnis und Exekutivfunktionen – in zahlreichen klinischen Studien bei schizophrenen Psychosen beschrieben (Übersicht: Krabbendam & Jolles, 2002; Kircher & Gauggel, 2008).

2.1. Neuropsychologische Defizite

Kognitive Defizite sind schon vor Erstmanifestation der Psychose etwa in Hochrisikogruppen mit einer hohen familiären Belastung nachweisbar (High-Risk-Kinder, z. B. McNeil & Kaij, 1987; Erlenmeyer-Kimling & Cornblatt, 1987, 1992) und bleiben auch nach Remission der Akutsymptomatik bestehen (z. B. Bilder et al., 2000). Mit Exazerbation der schizophrenen Akutsymptomatik verstärken sich die Defizite, um sich unter neuroleptischer Therapie mit Stabilisierung des Zustandsbildes zumindest partiell wieder zurückzubilden (Schröder, 1998; Schröder, Tittel, Stockert & Karr, 1996). Je nach Gesamtverlauf der Erkrankung gelingt es den Patienten dann sogar zum Teil die Leistungen der gesunden Probanden zu übertreffen (z. B. Wisconsin Card Sorting Test (WSCT): erkannte Kategorien, Abbildung 3), ein Effekt, der durch die gegenüber Gesunden oft höhere Motivation der Patienten zu erklären ist.

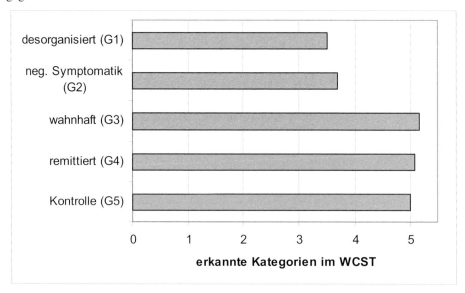

Abbildung 3. Anzahl erkannter Kategorien im WCST von gesunden Probanden und Patientenclustern (G5, G4, G3 > G2, G1). Ergebnis des Duncan-Tests auf dem 5%-Niveau in Klammern (nach Schröder, 1998; Schröder et al., 1996).

Bilder et al. (2000) verglichen die neuropsychologischen Leistungen von erst-erkrankten Patienten (N=94), bei denen die Akutsymptomatik weitgehend remittiert war und gesunden Probanden, die nach Alter und Geschlecht der Patientengruppe angeglichen waren (N=36). Die Untersuchung erbrachte besonders ausgeprägte Beeinträchtigungen in den Bereichen Gedächtnis, Aufmerksamkeit und Exekutivfunktionen (Abbildung 4). Die durchschnittliche neuropsychologische Testleistung der Patienten bewegte sich etwa 1,5 Standardabweichungen ($z = -1,5$) unter der Leistung der Gesunden, d. h. in einem Bereich in dem sich nur etwa 7 % der Gesamtpopulation befinden.

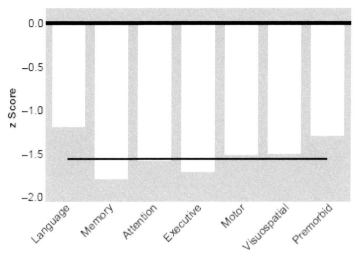

Abbildung 4. Ausmaß von Defiziten in unterschiedlichen kognitiven Bereichen bei remittierten erst-erkrankten schizophrenen Patienten, bezogen auf vergleichbare gesunde Personen (Score der Gesunden durch Nulllinie markiert, die Linie bei dem z-Score von -1,5 Standardabweichungen markiert den Durchschnitt der Defizite über alle Bereiche); (Bilder et al., 2000).

Heinrichs & Zakzanis (1998) führten in ihrem Review eine quantitative Metaanalyse über die neuropsychologische Testleistung von schizophrenen Probanden und gesunden Kontrollpersonen durch. Insgesamt wurden in den 204 berücksichtigten Studien die neuropsychologischen Leistungen von 7420 Patienten und 5865 Gesunden erfasst. Von 22 neurokognitiven Testvariablen wurden die jeweils durchschnittlichen Effektstärken[2] berechnet. Effektstärken von d>0,60 wurden in allen Domänen ge-funden, wobei die Ausprägung der Defizite variierte. Die größten Effektstärken und damit die größten Leistungseinbußen bestanden in den Bereichen Aufmerksamkeit, Gedächtnis, Motorik, Exekutivfunktionen und allgemeine Intelligenz. Hier lagen die Leistungen von jeweils über 70 % der Patienten unter dem Median der Gesunden. Die geringsten Differenzen zwischen Gesunden und Patienten waren beim WAIS-R (Wechsler Adult Intelligence Scale-Revised, Wechsler, 1981) *Block Design Score* und *Vokabular* zu verzeichnen. Einen Überblick über diese Ergebnisse bietet Tabelle 2.

Alle in die Meta-Analyse aufgenommen Studien waren dahingehend ausgewählt worden, dass die klinischen Diagnosen der Patienten mit strukturierten Interviews nach den Kriterien der Diagnosesysteme ICD bzw. DSM überprüft wurden. Die neurokogni-tiven Tests wurden durchgehend unter Supervision von erfahrenen Untersuchern durch-geführt. Alle Studien verfügten über eine gesunde Kontrollgruppe. Die Patientenpopu-lation bestand aus chronisch schizophrenen Patienten (M = 34,4a; SD = 10a; Range: 18,1-56,5a), mit einer durchschnittlichen Erkrankungsdauer von 12,7a (SD = 7,6a). 82,4 % der Patienten der ausgewählten Studien waren männlich und 78 % aller Patien-ten wurden zum Untersuchungszeitpunkt medikamentös behandelt.

---

[2]   Effektstärken sind standardisierte Maße, die die Stichprobengröße berücksichtigen und deshalb Ver-gleiche auch über verschiedene Studien (und Stichproben) hinweg möglich machen. Cohens d ist die Effektgröße für Mittelwertunterschiede zwischen Gruppen.

Interpretation der Effektgröße nach Cohen (1988):

d > 0.2 kleiner Effekt
d > 0.5 mittlerer Effekt
d > 0.8 großer Effekt

Tabelle 2. Durchschnittliche neurokognitive Effektstärken, nach Größe geordnet und korrigiert nach Stichprobengröße. M_d: Durchschnittliche Effektstärke, korrigiert nach Stichprobengröße; n: Anzahl der Studien, die in diese Berechnung mit einflossen; Mdn %: Prozentsatz der Patienten unter dem Median (nach Heinrichs & Zakzanis, 1998).

Test/Konstrukt	M_d	SD	n	Patienten unter Mdn (%)
Globales verbales Gedächtnis	1,41	0,59	31	78
Bilaterale motorische Fähigkeiten	1,13	0,38	5	77
Handlungs-IQ	1,26	1,00	17	77
Kontinuierliche Leistung	1,16	0,49	14	75
Wortflüssigkeit	1,15	1,00	29	75
Stroop-Test	1,11	0,49	6	74
WAIS-R IQ	1,10	0,72	35	74
Token-Test	0,98	0,49	7	71
Taktiler Transfer	0,98	1,71	12	71
Selektives verbales Gedächtnis	0,90	0,62	7	70
Wisconsin Card Sorting Test	0,88	0,41	43	69
Verbaler IQ	0,88	0,66	27	69
Unilaterale motorische Fähigkeiten	0,86	0,39	6	69
Trail-Making-Test B	0,80	0,50	15	68
Nonverbales Gedächtnis	0,74	1,98	14	67
Trail-Making-Test A	0,70	0,36	12	66
Gesichtserkennung	0,61	0,36	8	64
Zahlenspanne	0,61	0,43	18	64
Linienorientierung	0,60	0,63	4	64
Non-WAIS-R IQ	0,59	0,51	43	64
Vokabular	0,53	0,21	38	62
Block Design (WAIS-R)	0,46	0,39	12	61

2.2. Gedächtnisdefizite

Zahlreiche Einzelstudien konzentrierten sich auf Einschränkungen verschiedener Gedächtnisleistungen bei Schizophrenien.

Störungen des Arbeitsgedächtnisses (Conklin, Curtis, Katsanis & Iacono, 2000; Lee & Park, 2005) oder der Exekutivfunktionen wurden vor allem mit dem „Wisconsin Card Sorting Test" (WCST, Milner, 1963) in zahlreichen Studien belegt (z.B. Goldberg, Ragland, Toney, Gold, Bigelow & Weinberger, 1990; Haut, Cahill, Cutlip, Stevenson, Makela & Bloomfield, 1996; Krabbendam, de Vugt, Derix & Jolles, 1999), aber auch mit dem „Tower of London"-Test (Shallice, 1982) untersucht (Pantelis, Barnes & Nelson, 1997).

Andere Autoren wiesen Störungen deklarativer Gedächtnisleistungen nach (z. B. Norman et al., 1997; McKenna, 1991).

Störungen des impliziten Gedächtnisses (Priming und prozedurales Gedächtnis) wurden ebenfalls berichtet (Michel, Danion, Grangé & Sandner, 1998; Schröder, Tittel, Stockert & Karr, 1996). Gras-Vincendon et al. (1994) fanden bei 24 schizophren Erkrankten im Gegensatz zu Gesunden eine beeinträchtigte Leistung im „Tower of Toronto Puzzle" (Saint-Cyr, Taylor & Lang, 1988b), einer Problemlöseaufgabe, während bei einer Primingaufgabe (Wortstammergänzung) keine Gruppenunterschiede bestanden. Eine Untersuchung von 29 schizophrenen Patienten und gesunden Kontrollen mit Wort-Primingaufgaben ergab je nach Aufgabe heterogene Ergebnisse mit teilweise identischen Leistungen der Patienten- und der Kontrollgruppe (Soler, Ruiz, Fuentes & Tomás, 2007).

Aleman et al. (Aleman, Hijman, de Haan & Kahn, 1999) stellten in ihrer Metaanalyse über 70 Studien signifikante und stabile Gedächtnisdefizite (Langzeit- und Kurzzeitgedächtnis) bei Schizophrenen im Gegensatz zu Gesunden fest (siehe Tabelle 3). Wiederum wurden nur Studien, die erprobte Testverfahren und gesunde Kontrollgruppen umfassten, berücksichtigt. Cohens d (1988) für die Messungen des freien Abrufs von Inhalten aus dem Langzeitgedächtnis war bei d=1,21 angesiedelt, womit die Leistungen der Patienten bei den „Recall"-Aufgaben mehr als eine Standardabweichung unter denen Gesunder lagen. In Bezug auf die Gedächtnisleistungen (verbales und nonverbales Langzeitgedächtnis) wurden auch von Heinrichs und Zakzanis (1998) vergleichbar große Effektstärken berichtet.

Im Gegensatz zur stark reduzierten „Recall"-Leistung lag die Effektstärke für Erhebungen der „Recognition"-Fähigkeit, also bei Wiedererkennensaufgaben, im Bereich eines mittleren Effekts bei d=0,64, d.h. die Beeinträchtigung war hier weniger stark ausgeprägt, aber dennoch signifikant.

Die Diskrepanz zwischen „Recall"- und „Recognition"-Ergebnis lässt sich mit einem Abrufdefizit erklären, das zusätzlich zu einer verminderten Konsolidierung vorliegt. Denkbar wäre aber auch, dass lediglich ein Artefakt vorliegt, das auf unterschiedliche Schwierigkeitsgrade der jeweiligen „Recall"- bzw. „Recognition"-Aufgaben zurückzuführen ist (Brown, 1970). Allerdings konnte nachgewiesen werden, dass selbst unter Verwendung von nach Aufgabenschwierigkeit angeglichenen Tests bei schizophrenen Patienten eine größere Beeinträchtigung der „Recall"-Leistungen bestehen bleibt (Calev, 1984a, b).

Damit konnten Aleman et al. (1999) und Heinrichs & Zakzanis (1998) in ihren Meta-Analysen übereinstimmend gravierende Leistungsdefizite schizophrener Patienten im Vergleich zu gesunden Probanden feststellen. Vor allem im Bereich des verbalen Gedächtnisses wurden ähnlich große Effektstärken (Cohens d, 1988) berichtet

Tabelle 3. Ergebnisse der Meta-Analyse von Aleman et al. (1999), k: Anzahl der Studien; N: Anzahl der Probanden; d: durchschnittliche gewichtete Effektstärke.

Messung	k	N	d
Abruf komplett	60	3315	1,21
Verbal			
Verzögert	35	1910	1,20
Frei	33	1740	1,20
Mit Hinweis	7	342	0,78
Unmittelbar	33	1734	1,22
Frei	31	1666	1,27
Mit Hinweis	11	722	0,95
Nonverbal			
Verzögert	11	800	1,09
Unmittelbar	7	294	1,00
Wiedererkennung komplett	17	1024	0,64
Verbal			
Treffer	12	771	0,61
Falscher Alarm	3	381	0,58
Unterscheidbarkeit	5	463	0,72
Nonverbal			
Treffer	8	347	0,73
Zahlenspanne			
Vorwärts	18	881	0,71
Rückwärts	7	306	0,82
Lernkurve	6	399	0,60

(d=0,90-1,41). Die nonverbalen Gedächtnisleistungen waren bei Heinrichs und Zakzanis (1998) mit d=0,74 im Bereich mittlerer Effektstärke angesiedelt, in der Metaanalyse von Aleman et al. (1999) variierte die Effektstärke je nach Abrufart zwischen unmittelbarem und verzögertem „Recall" (d=1,00 bzw. 1,09) und „Recognition" (d=0,73). Weniger stark beeinträchtigt und mit ebenfalls vergleichbaren Effektstärken in beiden Meta-Analysen waren die Leistungen des Kurz- bzw. Arbeitsgedächtnisses (Zahlennachsprechen/„digit-span", vorwärts bzw. rückwärts, d=0,61-0,82).

Das Ausmaß der berichteten Gedächtnisdefizite schizophrener Patienten lässt sich im Vergleich mit den Gedächtnisleistungen depressiver Personen veranschaulichen: Eine Meta-Analyse von Burt und Kollegen (Burt, Zembar & Niederehe, 1995) bezog sich auf Studien, die sich mit den „Recall"- bzw. „Recognition"-Leistungen (99 bzw. 48 Studien) von depressiven Personen und Gesunden befassten. Die berücksichtigten Patientengruppen waren bezüglich der Parameter Alter (Range: 19,4a-84a), Subtyp der Depression, Medikation und momentane Unterbringung heterogen, als insbesondere hierzu auch häufig einschlägige Angaben fehlten.

Eine Effektstärke von d=0,56 wurde für den Bereich „Recall" berechnet, im Bereich „Recognition" variierte die Effektstärke (für die Treffer-Rate) von d=0,30 (bei Einzelfaktorstudien) bis d=0,67 (bei Multiple-Faktor-Studien). Zwar konnten damit stabile Assoziationen zwischen Gedächtnisdefiziten und Depression nachgewiesen werden, jedoch verdeutlichen diese Ergebnisse auch die Gedächtnisbeeinträchtigungen der schizophren Erkrankten, die sich v. a. in Bezug auf „Recall"-Aufgaben weit größer als die depressiver Patienten darstellen.

2.3. Gedächtnistaxonomie und Psychopathologie

Allgemein werden die beschriebenen Gedächtnisleistungen taxonomisch voneinander differenziert, da sie sich in der kindlichen Entwicklung nacheinander herausbilden und auf verschiedenen zerebralen Funktionssystemen beruhen. Mit Markowitsch[3] kann folgende Differenzierung der Gedächtnissysteme vorgenommen werden (Abbildung 5): Neben der zeitlichen Unterteilung in Kurz- und Langzeitgedächtnis wird nach der Art des Erwerbes der Informationen (explizit vs. implizit) unterschieden oder danach, ob Kontextinformationen vorhanden sind oder nicht (semantisches vs. episodisches Gedächtnis).

Das bewusste oder explizite Gedächtnis beinhaltet episodisches und semantisches Wissen, d. h. Wissen um persönliche Lebensereignisse sowie kontextunabhängiges Faktenwissen (deklaratives Gedächtnis). Unbewusst oder implizit ist dagegen prozedurales Wissen um schwer zu verbalisierende motorische Abläufe (z. B. Autofahren, Schwimmen) oder Priming, d.h. die vereinfachte Wiedererkennung und Verarbeitung von Reizen, denen man zuvor schon begegnet ist. Das Arbeitsgedächtnis (Baddeley, 1992) geht insofern über das Kurzzeitgedächtnis hinaus, als dass nicht nur für kurze Zeit Informationen gespeichert, sondern diese auch manipuliert werden (z. B. eine Telefonnummer kurz merken vs. diese Nummer rückwärts wiederholen). Exekutive Funktionen schließlich betreffen die Vorbereitung, Planung und Ausführung von Handlungen (Markowitsch & Welzer, 2005).

Dass diese Differenzierung der Gedächtnissysteme auch für schizophrene Psychosen gilt, wird durch die Ergebnisse einer eigenen Studie unterstrichen, in deren

---

[3] siehe in diesem Band.

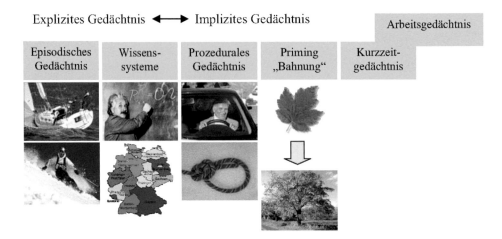

Abbildung 5. Taxonomie des Gedächtnisses, modifiziert nach Welzer & Markowitsch, 2005.

Rahmen die Leistungen des deklarativen, des prozeduralen und des Arbeitsgedächtnisses/der Exekutivfunktionen bei 50 schizophren Erkrankten im Hinblick auf die psychopathologische Symptomatik und gegenüber einer gesunden Kontrollgruppe untersucht wurden (Schröder et al., 1996). Beschrieben werden unter anderem Beeinträchtigungen der Exekutivfunktionen (WCST: Milner, 1963), die sich insbesondere bei vorwiegend desorganisierter Symptomatik zeigten. Das wahnhafte Subsyndrom war mit verzögertem Wiedererkennen von Lernmaterial assoziiert, während eine vorherrschend negative Symtomatik mit Defiziten bei der verzögerten freien Reproduktion einherging (Syndrom Kurztest, SKT: Erzigkeit, 1986). Beiden Subsyndromen gemeinsam waren Beeinträchtigungen des prozeduralen Gedächtnisses (Tower of Toronto Test: Saint-Cyr et al., 1988a) (Abbildung 6)

Die beschriebenen Gedächtnisdefizite und Unterschiede zwischen den Patientengruppen könnten jedoch auch Folge eines allgemeinen Aufmerksamkeitsdefizits sein (Saykin et al., 1991). Tatsächlich waren in der zitierten Studie Aufmerksamkeits- und mnestische Defizite zwar geringgradig, jedoch signifikant interkorreliert. Im Vergleich der Patientengruppen waren Aufmerksamkeitsstörungen jedoch bei allen chronisch Erkrankten, d. h. unabhängig von psychopathologischer Symptomatik und Gedächtnisdefiziten, vergleichbar ausgeprägt, sodass sich die Gruppenunterschiede nicht mit Aufmerksamkeitseffekten erklären lassen.

Medikamenteneffekte bilden eine weitere mögliche Störgröße. Eine Verursachung der neuropsychologischen Defizite durch die Medikation wird jedoch zum einen durch die berichteten signifikanten Unterschiede zwischen den einzelnen Patientenclustern unwahrscheinlich, da alle Probanden in vergleichbarer Weise behandelt wurden. Zum anderen verbesserten sich in der zitierten eigenen Studie die neuropsychologischen Leistungen im Verlauf zwischen Aufnahme und Remission unter neuroleptischer Behandlung, wie aus Tabelle 4 ersichtlich ist.

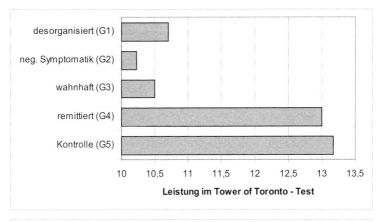

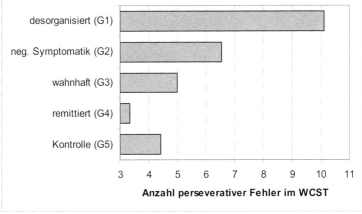

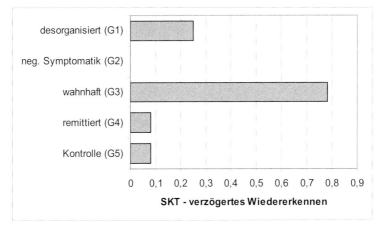

Abbildung 6. Prozedurale Gedächtnisleistungen (G2 < G4, G5), Exekutivfunktionen (G1 > G2, G3, G4, G5) und explizite Gedächtnisleistungen (G3 > G1, G2, G4, G5) von gesunden Probanden und Patientenclustern. Ergebnisse des Duncan-Tests auf dem 5%-Niveau jeweils in Klammern (nach Schröder, 1998; Schröder et al., 1996).

Tabelle 4. Verbesserung neuropsychologischer Leistungen der Patienten im Verlauf zwischen Aufnahme und Remission der Akutsymptomatik (nach Schröder, 1998).
* p < 0,05
** p < 0,005

	Bei Aufnahme	**Nach Remission**	**p**
SKT: unmittelb. Reproduzieren	0,52 (±0,62)	0,28 (±0,56)	n. sign.
SKT: verzögertes Reproduzieren	0,64 (±0,86)	0,34 (±0,57)	*
SKT: verzögertes Wiedererkennen	0,49 (±0,76)	0,19 (±0,56)	**
Tower of Toronto-Test	10,27 (±2,86)	11,26 (±2,87)	*
d2	318,5 (±122,0)	392,2 (±92,9)	**
Benton-Test: Fehlerzahl	8,38 (±5,22)	5,43 (±3,96)	**
Benton-Test: richtig erkannt	5,12 (±2,17)	6,26 (±2,20)	**

Nach McKenna (1991) sind Defizite des deklarativen, insbesondere des semantischen Gedächtnisses, mit Wahnentstehungen assoziiert: Demnach werde die Bewertung neuer Ereignisse durch eine fehlerhafte Einspeicherung von Informationen beeinträchtigt. Ein Erinnerungsdefizit bezogen auf persönliche episodische Informationen kann damit die Aufrechterhaltung wahnhafter Vorstellungen erklären, da diese dann nicht anhand tatsächlicher Erinnerungen überprüft und korrigiert werden können (Wood et al., 2006). Vergleichbare Zusammenhänge wurden von Norman et al. (1997) bei 87 schizophren Erkrankten mit wahnhafter Symptomatik mitgcteilt. Allerdings bleibt festzustellen, dass andere psychiatrische Erkrankungen, die mit (autobiographischen) Gedächtnisdefiziten einhergehen, z.B. Depression und Alzheimer Demenz (Burt et al., 1995; Seidl, Lueken, Becker, Kruse & Schröder, 2007), nicht zwangsläufig zu Wahnbildungen führen. Cutting (1991) relativiert die fraglichen Zusammenhänge durch die klinische Beobachtung, dass bei zahlreichen Patienten zwar wahnhafte Symptome vorliegen, aber keine mnestischen Beeinträchtigungen.

Bei Patienten mit schizophrenen Psychosen wurde allerdings im Gegensatz zu anderen Gedächtnissystemen das autobiographische Gedächtnis bislang kaum untersucht. Gerade der frühe Erkrankungsbeginn könnte hier – im Unterschied zu anderen Störungen (z. B. Alzheimer Demenz) – die Konsolidierung persönlicher Erinnerungen und damit die Entwicklung des autobiographischen Gedächtnisses selbst beeinträchtigen. Letzteres wiederum wird als essentiell für die Konstruktion und Aufrechterhaltung einer stabilen Identität betrachtet (Conway & Pleydell-Pearce, 2000; Riutort, Cuervo, Danion, Peretti & Salamé, 2003).

Der oft ungünstige Verlauf der Erkrankung mit überdauernden Negativsymptomen dürfte die Chronifizierung der Gedächtnisdefizite zusätzlich befördern (Übersicht: Kircher & Gauggel, 2008). So zählen Langzeitgedächtnisstörungen zu den stabilen Defiziten, die unabhängig von Erkrankungsstatus vorliegen und sich auch bei (teilweiser)

Remission der psychotischen Symptomatik kaum verbessern (z. B. Rund, 1998; Rund, Landrø & Ørbeck, 1997).

Schließlich könnte auch die psychopathologische Symptomatik selbst einen direkten Einfluss ausüben. So wird beschrieben (Northoff et al., 1998), dass katatone Patienten keine Veränderung in der Wahrnehmung ihrer Bewegungen berichten und damit einhergehend nicht angeben konnten, in welcher Position sich ihre Gliedmaßen in der akut katatonen Phase befanden, andererseits aber in der Lage waren, Details der stationären Aufnahme zu berichten. Neben der Nichtwahrnehmung der eigenen Bewegungsveränderungen wird auch ein verändertes zeitliches Erleben beobachtet, z. B. wird Haltungsverharren während einer Tätigkeit nicht als Zeitverzögerung empfunden (Überblick: Kircher & Gauggel, 2008)

3. Autobiographisches Gedächtnis

Das autobiographische Gedächtnis nimmt innerhalb der Gedächtnissysteme eine Sonderstellung ein, da es wahrscheinlich ausschließlich beim Menschen anzutreffen ist und sich erst relativ spät ab dem dritten Lebensjahr als letztes Gedächtnissystem entwickelt (Markowitsch & Welzer, 2005).

Aus evolutionärer Perspektive betrachtet führte das autobiographische Gedächtnis zu dem Vorteil „sich bewusst und reflexiv zu dem zu verhalten, was einem widerfahren ist und wie man darauf reagiert hat" (Markowitsch & Welzer, 2005, S. 11).

Es ermöglicht mentale Zeitreisen durch die eigene Vergangenheit und erlaubt uns so selbst Erfahrenes wie wichtige Lebensereignisse immer wieder zu durchleben (Markowitsch & Welzer, 2005). Diese mentale Aktivität geht mit einer besonderen Art des Bewusstseins einher, welches als Autonoesis oder autonoetisches Bewusstsein bezeichnet wird. Die Fähigkeit zur autonoetischen Erinnerung lässt uns um die subjektive Zeit wissen, in der Dinge geschehen und wir sind in der Lage, die Erinnerung an diese Zeit explizit abzurufen (Welzer & Markowitsch, 2006). Mittels des autobiographischen Gedächtnisses kann man also in die Vergangenheit zurückblicken und die Kontinuität der eigenen Existenz über Zeit und Raum hinweg erleben (Markowitsch & Welzer, 2005). Das autobiographische Gedächtnis wird als konstitutiv für die Entwicklung des Selbst, des emotionalen Erlebens sowie für die Kohärenz und Stabilität der eigenen Identität betrachtet (Conway & Pleydell-Pearce, 2000). Diese Entwicklungsprozesse werden jedoch bei schizophrenen Patienten durch den meist frühen Krankheitsbeginn im jungen Erwachsenenalter beeinträchtigt. Daher erscheint eine nähere Betrachtungsweise der Störungen des autobiographischen Gedächtnisses gerade bei dieser Patientengruppe bedeutsam. Vor Darstellung dieser Zusammenhänge soll das von Conway und Pleydell-Pearse (2000) entwickelte Modell des autobiographischen Gedächtnisses diskutiert werden.

3.1. Modell nach Conway und Pleydell-Pearce (2000)

Autobiographische Erinnerungen beinhalten nach Conway et al. (2000) stets drei Bereiche mit unterschiedlich spezifischem Wissen. Wie in Abbildung 7 schematisch dargestellt, werden autobiographische Erinnerungen anhand ihrer Spezifität in „Lifetime Periods", „General Events" und „Event-specific-knowledge" differenziert. Während die „Lifetime Periods" und die „General Events" semantische Erinnerungen an

Fakten des eigenen Lebens enthalten, umfasst das „Event-specific knowledge" die eigentlichen episodischen Erinnerungen.

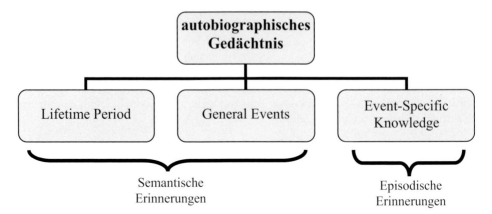

Abbildung 7. Struktur des autobiographischen Gedächtnisses (nach Conway & Pleydell-Pearce, 2000).

Die „Lifetime Periods" stellen allgemeines Wissen zu einem Lebensabschnitt dar, das diese Lebensperiode thematisch und zeitlich kennzeichnet, z. B. „In meiner Heidelberger Zeit habe ich die studentischen Freiheiten sehr genossen". Diese Lebensperioden sind damit auch durch einen definierten Beginn und ein definiertes Ende gekennzeichnet.

Die „General Events" werden von Conway et al. (2000) als spezifischer und gleichzeitig heterogener als die „Lifetime Periods" beschrieben. Es kann sich dabei sowohl um wiederholte Ereignisse („Spaziergänge am Neckar") als auch um Einzelereignisse handeln („Meine Studienreise nach Troja") (sog. „mini-histories", Robinson, 1992).

Unter „Event-specific knowledge" werden hingegen spezifische Erinnerungen zu einem Ereignis verstanden, also die sensorisch-perzeptuellen Details, welche die Erinnerung lebendig machen (z. B. Wetter, Uhrzeit etc.). Ereignisspezifisches Wissen ist insbesondere im Zusammenhang mit autobiographischen Erinnerungen wichtig, da es ein „Key Feature" bildet, das tatsächlich erlebte Ereignisse von vermeintlichen, „eingebildeten" Ereignissen unterscheiden lässt (Johnson et al., 1988). So wird etwa bei Demenzpatienten schon dann ein reduzierter Zugang zum „Event-specific knowledge" gefunden, wenn die Erinnerungen an Lebensperioden und „General Events" noch mehr oder weniger ungestört verfügbar sind (vgl. Seidl et al., 2006).

Conway und Pleydell-Pearce (2000) unterscheiden zwei verschiedene Abrufprozesse, mittels derer autobiographische Erinnerungen aktiviert werden:

Der Prozess des „generative retrieval" erfolgt systematisch gesteuert ausgehend von einer Lebensperiode hin zu Erinnerungen an Ereignisse innerhalb dieser Periode und führt schließlich zum Zugang zu sensorisch-perzeptuellen Details oder anderem ereignisspezifischem Wissen. Abstraktes, allgemeines Wissen stellt damit den Kontext für detailliertes, ereignisspezifisches Wissen dar. Im Unterschied dazu geht beim „direct retrieval" die Aktivierung spontan von spezifischen Details einer Erinnerung aus (z. B. von einem Geruch), die dann allgemeineren Ereignissen und Lebensperioden zugeordnet werden können.

Gesteuert werden diese Abrufprozesse von einer Instanz, die Conway et al. (2000) in Anlehnung an das „Working memory" nach Baddeley (1986) als „Working Self" bezeichneten. Das „Working Self" kontrolliere bzw. koordiniere auf Grundlage persönlicher Ziele, motivationaler Faktoren und Wünsche die Enkodierung und den Abruf autobiographischer Gedächtnisinhalte. Abildung 8 veranschaulicht die drei Instanzen des autobiographischen Gedächtnisses und stellt die beiden beschriebenen Abrufprozesse dar.

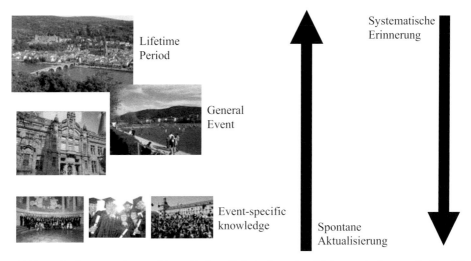

Abbildung 8. Instanzen des autobiographischen Gedächtnisses (modifiziert nach Conway & Pleydell-Pearce, 2000).

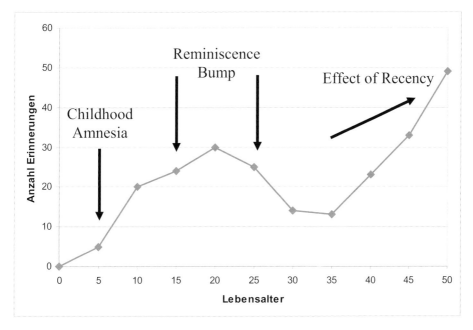

Abbildung 9. Erinnerungskurve für Lebensereignisse (nach Conway, Pleydell-Pearce, 2000).

Conway et al. (2000) stellten in ihrem Beitrag eine „Erinnerungskurve" dar, die das Lebensalter beim Enkodieren sowie die Anzahl der Erinnerungen an das jeweilige Lebensalter beschreibt. Werden Personen zum freien Abruf von eigenen Lebensereignissen gebeten mit anschließender Datierung der genannten Ereignisse, erhält man einen Verlauf der Erinnerungen über die Lebensspanne, wie er in Abbildung 9 graphisch veranschaulicht ist (vgl. Rubin, Rahhal & Poon, 1998). Auffällig an dieser „Erinnerungskurve" sind drei Komponenten: Die Kindheitsamnesie, ein „Erinnerungsgipfel" für die Zeit der Adoleszenz und ein „recency-effect" für jüngere Ereignisse.

Der Abruf autobiographischer Erinnerungen kann nun bedingt durch psychiatrische Erkrankungen so gestört sein, dass anstatt von lebendigen, detailreichen Erinnerungen lediglich fragmentarische Erinnerungen bleiben, so wie dies etwa im Falle der leichten kognitiven Beeinträchtigung oder der Alzheimer Demenz der Fall ist[4] (Seidl et al., 2007). Aber auch bei Patienten mit schizophrenen Psychosen wurden, wie der nächste Abschnitt zeigen wird, Beeinträchtigungen des autobiographischen Gedächtnisses gefunden. Da Störungen des autobiographischen Gedächtnisses im Gegensatz zu Defiziten anderer kognitiver Bereiche immer auch mit dem Verlust eines Stücks eigener Lebensgeschichte einhergehen, sind die negativen Auswirkungen auf Lebensplanung und Lebensqualität hoch einzuschätzen. Ein besseres Verständnis dieser Beeinträchtigungen kann zur Rehabilitation der Betroffenen einen entscheidenden Beitrag leisten.

3.2. Autobiographisches Gedächtnis bei Schizophrenien

Das autobiographische Gedächtnis wurde bei schizophrenen Psychosen in mehreren Studien untersucht, die durchweg Defizite gegenüber gesunden Probanden erbrachten (z. B. Danion et al., 2005; Feinstein et al., 1998; Riutort et al., 2003; Wood et al., 2006). Der Umfang der untersuchten Stichproben blieb in diesen ersten Untersuchungen allerdings beschränkt; Verlaufs- und Vergleichsstudien unter Einschluss anderer psychiatrischer Patientengruppen wurden bisher nicht durchgeführt. Diese Einschränkungen treten jedoch gegenüber einem grundsätzlichen methodischen Problem zurück, das sich unmittelbar aus der Natur des autobiographischen Gedächtnisses ergibt: Seine Inhalte sind qua definitionem individuell, eine standardisierte Erhebung ist deshalb nur bedingt möglich. Aus diesem Grund entsprechen aus psychometrischer Sicht die zur Untersuchung eingesetzten Interviews eher semistrukturierten Instrumenten, auch wenn die damit erzielten Ergebnisse sich durchaus gängigen Gütekriterien stellen können[5]. Dies gilt insbesondere für die Unterscheidung semantischer und episodischer Anteile, die schon in der klinischen Exploration ohne weiteres nachvollziehbar ist. Störungen des autobiographischen Gedächtnisses bei Patienten mit schizophrenen Psychosen wurden deshalb in guter Übereinstimmung zwischen den Studien beschrieben.

Eine der ersten Studien wurde von Feinstein und Kollegen (1998) an 19 chronisch erkrankten Patienten (Erkrankungsdauer: 18,6a ± 6,8; Alter: 38,8a ± 7,3) sowie 10 gesunden Kontrollprobanden durchgeführt. Störungen des autobiographischen Gedächtnisses wurden mit dem „Autobiographical Memory Inventory" (AMI: Kopelman, Willson & Baddeley, 1990) untersucht, sodass für die drei Lebensabschnitte „Kindheit",

---

[4]   vergleiche Seidl, Toro & Schröder in diesem Band.

[5]   Eine vergleichende Diskussion der gebräuchlichsten psychometrischen Instrumente findet sich bei Seidl, Toro & Schröder in diesem Band.

„frühes Erwachsenenalter" und „jüngste Vergangenheit" die Anzahl erinnerter persönlicher Fakten (semantischer Anteil) und persönlicher Lebensereignisse (episodischer Anteil) zur Verfügung standen. Während die gesunden Probanden eine hohe und über die Lebensabschnitte stabile Leistung erbrachten, zeigte sich bei den Patienten ein u-förmiges Erinnerungsprofil, mit meist unauffälligen Leistungen für Erinnerungen aus Kindheit und jüngster Vergangenheit, aber signifikant herabgesetzten für solche aus dem frühen Erwachsenenalter (Abbildung 10). Dieses Muster stellte sich sowohl für semantische, im Ansatz aber auch episodische Erinnerungen dar und wurde nach gängiger Interpretation auf eine verringerte Erinnerungsleistung im Zuge der psychotischen Ersterkrankung bezogen. Unabhängig davon lagen die Erinnerungsleistungen der Patienten signifikant unter denen der gesunden Kontrollgruppe, wobei die Kindheitserinnerungen kaum betroffen waren.

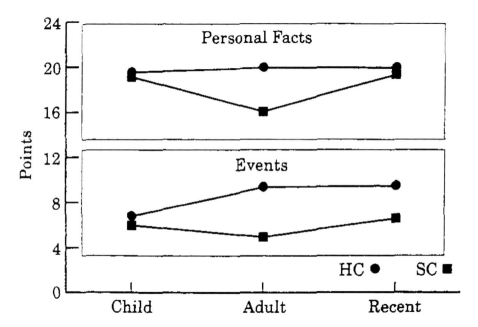

Abbildung 10. Leistung schizophrener Patienten (SC) und Kontrollen (HC) im Autobiographischen Gedächtnisinventar (aus Feinstein et al., 1998).

Diese Ergebnisse wurden von der Arbeitsgruppe um Riutort et al. (2003) in ihrem Kern bestätigt. Untersucht wurden 24 chronisch schizophrene Patienten (durchschnittliche Erkrankungsdauer: 10,7a ± 1,7; Alter: 31,8a ± 1,8) und 24 gesunde Kontrollen, die hinsichtlich Alter und Bildung angeglichen waren. Zur Testung des autobiographischen Gedächtnisses fanden die „Autobiographical Fluency Task" (Dritschel, Williams, Baddeley & Nimmo-Smith, 1992) und eine Adaptation des „Autobiographical Memory Inquiry" (Borrini, Dall'Orra, Della Sala, Marinelli & Spinnler, 1989) Verwendung. Beschrieben wurde eine signifikant verringerte semantische und episodische Erinnerungsleistung (Abbildung 11) mit einer signifikant herabgesetzten Spezifität der Erinnerungen in der Patientengruppe, die damit weniger klar abgrenzbare Einzelereignisse berichtete (Abbildung 12). Während die Gesunden eine signifikante Zunahme der Anzahl semantischer Erinnerungen ausgehend von der Kindheit als frühestem Lebensabschnitt bis in die jüngste Vergangenheit zeigten, war ein solcher „recency effect" bei den Patienten nicht zu bestätigen. Umgekehrt war jedoch bei beiden Gruppen in Bezug auf episodische Erinnerungen eine wachsende Anzahl Erinnerungen von der ersten zur dritten Periode zu verzeichnen.

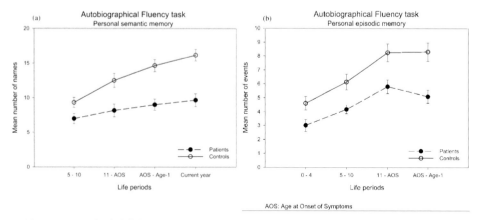

Abbildung 11. Durchschnittliche Erinnerungsleistungen von schizophrenen Patienten und Kontrollen in der „autobiographical fluency task", dargestellt als Funktion der Lebensabschnitte „Vorschule (0 bis 4 Jahre)", „5 bis 10 Jahre", „11 Jahre bis Symptombeginn", „Symptombeginn bis Jahr vor der Testung", „laufendes Jahr" (aus Riutort et al., 2003).

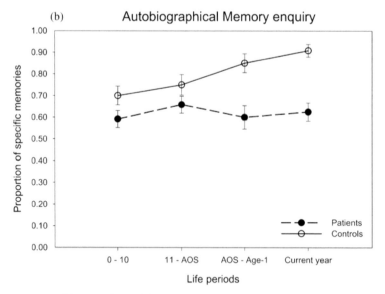

Abbildung 12. Anteil spezifischer Erinnerungen von schizophrenen Patienten und Kontrollen in der „autobiographical enquiry", dargestellt als Funktion der Lebensabschnitte „Kindheit 0 bis 10 Jahre", „11 Jahre bis Symptombeginn", „Symptombeginn bis Jahr vor der Testung", „laufendes Jahr" (aus Riutort et al., 2003).

In einer weiteren Studie verglichen Wood und Kollegen (2006) 20 chronisch schizophren Erkrankte (Erkrankungsdauer: 17,3 a ± 7,73, Alter: 37,9 a ± 9,04) mit sorgfältig für Alter, Geschlecht, Bildung, Depressivität und prämorbiden IQ angeglichenen gesunden Kontrollprobanden. Anhand des „Autobiographical Memory Inventory" (AMI, Kopelman et al., 1990) und des „Autobiographical Memory Test" (AMT, Williams & Broadbent, 1986) bestätigte die Studie, dass sich Patienten an signifikant weniger autobiographische Fakten und Ereignisse erinnern als Gesunde (Abbildung 13, Abbildung 14). Während die Leistungen der Gesunden über die drei Zeitperioden „Kindheit", „frühes

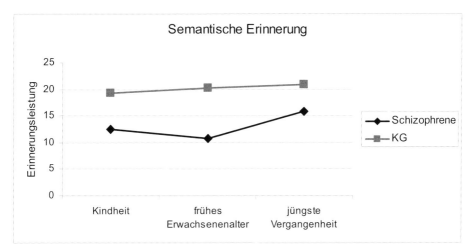

Abbildung 13. Semantische Erinnerungsleistung von schizophrenen Patienten und Kontrollen im „Autobiographical Memory Inventory" (nach Wood et al., 2006).

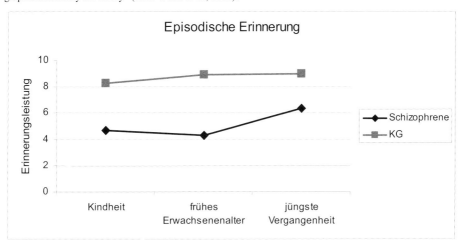

Abbildung 14. Episodische Erinnerungsleistung von schizophrenen Patienten und Kontrollen im „Autobiographical Memory Inventory" (nach Wood et al., 2006).

Erwachsenenalter" und „jüngste Vergangenheit" stabil blieben, erschienen die der Patienten in Abhängigkeit von der Zeitperiode variabel. An autobiographische Fakten erinnerten sich die Patienten nach Art der bereits von Feinstein et al. (1998) beschriebenen, u-förmigen Kurve mit geringeren Erinnerungsleistungen an Ereignisse aus dem frühen Erwachsenenalter als an solche aus Kindheit und jüngster Vergangenheit. Persönliche Ereignisse aus der jüngsten Vergangenheit waren den Patienten i. S. eines „recency effects" signifikant besser als Geschehnisse aus Kindheit und früherem

Erwachsenenalter zugänglich; dagegen waren ihre Erinnerungen über alle Lebensabschnitte weniger spezifisch als die der Kontrollen. Von den Patienten wurden deshalb mehr wiederholt aufgetretene Ereignisse und weniger spezifisch in Zeit und Ort verankerte Einzelereignisse berichtet.

Die drei zitierten Studien bestätigten demnach Störungen des autobiographischen Gedächtnisses bei chronisch erkrankten Patienten mit schizophrenen Psychosen. Die Defizite betrafen sowohl die semantischen als auch die episodischen Anteile; ein Befund, der zunächst überrascht, zeigten doch große Studien bei demenziellen Erkrankungen, dass sich dort erste Störungen bei leichter kognitiver Beeinträchtigung und beginnender Demenz zunächst ganz auf die episodischen Anteile beschränkten, während semantische Fakten erst bei fortgeschrittener Demenz betroffen waren[6]. Diese Feststellung erfährt zusätzliches Gewicht durch die im Vergleich zwischen schizophren Erkrankten und Gesunden teilweise erhaltenen Erinnerungen aus der Kindheit, bzw. das von Feinstein und Kollegen (1998) beschriebene u-förmige Befundmuster, nach dem sich Defizite auf das junge Erwachsenenalter – mithin die Zeitperiode, in die meist die Ersterkrankung fiel – konzentrierten. Allerdings wurden diese Befunde meist mit dem AMI oder anderen Verfahren erhoben, die primär auf die schiere Quantität autobiographischer Erinnerungen abzielen. Besonders bei Patienten mit chronischen Schizophrenien sind deshalb Aufmerksamkeitseffekte zu diskutieren, die sicherlich Unterschiede zwischen den semantischen und episodischen Anteilen nivellieren können. Indirekt wird diese Hypothese dadurch gestützt, dass signifikante Gruppenunterschiede für Erinnerungen aus der Kindheit nicht in allen Studien nachweisbar waren, einer Lebensphase, an die auch Gesunde weniger Erinnerungen hegen. Mit einem kleineren Pool überhaupt verfügbarer Erinnerungen dürften sich jedoch auch Aufmerksamkeitseffekte relativieren.

Ihre Bestätigung unter Berücksichtigung dieser methodischen Fährnisse vorausgesetzt, deutet das Einsetzen autobiographischer Gedächtnisstörungen mit Manifestation der Erkrankung auf unmittelbar morbogene Faktoren, die sich nicht oder nur bedingt auf prämorbid gegebene Defizite beziehen lassen. Aus klinischer Sicht wären dann vor allem Zusammenhänge mit der psychopathologischen Symptomatik und dem Verlauf zu erwarten, indem autobiographische Gedächtnisdefizite mit Akuität und Ausmaß der Symptomatik, aber auch ihrem Verlauf schwankten. Ein weiterer spannender Aspekt ergibt sich aus der Wechselbeziehung zwischen autobiographischem Gedächtnis und „working self", nachdem letzteres zwar vordergründig die Gedächtnisinhalte kontrolliert, um gleichzeitig von ihnen prägend beeinflusst zu werden. Störungen des autobiographischen Gedächtnisses blieben deshalb kaum auf einen diskreten Zeitpunkt begrenzt, sondern könnten ihrerseits die Speicherung nachfolgender Erinnerungen beeinträchtigen. Nachdem das autobiographische Gedächtnis entscheidende Aspekte des Ich-Erlebens beeinflusst, dürften Störungen dieser psychischen Funktionen miteinander verschränkt sein. Vergleichbare Zusammenhänge können auch für andere psychopathologische Symptome, vor allem Wahnbildungen, diskutiert werden (McKenna, 1991; Norman et al., 1997).

Eine interessante Analyse zum Zusammenhang zwischen autobiographischer Erinnerung, schizophrener Negativsymptomatik und traumatischen Erfahrungen im Zuge der Erkrankung wurde von Harrison und Fowler (2004) vorgelegt. Bei 38 „postremissiven" Patienten (Durchschnittalter: 36,5 a ± 11,1; Anzahl stationärer Aufenthalte: 5,1 ± 4,5) fanden die Autoren, dass weniger spezifische und verblasste autobiogra-

---

[6]   vergleiche Seidl, Toro & Schröder in diesem Band.

phische Erinnerungen einerseits mit weniger belastenden Erinnerungen an die Psychose andererseits, gleichzeitig aber auch mit stärkerer Negativsymptomatik einhergingen. Aus psychopathologischer Sicht könnten diese Zusammenhänge einem inneren Rückzug oder einer Schonhaltung entsprechen, indem die Erinnerung an die meist traumatisch erlebte Erkrankung/Hospitalisierung um den Preis einer weitgehenden Indifferenz – d.h. Negativsymptomatik – ausgeblendet wird. Andererseits könnten Störungen des autobiographischen Gedächtnisses und Negativsymptome auf ähnliche zerebrale Veränderungen zurückgehen, die darüber hinaus mit eher chronischen Verläufen einhergehen.

Einen weiteren wichtigen Aspekt bilden Sicherheit und Detailreichtum mit denen Erinnerungen wiedererlebt werden. Wie in den Studien der Arbeitsgruppe um Danion (Danion, Huron, Vidailhet, Berna, 2007; Danion et al., 2005) werden hierzu Probanden gebeten, die Gewissheit, mit der sie Erinnerungen aus verschiedenen Lebensabschnitten erleben, anzugeben. In der Untersuchung von Danion und Mitarbeitern (2005) wurden 22 schizophrene Patienten (Erkrankungsdauer: 13a ± 6,5, Alter: 33 a ± 7,7) und gesunde Probanden aufgefordert, ihre Erinnerungen an jeweils drei Ereignisse aus vier Lebensabschnitten (Kindheit bis 9. Lebensjahr; 10. bis 19. Lebensjahr; 20. Lebensjahr - Jahr vor Testung; laufendes Jahr) zu bewerten. Drei Antwortmöglichkeiten „remember", „know" und „guess" waren möglich. „Remember" konnte gegeben werden, wenn das Ereignis bei Erinnerung – etwa nach der Art von Tulving so bezeichneten „mentalen Reise" durch die Zeit (z. B. Tulving, 2002) – nochmals durchlebt wurde, wobei Details der Situation, wie Zeit und Ort oder damalige Gedanken und Gefühle gegenwärtig waren. Die Antwort „know" bezeichnete das bloße Wissen um ein Ereignis, Gefühle von Vertrautheit ohne bewusste Wiedererinnerung; „guess" kennzeichnet lediglich die Vermutung, das Ereignis erlebt zu haben, ohne eine sichere Erinnerung daran. Gegenüber den gesunden Probanden waren die Patienten durch signifikant weniger „remember"-Antworten bei einem erhöhten Anteil von „guess"-Antworten ausgewiesen; ein Ergebnis, das als Hinweis auf Störungen des Ich-Erlebens und der Ich-Identität interpretiert wurde (Conway & Pleydell-Pearce, 2000; Danion et al., 2005).

Dieser Befund wurde jüngst durch Neumann et al. (Neumann, Blairy, Lecompte & Philippot, 2007) bestätigt. Wiederum wurden die drei Antwortkategorien „remember", „know" und „guess" vorgegeben. Störungen des autobiographischen Gedächtnisses in der Patientengruppe betrafen vor allem die Fähigkeit, sich in Ereignisse aus der eigenen Vergangenheit lebendig hinein zu versetzen, auf „mentale Zeitreise" zu gehen, indem Patienten seltener die Antwort „remember" zugunsten der Antwort „know" gaben und sich weniger an spezifische als an allgemeine, mehrfach aufgetretene oder langandauernde Ereignisse erinnerten.

Zusammenfassend lassen die zitierten Untersuchungen ausgeprägte Beeinträchtigungen des autobiographischen Gedächtnisses bei schizophrenen Psychosen vermuten, die sich hypothetisch wie folgt darstellen:

1. Wiederholt wurden signifikant verringerte semantische und episodische Erinnerungsleistungen bei Patienten mit schizophrenen Psychosen gegenüber gesunden Probanden bestätigt (Feinstein et al., 1998; Riutort et al., 2003; Wood et al., 2006).

2. Diese Defizite führen zu einer geringeren Anzahl erinnerter Ereignisse; darüber hinaus enthalten die Erinnerungen der Patienten weniger spezifische Einzelereignisse als allgemeine, d. h. eher wiederholt aufgetretene oder

    ausgedehnte Geschehnisse (Harrison & Fowler, 2004; Riutort et al., 2003; Wood et al., 2006; Neumann et al., 2007).

3. Lebendige, detailreiche Erinnerungen im Sinne. einer mentalen Zeitreise sind schizophren Erkrankten kaum möglich (Danion et al., 2005, 2007; Neumann et al., 2006).

4. Die Ersterkrankung bildet den Ausgangspunkt der Defizite, so dass Störungen des autobiographischen Gedächtnisses für Erinnerungen aus Kindheit oder jüngster Vergangenheit nicht oder nur bedingt nachweisbar sind. Allerdings ist hier die Befundlage recht uneinheitlich; „recency"-Effekte wurden bei schizophren Erkrankten nur teilweise beschrieben.

    Die zitierten Befunde werden vor allem durch die meist kleinen Stichproben (20-25 Patienten) und die Beschränkung auf chronisch oder Mehrfacherkrankte relativiert. Untersuchungen bei Ersterkrankten oder im Krankheitsverlauf stehen noch aus; ebenso wenig wurden die fraglichen Defizite mit denen der anderen psychiatrischen Erkrankungen verglichen. Die Untersuchungen des autobiographischen Gedächtnisses selbst werden durch die bereits diskutierten methodischen Fragen relativiert; unabhängig davon beschränkten sich zahlreiche Studien auf wenige Lebensabschnitte.

    Die möglichen Zusammenhänge zwischen Störungen des autobiographischen Gedächtnisses und anderen kognitiven Defiziten, prämorbiden Faktoren oder der psychopathologischen Symptomatik sind weitgehend ungeklärt. Dabei dürften entsprechende Studien nicht nur zu einer verbesserten Charakterisierung der fraglichen Störungen führen, sondern auch die Untersuchung der entscheidenden zerebralen Veränderungen erleichtern. Notwendig sind deshalb Untersuchungen größerer Patientengruppen im Vergleich zu gesunden Probanden mit einem Instrument, das mehrere Lebensabschnitte unter Vermeidung möglicher Aufmerksamkeitseffekte differenziert erfasst. Abgesehen von Störungen des autobiographischen Gedächtnisses bei schizophrenen Psychosen allgemein sind mögliche differenzielle Veränderungen bei Subgruppen schizophrener Patienten ungeklärt. Eine genauere Kenntnis dieser Defizite kann nicht zuletzt der Entwicklung therapeutischer Ansätze dienen, die zur Verbesserung der Lebensqualität der Betroffenen einen entscheidenden Beitrag leisten können.

Literaturverzeichnis

[1]   Aghajanian, G.K. & Marek, G.J. (2000). Serotonin model of schizophrenia: emerging role of glutamate mechanisms. *Brain Research Reviews*, 31(2-3), 302-312.

[2]   Aleman, A., Hijman, R., de Haan, E. & Kahn, R.S. (1999). Memory Impairment in Schizophrenia: A Meta-Analysis. *American Journal of Psychiatry*, 156, 1358-1366.

[3]   Andreasen, N.C. (1982). Negative symptoms in schizophrenia: Definition and reliability. *Archives of General Psychiaty,* 39, 784-788.

[4]   Arolt, V., Ohrmann, P. & Rothermundt, M. (2006). Schizophrenie und verwandte Störungen. In: Forstl, H., Hautzinger, M., Roth, G. (Hrsg.) *Neurobiologie psychischer Störungen*. Springer Medizin Verlag Heidelberg.

[5]   Bachmann S., Schröder J., Bottmer C., Torrey E.F., Yolken R.H. (2005). Psychopathology in first-episode schizophrenia and antibodies to toxoplasma gondii. *Psychopathology,* 38(2), 87-90.

[6]   Baddeley, A.D. (1986). *Working memory*. Oxford, England: Clarendon Press.

[7]   Baddeley, A.D. (1992). Working memory. *Science*, 255 (5044), 556 – 559.

[8]   Barth, S., Voss, E., Martin, M., Fischer-Cyrulies, A., Pantel, J. & Schröder, J. (2002). Depressive Störungen im mittleren und höheren Lebensalter: Erste Ergebnisse einer Längsschnittstudie. *Verhaltenstherapie & Verhaltensmedizin*, 23(2), 141-158.

[9]   Bartholini, G., Haefely, W., Jalfre, M., Keller, H.H. & Pletscher, A. (1972). Effects of clozapine on cerebral catecholaminergic neurone systems. *The British Journal of Pharmacology*, 46, 736–740.

[10] Benton, B. (1981). *Der Benton-Test*. Handbuch. Huber, Bern.
[11] Bilder, R.M., Goldman, R.S., Robinson, D., Reiter, G., Bell, L., Ph.D., Bates, J.A., Pappadopulos, E., Willson, D., Alvir, J.M.J., Woerner, M.G., Geisler, S., Kane, J.M. & Lieberman, J.A. (2000). Neuropsychology of First-Episode Schizophrenia: Initial Characterization and Clinical Correlates. *American Journal of Psychiatry*, 157, 549–559.
[12] Bleuler, E. (1911). Dementia praecox oder die Gruppe der Schizophrenien. In: Aschaffenburg, G. (Hrsg.) *Handbuch der Psychiatrie*. Leipzig: Deuticke.
[13] Bleuler, E. (1983). *Lehrbuch der Psychiatrie*. 15. Auflage. Springer Verlag, Berlin – Heidelberg – New York.
[14] Borrini, G., Dall'Orra, P., Della Sala, S., Marinelli, L. & Spinnler, H. (1989). Autobiographical memory: sensitivity to age and education of a standardized enquiry. *Psychological Medicine* 19, 215–224.
[15] Brickenkamp, R. (1981). *Aufmerksamkeits-Belastungs-Test*. Göttingen: Hogrefe.
[16] Broich, K., Grünwald, F., Kasper, S., Klemm, E., Biersack, H.-J &, Möller, H.-J. (1998). D2-Dopamine Receptor Occupancy measured by IBZM-SPECT in Relation to Extrapyramidal Side Effects. *Pharmacopsychiatry*, 31, 159- 162.
[17] Brown, J. (Hrsg.). (1970) *Recall and recognition*. London, Wiley.
[18] Burt, D.B., Zembar, M.J. & Niederehe, G. (1995). Depression and memory impairment: a meta-analysis of the association, its pattern, and specificity. *Psychological Bulletain*, 117, 285–305.
[19] Calev, A. (1984). Recall and recognition in mildly disturbed schizophrenics: the use of matched tasks. *Psychological Medicine*, 14, 425-429.
[20] Calev, A. (1984). Recall and recognition in chronic nondemented schizophrenics: use of matched tasks. *Journal of Abnormal Psychology*, 93, 172-177.
[21] Cannon, M., Jones, P.B. & Murray, R.M. (2002). Obstetric complications and schizophrenia: historical and meta-analytic review, *American. Journal of Psychiatry*, 159, 1080–1092.
[22] Carlsson, A. (1978). Antipsychotic drugs, neurotransmitters, and schizophrenia. *American. Journal of Psychiatry*, 135, 165-173.
[23] Cohen, J. (1988). *Statistical power analysis for the behavioral sciences*. 2. Aufl. Hillsdale, NJ: Lawrence Erlbaum.
[24] Conklin, H.M., Curtis, C.E., Katsanis, J., Ph.D. & Iacono, W.G. (2000). Verbal Working Memory Impairment in Schizophrenia Patients and Their First-Degree Relatives: Evidence From the Digit Span Task. *American Journal of Psychiatry*, 157, 275–277.
[25] Conway, M.A. & Pleydell-Pearce, C.W. (2000). The construction of autobiographical memories in the Self-Memory System. *Psychological Review*, 107, 261–288.
[26] Corcoran, R. & Frith, C.D. (2003). Autobiographical memory and theory of mind: evidence of a relationship in schizophrenia. *Psychological Medicine*, 33, 897-905.
[27] Cornblatt, B.A., Lencz, T., Smith, C.W., Correll, C.U., Auther, A.M. & Nakayama, E. (2003). The schizophrenia prodrome revisited: a neurodevelopmental perspective. *Schizophrenia Bulletin*, 29, 633–51.
[28] Cutting, J. (1991). Delusional misidentification and the role of the right hemisphere in the appreciation of identity. *The British Journal of Psychiatry*, 159, 70-75.
[29] Danion J.M., Cuervo C., Piolino P., Huron, C., Riutort, M., Peretti, C.S. & Eustache, F. (2005). Conscious recollection in autobiographical memory: An investigation in schizophrenia. *Consciousness and Cognition*, 14(3), 535–547.
[30] Danion, J.M., Huron, C., Vidailhet, P. & Berna, F.B. (2007). Functional Mechanisms of Episodic Memory Impairment in Schizophrenia. *The Canadian Journal of Psychiatry*, 52(11), 693-701.
[31] Dritschel, B.H., Williams, J.M.G., Baddeley, A.D. & Nimmo-Smith, I. (1992). Autobiographical fluency: a method for study of personal memory. *Memory and Cognition*, 20, 133–140.
[32] Eaton, W.W., Mortensen, P.B. & Frydenberg, M. (2000). Obstetric factors, urbanization and psychosis. *Schizophrenia Research*, 43(2-3), 117-123.
[33] Erlenmeyer-Kimling, L. & Cornblatt, B. (1987). The New York High-Risk Project: a follow-up report. *Schizophrenia Bulletin*, 13, 451–461.
[34] Erlenmeyer-Kimling, L. & Cornblatt, B. (1992). A summary of attentional findings in the NewYork High-Risk Project. *Journal of psychiatric research*, 26, 405–426.
[35] Erlenmeyer-Kimling, L., Rock, D., Roberts, S.A., Janal, M., Kestenbaum, C., Cornblatt, B., Adamo, U.H. & Gottesman, I.I. (2000). Attention, Memory, and Motor Skills as Childhood Predictors of Schizophrenia-Related Psychoses: The New York High-Risk Project. *American. Journal of Psychiatry*, 157, 1416-1422.
[36] Erzigkeit, H. (1986). *Manual zum SKT, Formen A-E*. 2. Neu bearbeitete Auflage. Vless Verlagsgesellschaft, Darmstadt.
[37] Farde, L., Nordström, A.-L., Wiesel, F.-A., Pauli, S., Halldin, C. & Sedvall, G. (1992). Positron emission tomographic analysis of central D_1 and D_2 dopamine receptor occupancy in patients treated with classical neuroleptics and clozapine: relation to extrapyramidal side effects. *Archives of General Psychiatry*, 49(7), 538-544.

[38] Fast, K., Fujiwara, E. & Markowitsch, H.J. (2006). *Bielefelder Autobiographisches Gedächtnisinventar (BAGI)*. Lisse: Swets & Zeitlinger.

[39] Feinstein, A., Goldberg, T., Nowlin, B., & Weinberger, D. (1998). Types and characteristics of remote memory impairment in schizophrenia. *Schizophrenia Research*, 30, 155-163.

[40] Frankle, W.G. & Laruelle, M. (2002). Neuroreceptor imaging in psychiatric disorders. *Annuals of Nuclear Medicine*, 16, 437–446.

[41] Goldberg, T.E., Ragland, J.D., Torrey, E.F., Gold, J.M., Bigelow, L.B. & Weinberger, D.R. (1990). Neuropsychological assessment of monozygotic twins discordant for schizophrenia. *Archives of General Psychiatry*, 47, 1066–1072.

[42] Gras-Vincendon, A., Danion, J.M., Grangé, D., Bilik, M., Willard-Schroeder, D., Sichel, J.P. & Singer, L. (1994). Explicit memory, repetition priming and cognitive skill learning in Schizophrenia. *Schizophrenia Research*, 13, 117-126.

[43] Grossman, L.S., Harrow, M., Goldberg, J.F. & Fichtner, C.G. (1991). Outcome of schizoaffective disorder at two long-term follow-ups: comparisons with outcome of schizophrenia and affective disorders. *American Journal of Psychiatry*, 148, 1359-1365.

[44] Haase, H.J. (1954). Über Vorkommen und Deutung des psychomotorischen Parkinsonsyndroms bei Megaphen- bzw Largactil-Dauerbehandlung. *Der Nervenarzt*, 25, 486–492.

[45] Haase, H.J. (1978). Neuroleptics and the extrapyramidal system. *Arzneimittelforschung*, 28, 1536–1537.

[46] Häfner, H. (2003). Gender differences in schizophrenia. *Psychoneuroendocrinology*, 28 (Suppl. 2), 17-54.

[47] Halberstadt, A. (1995). The phencyclidine-glutamate model of schizophrenia. *Clinical Neuropharmacology*, 18(3), 237-249.

[48] Harrison, C.L. & Fowler, D. (2004). Negative Symptoms, Trauma, and Autobiographical Memory. An Investigation of Individuals Recovering from Psychosis. *The Journal of Nervous and Mental Disease*, 192(11), 745-753.

[49] Haut, M.W., Cahill, J., Cutlip, W.D., Stevenson, J.M., Makela, E.H. & Bloomfield, S.M. (1996). On the nature of Wisconsin Card Sorting Test performance in schizophrenia. *Psychiatry Research*, 65, 15–22.

[50] Heinrichs, R.W & Zakzanis, K.K. (1998). Neurocognitive Deficit in Schizophrenia: A Quantitative Review of the Evidence. *Neuropsychology*, 12(3), 426-445.

[51] ICD-10, World Health Organisation (WHO), 1992, deutsch 2005.

[52] Javitt, D.C. & Zukin, S.R. (1991). Recent advances in the phencyclidine model of schizophrenia. *American Journal of Psychiatry*, 148, 1301-1308.

[53] Johnson, M. K., Foley, M. A., Suengas, A. G., & Raye, C. L. (1988). Phenomenal characteristics of memories for perceived and imagined autobiographical events. *Journal of Experimental Psychology: General*, 117, 371-376.

[54] Karlsson, H., Bachmann, S., Schröder, J., McArthur, J., Torrey, E.F., Yolken, R. H. (2001). Retroviral RNA identified in the cerebrospinal fluids and brains of individuals with schizophrenia. *PNAS* 98(8), 4634-4639.

[55] Karlsson, P., Farde, L., Halldin, C., Sedvall, G. (2002). PET study of D_1 dopamine receptor binding in neuroleptic-naive patients with schizophrenia. *American Journal of Psychiatry*, 159, 761–767.

[56] Kircher, T. & Gauggel, S. (2008). *Neuropsychologie der Schizophrenie: Symptome, Kognition, Gehirn*. Heidelberg: Springer Medizin Verlag.

[57] Konradi, C. & Heckers, S. (2001). Antipsychotic drugs and neuroplasticity: Insights into the treatment and neurobiology of schizophrenia. *Biological Psychiatry*, 50(10), 729-742.

[58] Kopelman, M.D., Wilson, B.A .& Baddeley, A.D. (1990). *Autobiographical Memory Inventory*. Thames Valley Test Company, Bury St Edmunds, UK.

[59] Krabbendam, L., de Vugt, M.E., Derix, M.M. and Jolles, J. (1999). The behavioural assessment of the dysexecutive syndrome as a tool to assess executive functions in schizophrenia. *Clinical Neuropsychologist*, 13, 370–375.

[60] Krabbendam, L. & Jolles, J. (2002). The Neuropsychology of Schizophrenia. In: D´haenen, H. den Boer, J.A., Willner, P. (Hrsg.). *Biological Psychology* (S. 631-647). John Wiley & Sons, Ltd.

[61] Kraepelin, E. (1913). *Psychiatrie. Ein Lehrbuch für Studierende und Ärzte* (Band III, Teil 2, 8. Aufl.). Leipzig: Johann Ambrosius Barth.

[62] Lee, J. & Park, S. (2005). Working Memory Impairments in Schizophrenia: A Meta-Analysis. *Journal of Abnormal Psychology*, 114, 4, 599–611.

[63] Leff, J. & Vaughn, C. (1985). *Expressed emotion in families – is significance for mental illness*. Guilford Press, New York.

[64] Markowitsch, H.J. & Welzer, H. (2005). *Das autobiographische Gedächtnis: Hirnorganische Grundlagen und biosoziale Entwicklung*. Stuttgart: Klett-Cotta.

[65] McKenna, P.J. (1991). Memory, Knowledge and Delusions, *The British Journal of Psychiatry*, 159(14), 36-41.

[66] McNeil, T. & Kaij, L. (1987). Swedish High-Risk Study: sample characteristics at age 6 *Schizophrenia Bulletin*, 13: 373–381.

[67] Meltzer, H.J. (1998). The role of serotonin in schizophrenia and the place of serotonin-dopamine antagonist antipsychotics. *Journal of Clinical Psychopharmacology*, 15(1), 2-3.

[68] Michel, L., Danion, J.M., Grangé, D. & Sandner, G. (1998). Cognitive Skill Learning and Schizophrenia: Implications for Cognitive Remediation. *Neuropsychology*, 12(4), 590-599.

[69] Miller, C.H., Mohr, F., Umbricht, D., Worner, M., Fleischhacker, W.W. & Lieberman, J.A. (1998). The prevalence of acute extrapyramidal signs and symptoms in patients treated with clozapine, risperidone, and conventional antipsychotics. *Journal of Clinical Psychiatry*, 59, 69-75.

[70] Milner, B. (1963). Effects of different brain lesions on card sorting. *Archives of Neurology*, 9, 100-110.

[71] Möller, H.J., Scharl, W. & von Zerssen, D. (1984). Strauss-Carpenter-Skala: Überprüfung ihres prognostischen Wertes für das 5-Jahres-„Outcome" schizophrener Patienten. *European Archives of Psychiatry and Neurological Sciences*, 234, 112-117.

[72] Mortensen, P.B., Pedersen, C.B., Westergaard, T., Wohlfahrt, J., Ewald, H., Mors, O., Andersen, P.K. & Melbye, M. (1999). Effects of family history and place and season of birth on the risk of schizophrenia. *The New England Journal o Medicine*, 340(8), 603-8.

[73] Neumann, A., Blairy, S., Lecompte & Philippot (2007). Specificity deficit in the recollection of emotional memories in schizophrenia. *Consciousness and Cognition*, 16, 469-484.

[74] Norman, R.M.G., Malla, A.K., Morrison-Steward, S.L., Helmes, E., Williamson, P.C., Thomas, J. & Cortese, L. (1997). Neuropsychological correlates of syndromes in schizophrenia. *The British Journal of Psychiatry*, 170, 134-139.

[75] Northoff, G., Krill, W., Wenke, J., Gille, B., Russ, M., Eckert, J., Pester, U., Bogerts, B., Pflug, B. (1998). *Cognitive Neuropsychiatry*, 3(3), 161–178.

[76] Pantelis, C., Barnes, T.R.E., Nelson, H.E., Tanner, S., Weatherley, L., Owen, A.M., Robbins, T.W. (1997). Frontal striatal cognitive deficits in patients with chronic schizophrenia. *Brain*, 120, 1823–1843.

[77] Parnas, J., Jorgensen, A. (1989). Pre-morbid psychopathology in schizophrenia spectrum. *The British Journal of Psychiatry*, 155, 623–7.

[78] Pedersen, C. B. & Mortensen, P. O. (2001). Family history, place and season of birth as risk factors for schizophrenia in Denmark: a replication and reanalysis. *The British Journal of Psychiatry*, 179, 46-52.

[79] Propping, P. (1989). *Psychiatrische Genetik, Befunde und Konzepte.* Springer Verlag, Berlin – Heidelberg – New York – London – Paris – Tokyo – Hong Kong.

[80] Riutort, M., Cuervo, C., Danion, J., Peretti, C., & Salame, P. (2003). Reduced levels of specific autobiographical memories in schizophrenia. *Psychiatry Research*, 117, 35-45.

[81] Robinson, J.A. (1992). First experience memories: Contexts and function in personal histories. In: Conway, M.A., Rubin, D.C., Spinnler, H., & Wagenaar, W.A. (Hrsg.). *Theoretical perspectives on autobiographical memory* (pp. 223-239). Dordrecht, the Netherlands: Kluwer Academic.

[82] Rosenheck, R., Cramer, J., Weichun, X., Thomas, J., Henderson, W., Frisman, L., Fye, C. & Charney, D. (1997). A comparison of clozapine and haloperidol in hospitalized patients with refractory schizophrenia. *The New England Journal of Medicine* , 337, 809–815.

[83] Rubin, D.C., Rahhal, T.A., & Poon, L.W. (1998). Things earned in early adulthood are remembered best. *Memory and Cognition*, 26, 3-19.

[84] Rund, B.R. (1998). A Review of Longitudinal Studies of Cognitive Functions in Schizophrenia Patients. *Schizophrenia Bulletin*, 24(3),425-435.

[85] Rund, B.R.; Landrø, N.I.; and Ørbeck, A.L. (1997). Stability in cognitive dysfunctions in schizophrenic patients. *Psychiatry Research*, 69 (2-3),131-141.

[86] Saint-Cyr, J.A., Taylor, A.E. & Lang, A.E. (1988a) Procedural learning and neostriatal dysfunction in man. *Brain*, 109, 845-883.

[87] Saint-Cyr, J. A., Taylor, A. E., & Lang, A. E. (1988b). Procedural learning and neostriatal dysfunction in man. *Brain*, 111 (Pt 4), 941-959.

[88] Sanyal, S. & Van Tol, H. H. M. (1997). Review the role of dopamine D4 receptors in schizophrenia and antipsychotic action. *Journal of psychiatric research*, 31(2), 219-232.

[89] Saykin, A.J., Gur, R.C;, Gur, R.E., Mozley, D., Mozley, L.H., Resnick, S.M., Kester, B. & Stafiniak, P. (1991). Neuropsychological function in schizophrenia. Selective impairment in memory and learning. *Archives of General Psychiatry*, 48, 618-624.

[90] Schneider, K. (1980). *Klinische Psychopathologie*, 12. Auflage. Georg Thieme Verlag, Stuttgart – New York.

[91] Schröder, J. (1998). *Subsyndrome der chronischen Schizophrenie. Untersuchungen mit bildgebenden Verfahren zur Heterogenität schizophrener Psychosen.* Springer-Verlag, Berlin, Heidelberg.

[92] Schröder, J., Niethammer R., Geider, F.-J., Reitz, C., Binkert, M., Jauß, M. und Sauer H. (1992). Neurological soft signs in schizophrenia. *Schizophrenia Research*, 6, 25-30.

[93] Schröder, J., Tittel, A., Stockert, A., Karr, M. (1996). Memory deficits in subsyndromes of chronic schizophrenia. *Schizophrenia Research*, 21, 19-26.

[94] Schröder, J. & Weisbrod, M. (2006). Schizophrene Psychosen. In: Hampel, H. und Rupprecht, R. (Hrsg.). *Psychiatrie und Psychotherapie* (S. 349-389). Wissenschaftliche Verlagsgesellschaft München.

[95] Seidl, U., Lueken U., Becker, St., Kruse, A., Schröder, J. (2007). Nicht-kognitive Symptome und psychopharmakologische Behandlung bei demenzkranken Heimbewohnern. *Fortschritte der Neurologischen Psychiatrie*, 75, 720-27

[96] Seidl, U., Ahlsdorf, E. & Schröder, J. (2007). Störungen des autobiographischen Gedächtnisses bei Alzheimer-Demenz. *Zeitschrift für Gerontopsychologie & -psychiatrie*, 20(1), 47–52.

[97] Shallice, T. (1982). Specific impairments of planning. Philosophical Transactions of the Royal Society of London. Series B: *Biological Sciences*, 298, 199–209.

[98] Soler, M.J., Ruiz, J.C., Inmaculada Fuentes, I., Tomás, P. (2007). A Comparison of Implicit Memory Tests in Schizophrenic Patients and Normal Controls. *The Spanish Journal of Psychology*, 10(2), 423-429.

[99] Strauss, J.S. & Carpenter, W.T. (1974). The prediction of outcome in schizophrenia. II. Relationship between predictor and outcome variables. *Archives of General Psychiatry*, 31, 37-42.

[100] Strauss, J.S. & Carpenter, W.T. (1977). The prediction of outcome in schizophrenia. III. 5-year outcome and its predictors. *Archives of General Psychiatry*, 34, 159-163.

[101] Torrey, E.F., Miller, J., Rawlings, R. & Yolken, R.H. (1997). Seasonality of births in schizophrenia and bipolar disorder: a review of the literature. *Schizophrenia Research*, 28(1), 1-38.

[102] Tulving, E. (2002). Episodic Memory: From Mind to Brain. *Annual. Review of Psychology.* 53, 1-25.

[103] Vardy, M.M. & Kay, S.R. (1983). LSD psychosis or LSD-induced schizophrenia? A multimethod inquiry. *Archives of General Psychiatry*, 40(8), 877-883.

[104] Wechsler, D. (1981). *Wechsler Adult Intelligence Scale—Revised [Manual]*. New York: The Psychological Corporation.

[105] Welzer, H. & Markowitsch H.J. (2005). Towards a bio-psycho-social model of autobiographical memory. *Memory*, 13(1), 63-78.

[106] Welzer, H. & Markowitsch, H.J. (2006). *Warum Menschen sich erinnern können: Fortschritte der interdisziplinären Gedächtnisforschung*. Stuttgart: Klett-Cotta.

[107] Williams, J. M. G., & Broadbent, K. (1986). Autobiographical memory in suicide attempters. *Journal of Abnormal Psychology*, 95, 144-149.

[108] Wood, N., Brewin, C.R. & McLeod, J. (2006). Autobiographical memory deficits in schizophrenia. *Cognition and Emotion,* 20(3/4), 536-547.

[109] Yao, Y., Schröder, J., Nellåker, C., Bottmer, C., Bachmann, S., Yolken, R.-H., Karlsson, H. (2008). Elevated levels of human endogenous retrovirus-W transcripts in blood cells from patients with first episode schizophrenia. *Genes, Brain and Behavior,* 7(1), 103-12.

[110] Yolken, R. H., Bachmann, S., Rouslanova, I., Lillehoj, E., Ford, G., Fuller, Torrey, E., Schröder, J. (2001). Antibodies to Toxoplasma gondii in Individuals with First-Episode Schizophrenia. *Clinical Infectious Diseases,* 32(5), 842-844.

[111] Zubin, J., & Spring, B. (1977). Vulnerability: A new view of schizophrenia. *Journal of Abnormal Psychology*, 86, 103-126.

Das autobiographische Gedächtnis: Grundlagen und Klinik
J. Schröder und F.G. Brecht (Hrsg.)
© 2009, AKA Verlag Heidelberg

Die zerrüttete Erinnerung

Störungen des autobiographischen Gedächtnisses bei schizophrenen Psychosen.

Vorstellung eines Forschungsprojekts und erste Ergebnisse

Ulrich SEIDL, Marc M. LÄSSER, Lena A. SCHMID & Christina J. HEROLD
Sektion Gerontopsychiatrie, Universitätsklinik Heidelberg

1. Einleitung und theoretischer Hintergrund

„Die zerrüttete Erinnerung: Störungen des autobiographischen Gedächtnisses bei Schizophrenen Psychosen." ist ein Kooperationsprojekt[1] von St. Thomas e.V., der Sektion Gerontopsychiatrie an der Psychiatrischen Universitätsklinik Heidelberg und der SRH Hochschule Heidelberg. Ziel des Projektes ist es, die Funktion des autobiographischen Gedächtnisses bei schizophren Erkrankten unterschiedlichen Alters zu erfassen und mit klinischen Variablen, etwa Psychopathologie oder neurokognitiven Funktionen, in Beziehung zu setzen. Schizophrene Psychosen sind mit einer Lebenszeitprävalenz von 0,5 bis 1,6% weit verbreitete Erkrankungen und verursachen volkswirtschaftlich gesehen hohe Kosten in Deutschland (Deutsche Gesellschaft für Psychiatrie, Psychotherapie und Nervenheilkunde, 2006). Für ca. die Hälfte der Betroffenen ist die Erkrankung einer Schizophrenie mit einer ungünstigen Prognose verbunden und nur ca. 15% finden eine längerfristige Anstellung auf dem primären Arbeitsmarkt (Falkai, 2008). Noch bis vor gut 15 Jahren wurde die Schizophrenie vordergründig als eine Erkrankung des jungen bis mittleren Erwachsenenalters angesehen und auch in diesem Sinne schwerpunktmäßig erforscht. Mittlerweile hat sich dieser Fokus auch auf ältere Patientengruppen ausgedehnt, dennoch liegt für die Patientengruppe der älteren chronisch schizophrenen Patienten noch ein großes Forschungsdefizit vor. Die funktionellen Einschränkungen schizophrener Patienten sind sehr umfassend und können alle wesentlichen Bereiche menschlichen Verhaltens und Erlebens betreffen. Wie schon in den ersten Jahren der Schizophrenieforschung beschrieben (Kraepelin, 1893; Bleuler, 1911) sind diese funktionellen Einschränkungen bei schizophrenen Patienten auch neurokognitiver Natur. Betroffen sind hier vor allem Bereiche der Aufmerksamkeit, des Gedächtnisses und der Exekutivfunktionen (Übersicht: siehe Heinrichs u. Zakzanis, 1998). Gerade bei schizophrenen Patienten hat sich das neurokognitive Funktionsniveau als ein wesentlicher Faktor für das therapeutische Outcome und den weiteren Krankheitsverlauf erwiesen (vgl. Green, 2004). Das autobiographische Gedächtnis, als Mittelpunkt dieses Projektes, stellt das vielleicht am höchsten entwickelte Gedächtnissystems des Menschen dar und ist in seiner multimodalen Funktionsweise besonders vulnerabel gegenüber neurokognitiven Veränderungen. Die Zusammenhänge zwischen

---

[1]   Gefördert durch die Dietmar-Hopp-Stiftung

autobiographischem Gedächtnis, den zugrundeliegenden neurokognitiven Veränderungen und der Psychopathologie sollen in diesem Projekt untersucht werden.

Allgemein werden Gedächtnisfunktionen nach zeitlichen Aspekten (Kurz- vs. Langzeitgedächtnis), ihrer Qualität (deklarativ vs. prozedural) oder der Art ihres Erwerbs (explizit vs. implizit) unterteilt. Zudem wird unterschieden, ob die Umstände des Lernens und Erlebens lebendig und detailliert in Erinnerung gerufen werden (episodisches Gedächtnis) oder ob es sich um allgemeines Faktenwissen (semantisches Gedächtnis) handelt (Tulving, 1972). Das autobiographische Gedächtnis wird von Tulving (2004) dem episodischen Gedächtnis zugeordnet und als die Schnittmenge von subjektiver Zeit, autonoetischem Bewusstsein und dem sich erfahrenden Selbst definiert. Der Inhalt des autonoetischen Bewusstseins ist wiederum eng mit emotionalen Qualitäten verknüpft und in einem personalen Zeitgitter verankert (Tulving, 1983; Tulving und Markowitsch, 1998). Bezogen auf die verschiedenen Gedächtnissysteme umfasst das autobiographische Gedächtnis sowohl persönliche semantische Anteile (Wissen zu persönlichen Fakten wie z. B. Name der ersten Lehrerin oder Adresse in der Kindheit), als auch episodische Anteile (z. B. erster Schultag, Beerdigung eines Freundes). Die Qualität der episodischen Anteile kann dabei sehr unterschiedlich sein. Autobiographische Erinnerungen können sich sowohl nur sehr allgemein auf ganze Lebensabschnitte (z. B. *„In der Schule haben wir immer sehr viel Blödsinn gemacht, es war eine schöne Zeit."*) als auch sehr konkret auf erlebte Einzelereignisse (z. B. *„Dann hat mich der Lehrer in die Ecke gestellt und alle haben gelacht."*) beziehen. Aus neuropsychologischer Sicht gründet eine autobiographische Gedächtnisleistung auf zahlreiche neurokognitive Teilleistungen. Neben erwähnten episodischen und semantischen Gedächtnisprozessen spielen auch emotionale Faktoren, Aufmerksamkeitskomponenten und exekutive Leistungen eine grundlegende Rolle für autobiographische Erinnerungen. Das autobiographische Erinnern ist in diesem Sinne eine sehr komplexe und multimodale neurokognitive Leistung. Nach dem autobiographischen Gedächtnismodell von Conway und Pleydell-Pearce (2000) sind autobiographische Erinnerungen transitorische mentale Konstruktionen innerhalb eines so genannten *Self-Memory Systems* (SMS). In diesem SMS werden über die Vermittlung einer exekutiven Kontrolle (dem *Working Self*) unsere Erinnerungen auf der Grundlage einer autobiographischen Wissensbasis (*Knowledge Base*) generiert. Das SMS als integratives System konstruiert sich dabei einzig aus der Interaktion zwischen dem *Working Self* und der *Knowledge Base* (siehe Abb.1). Wie andere höhere neurokognitive Leistungen setzt sich das autobiographische Gedächtnis aus einzelnen kognitiven Funktionseinheiten zusammen, die unabhängig voneinander auch bei anderen neurokognitiven Leistungen eine Rolle spielen. Nach dem Modell von Conway und Pleydell-Pearce gilt das ebenso für die Wissensbasis und das *Working-Self*. Das SMS stellt in deren Verständnis die wesentliche Basis für unser Selbst und die Fähigkeit, uns als eigenständiges Individuum in Raum und Zeit wahrzunehmen, dar und hat somit auch wesentlichen Einfluss auf unsere persönliche Entwicklung. Defizite bei der Generierung autobiographischer Erinnerungen gehen demnach mit einer Destabilisierung unseres subjektiven Selbst einher. Conway und Pleydell-Pearce (2000) unterscheiden in ihrem Modell bezüglich der bereits erwähnten Spezifität autobiographischer Erinnerungen drei unterschiedliche Ebenen (siehe Abb.2): die Ebene der Lebensperioden, die Ebene der generellen Ereignisse und die Ebene ereignisspezifischen Wissens. Erinnerungen auf der Ebene einer Lebensperiode enthalten thematisches Wissen zu allgemeinen Charakteristika einer Periode und auch zeitliche Marker zur Dauer einer Periode, wie zum Beispiel: *„Als ich noch daheim wohnte, ...".* Erinnerungen auf der Ebene genereller Ereignisse sind wesentlich spezifischer und gleichzeitig auch heterogener als auf Ebene der Lebensperioden und können sich sowohl auf wiederholende *(z. B. „Unsere Ausflüge in den Schwarzwald,...")*, als auch auf einzelne Ereignisse *(z. B. „Die Geburt meines zweiten Sohnes.")* beziehen. Die Ebene ereignisspezifischen Wissens bezieht sich auf die in Erinnerung gerufenen Details zu einem Ereignis und entspricht dem bildhaften Sich-Erinnern einer einzelnen Episode. Es hat sich auch gezeigt, dass wir rückblickend auf unsere Lebensgeschichte nicht für jeden Lebensabschnitt dieselbe Erinnerungsleistung erbringen können. Eine solche makrostrukturelle Betrachtung der autobiographischen Erinnerungsleistung zeigt bei gesunden Menschen ein relativ einheitliches Bild: Wir erinnern uns nur sehr ungenau an unsere ersten Jahre bis zum fünften Lebensjahr, sehr genau an unser frühes Erwachsenenalter und relativ gut an die unmittelbar vergangenen Lebensjahre mit einem steilen, rückwärtsgerichteten Abfall der Erinnerungsleistung in einem 10-Jahres-Zeitfenster (nach Conway und Pleydell-Pearce, 2000).

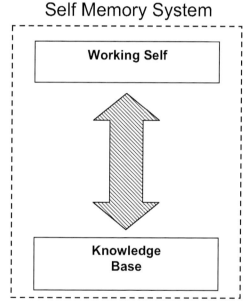

Abbildung 1: Self Memory System nach Conway und Pleydell-Pearce, 2000.

Zahlreiche Autoren beschreiben Defizite in verschiedenen Teilbereichen der Gedächtnisfunktion bei psychiatrischen Erkrankungen. Neben Demenzen und Depressionen führen insbesondere schizophrene Psychosen zu Störungen verschiedener Gedächtnissysteme. Im Vergleich zum Ausmaß der Beeinträchtigung in anderen neurokognitiven Leistungsbereichen scheinen Gedächtnisdefizite bei schizophrenen Patienten einen Schwerpunkt kognitiver Beeinträchtigungen darzustellen (vgl. Metaanalysen von Aleman et al., 1991; Heinrich und Zakzanis, 1998).

Vor allem das sich mit dem autobiographischen Gedächtnis überschneidende episodische Gedächtnis scheint dabei besonders betroffen zu sein. Dieses episodische Gedächtnisdefizit stellt sich dabei als unabhängig von den allgemeinen intellektuellen Kapazitäten und vom allgemeinen Aufmerksamkeitsniveau dar (Cirillo und Seidmann, 2003). Hinsichtlich der Psychopathologie zeigen sich signifikante Zusammenhänge zwischen episodischen Gedächtnisdefiziten und Negativsymptomatiken, während sich

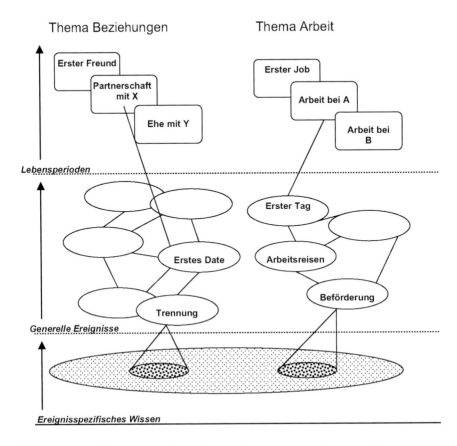

Abbildung 2: Spezifitätsebenen autobiographischer Erinnerungen, nach Conway und Pleydell-Pearce, 2000.

dieser Zusammenhang bei positiven Symptomen nicht darstellt (Heinrich und Zakzanis, 1998). Defizite im episodischen Gedächtnis sind schon vor Ausbruch der Erkrankung nachzuweisen und stellten auch ein spezifisches Merkmal bei Hochrisikopatienten dar, die später eine Psychose entwickeln (Brewer et al., 2005 und 2006; zit. nach Danion et al., 2007a). Auch verschiedene Verzerrungsphänomene beim Erinnern können bei schizophrenen Patienten nachgewiesen werden: So zeigen Patienten mit Verfolgungswahn zum Beispiel die Tendenz, sich an angstbesetzte Stimuli besser zu erinnern als an neutrale Stimuli, Patienten mit vordergründig flachem Affekt zeigen eine verminderte Erinnerungsleistung an emotionale Stimuli und Patienten mit Anhedonie erinnern sich an positive Stimuli schlechter als an negative Stimuli (Übersicht: s. Danion, 2007b).

Kaney und Kollegen (1999) konnten zeigen, dass wahnhafte schizophrene Patienten beim autobiographischen Erinnern – ähnlich wie depressive Patienten – zu einer Übergeneralisierung neigen und vermindert konkrete an Zeit und Raum gebundene Episoden wiedergeben. Kaney und Kollegen interpretierten dies in dem Sinne, dass diese Übergeneralisierung als Schutzfunktion diene, um negative Ereignisse zu unterdrücken.

Untersuchungen zeigen, dass eine Chronifizierung bei Schizophrenien nicht nur mit klinischen Einschränkungen vergesellschaftet ist, sondern auch mit morphologischen und funktionellen cerebralen Veränderungen korrespondiert (Überblick bei Schröder, 1998). Achim und Lepage (2005) kommen in ihrer Metaanalyse neurofunktioneller Studien zu dem Schluss, dass bei schizophrenen Patienten eine funktionelle Störung der meisten Hirnareale besteht, die an Gedächtnisprozessen beteiligt sind. Die größten Aktivierungsunterschiede (schizophrene Patienten vs. Gesunde) zeigten sich dabei v. a. im linken inferioren präfrontalen Kortex sowie im medialen Temporallappen. Die verminderte Aktivierung des linken inferioren präfrontalen Kortex gibt einen Hinweis auf die zentrale Stellung von exekutiven Kontrollprozessen beim Zustandekommen episodischer bzw. autobiographischer Gedächtnisdefizite bei schizophrenen Patienten (vgl. Bonner-Jackson et al., 2008). Exekutive Leistungen spielen sowohl in der Enkodierungsphase als auch der Abrufphase von Gedächtnisinhalten eine wesentliche Rolle.

Trotz ihrer zentralen Stellung innerhalb der Gedächtnissysteme, wurden Störungen des autobiographischen Gedächtnisses bei psychiatrischen Erkrankungen wie Demenzen oder Schizophrenien bisher nur selten untersucht. Tatsächlich stellen derartige Studien besondere methodische Anforderungen. Die Individualität autobiographischer Erinnerungen macht ausreichend lange, strukturierte Interviews erforderlich, da eine bloße Abfrage lebensgeschichtlicher Daten auf die semantischen Anteile des autobiographischen Gedächtnisses beschränkt bliebe, ohne die subjektiv entscheidenden – episodischen – Anteile zu berücksichtigen. Feinstein et al. (1998) fanden in ihren Untersuchungen zu autobiographischen Gedächtnisinhalten bei Schizophrenen Beeinträchtigungen, die sowohl ältere Erinnerungen an Kindheit und frühes Erwachsenenalter, als auch neuere Informationen betrafen. Während die gesunden Kontrollen in deren Studie eine gleichmäßige autobiographische Erinnerungsleistung über alle Lebensabschnitte hinweg zeigten, ergab sich für die schizophrenen Patienten eine ausgeprägte U-förmige Erinnerungskurve sowohl für episodische, als auch semantische Gedächtnisinhalte. Diese, vor allem für das frühe Erwachsenenalter signifikant verminderte autobiographische Erinnerungsleistung zeigte dabei eine offensichtliche zeitliche Überschneidung mit dem Erkrankungsbeginn. Ein solches Erinnerungsprofil konnten Wood, Brewin und McLeod (2006) auch in einer aktuelleren Studie an 20 schizophrenen Patienten replizieren. Riutort et al. (2003) beschrieben in einer Studie mit 24 schizophrenen Patienten, dass im Vergleich zu gesunden Kontrollpersonen Patienten sich sowohl weniger an spezifische episodische als auch an semantische autobiographische Inhalte erinnern konnten. Auch in deren Studie zeigten sich die autobiographischen Gedächtnisdefizite der schizophrenen Patienten besonders ausgeprägt für die Zeit nach Erkrankungsbeginn und sie strichen in Anlehnung an das autobiographische Gedächtnismodell von Conway und Pleydell-Pearce (s. o.) die destabilisierende Wirkung eines autobiographischen Gedächtnisdefizits für die Identitätsbildung und das Selbst und eine damit verbundene mögliche direkte Einwirkung auf die Psychopathologie der Schizophrenie hervor. In einer Studie mit 95 Schizophrenen erhoben Corcoran und Frith (2003) das autobiographische Gedächtnis mit dem „Autobiographical Memory Interview" zusammen mit Tests zur „Theory of Mind". Dabei zeigte sich bei den Patienten eine Beeinträchtigung des autobiographischen Wissens, die im Zusammenhang stand mit einer Beeinträchtigung der Fähigkeit, sich in andere hineinzuversetzen. Zudem erinnerten die Schizophrenen sich tendenziell mehr an negative Ereignisse. Mit der Korrelation von autobiographischem Gedächtnis, schizophrener Negativsymptomatik und traumatischen Erfahrungen im Rahmen der Erkrankung beschäftigten sich Harrison et al. (2004) in einer Studie mit 38 postremissiven Schizophrenen. Dabei zeigte sich, dass Patienten mit weniger belastenden

Erinnerungen an die Psychose und die begleitenden Umstände stärker unter Negativ-symptomen litten und insgesamt weniger spezifische autobiographische Erinnerungen hatten.

Wesentlich für das Verständnis autobiographischer Gedächtnisdefizite bei schizo-phrenen Patienten sind auch die Erkenntnisse aus Studien, bei denen die Qualität der Erinnerungen anhand eines so genannten Remember-Know- (R-K) Paradigmas über-prüft wurde. R-K-Aufgaben erlauben es, die zugrundeliegende Bewusstseinsqualität einer Erinnerung zu identifizieren. Im Verständnis von Tulving (1985) sind *Remembering (R)* und *Knowing (K)* zwei unterschiedliche Bewusstseinszustände, welche in ihrer Begrifflichkeit einem autonoetischen und noetischen Bewusstsein entsprechen. In der aktuell anerkannten Differenzierung zwischen semantischem und episodischem Ge-dächtnis scheint die Beteiligung des autonoetischen Bewusstseins am Erinnerungs-prozess eines der wesentlichen Unterscheidungskriterien zu sein (Wheeler, 1997). So werden bei R-K-Aufgaben Erinnerungen als *Remembering* identifiziert, wenn der Erinnerung auch kontextuelle Informationen zugrunde liegen, und von einem *Knowing* wird dann ausgegangen, wenn die Erinnerung nur einem Gefühl der Familiarität ent-spricht. Als Ausdruck einer verminderten bewussten Erinnerung zeigen schizophrene Patienten in Untersuchungen mit einem R-K-Paradigma durchgängig signifikant weni-ger Remember-Antworten als gesunde Kontrollen (u. a. Danion et al., 2005; Neumann et al., 2006; Neumann et al., 2007; van Erp et al., 2008). Schizophrene Patienten scheinen sich beim Erinnern mehr auf Vertrautheitsurteile zu verlassen als auf bewusste Erinnerungsstrategien. Dies spiegelt sich laut Achim und Lepage (2005) in einer verstärkten Aktivierung des parahippocampalen Gyrus und in einer gleichzeitig verminderten Aktivierung des medialen Temporallappens bei Erinnerungsprozessen von schizophrenen Patienten wider.

Zusammenfassend sprechen die bisherigen Untersuchungen für Beeinträchtigun-gen des autobiographischen Gedächtnisses bei Schizophrenien, die hauptsächlich die Erinnerung an spezifische lebensgeschichtliche Ereignisse und das lebendige Hinein-versetzen in die eigene Vergangenheit betreffen. Wie autobiographische Gedächtnis-leistungen mit psychopathologischen Symptomen und neurokognitiven Parametern in Beziehung stehen, ist jedoch im Einzelnen noch nicht klar. Einige Bereiche, die bereits untersucht wurden, bedürfen sowohl der Replikation als auch der genaueren Analyse. Auch waren die Stichproben in den bisherigen Studien zum autobiographischen Gedächtnis bei schizophrenen Patienten relativ klein (20-25 Patienten). Neben einer großen Stichprobe (n=120) soll ein besonderes Merkmal unseres Projektes die Ein-beziehung auch älterer chronisch schizophrener Patienten und deren autobiographi-scher Erinnerungsleistung sein.

2. Methodik

2.1. Stichprobe

In die laufende Studie werden Probanden eingeschlossen, die in den Einrichtungen von St. Thomas e. V. in Heidelberg, Schwetzingen oder Graben-Neudorf leben. Die Re-krutierung von Probanden aus speziellen Einrichtungen bietet aufgrund ähnlicher Lebensverhältnisse den Vorteil der besseren Vergleichbarkeit. Darüber hinaus werden ausreichend remittierte und psychopathologisch stabile Probanden untersucht, die in der Psychiatrischen Universitätsklinik Heidelberg stationär behandelt werden. Die

Patienten sollen hinsichtlich Alter, Erkrankungsdauer, Erkrankungsbeginn und Remissionsgrad miteinander verglichen und die Zusammenhänge zwischen Neurokognition, autobiographischen Gedächtnisleistungen und Psychopathologie analysiert werden (siehe Abb.3).

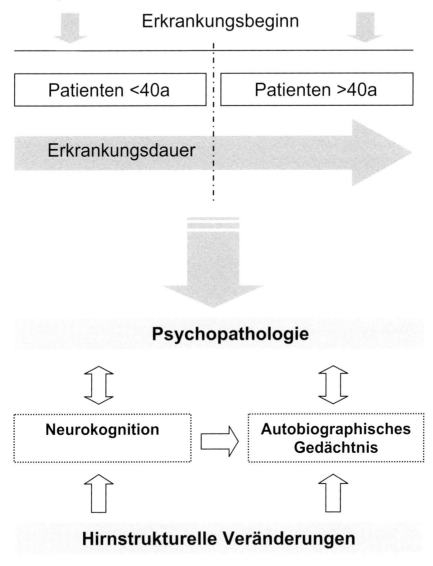

Abbildung 3: Übersicht Studiendesign.

Zum aktuellen Zeitpunkt kann auf eine Stichprobe von 40 schizophrenen Patienten zurückgegriffen werden. Aus dieser Gruppe wurden für die vorliegenden vorläufigen Berechnungen 3 Patienten aufgrund ihres jungen Alters aus den Analysen ausgeschlossen. Der Patientengruppe wird zur ersten Auswertung eine Kontrollgruppe mit 71 psychiatrisch gesunden Probanden und eine klinische Gruppe mit 32 depressiven Patienten gegenübergestellt. Die Daten der Kontrollgruppen wurden im Rahmen der ebenfalls von der Arbeitsgruppe Gerontopsychiatrie durchgeführten Interdisziplinären Längsschnittstudie des Erwachsenenalters (ILSE, Toro et al., 2008) erhoben.

Die schizophrene Untersuchungsgruppe zeigt sich zum aktuellen Studienzeitpunkt signifikant jünger (MW 49.02, SD 10.43) und weist auch signifikant weniger Bildungsjahre (MW 11.58, SD 2.41) als die beiden Kontrollgruppen auf. Die stationären Patienten waren zum Untersuchungszeitpunkt durchschnittlich ca. 4 Wochen in stationärer Behandlung und die untersuchten Heimbewohner waren im Schnitt ca. 31 Monate im Heim untergebracht. Die soziodemographischen Daten der Stichprobe sind zur Übersicht auch in Tabelle 1 dargestellt.

Tabelle 1: Beschreibung der Stichprobe

Variable	Schiz. Patienten MW (SD) bzw. N	Depr. Patienten MW (SD) bzw. N	Kontrollgruppe MW (SD) bzw. N	Duncan´s Test
Alter	49.02 (10.43)	55.22 (0.97)	55.01 (0.96)	S < K, D
Geschlecht w/m*	10/30	20/12	29/42	
Bildung	11.58 (2.41)	12.9 (0.8)	12.7 (1.2)	S < K, D
Unterbringung stationär/Heim*	20/80	-	-	-
Dauer Aufenthalt stationär (Wochen)	4.08	-	-	-
Dauer Aufenthalt Heim (Wochen)	124.84	-	-	-

* Bei kategorialen Variablen wird anstelle des Mittelwertes (M), der Standardabweichung (SD) die Anzahl (N) angegeben.

2.2. Messinstrumente

Tabelle 2 gibt einen Überblick über die in unserer Untersuchung eingesetzten Instrumente. Für die Berechnungen der hier dargestellten vorläufigen Ergebnisse wurden nur die Werte einer Auswahl der im Projekt verwendeten neuropsychologischen Testverfahren herangezogen. Der Vollständigkeit halber sind in Tabelle 2 aber alle im Projekt verwendeten Verfahren angeführt. Kernstück der Untersuchung ist das „Bielefelder autobiographische Gedächtnisinventar" (BAGI; Fast et al., 2006) als semistrukturiertes Interview zur Erfassung des autobiographischen Gedächtnisses. In einem Kooperationsprojekt mit dem Institut für Neuropsychologische Forschung der Universität Trier, in das Patienten mit Schlaganfällen, demenziellen Erkrankungen, affektiven Störungen, aber auch junge schizophren Erkrankte und gesunde Kontrollpersonen unterschiedlicher Altersgruppen eingeschlossen wurden, zeigte sich, dass das BAGI semantische und episodische Qualitäten differenziert erfasst (Übersicht: Seidl, Markowitsch und Schröder, 2006). Das autobiographische Wissen wird dabei zu fünf verschiedenen Lebensabschnitten, nämlich zur Vorschulzeit, Schulzeit, weiterführenden Schule bzw. Ausbildung, zu Berufstätigkeit sowie den, dem Untersuchungstermin vorangegangenen, fünf Lebensjahren festgehalten. Erfragt werden sowohl semantische Inhalte, beispielsweise Adressen und Namen von Schulkameraden oder Freunden, als

Tabelle 2: In der Untersuchung eingesetzte Instrumente

Untersuchungsteil	Eingesetzte Instrumente
Medizinischer Teil	Körperlicher Befund
	Neurologischer Befund
	Diagnosen
	Medikamente
	Heidelberger Neurologische Soft Signs Skala (NSS; Schröder et al., 1992)
Psychopathologischer Teil	Strukturiertes Klinisches Interview nach DSM-IV (SKID; Wittchen und Zaudig, 1997)
	Scale for the Assessment of Positive Symptoms (SAPS; Andreasen, 1983)
	Scale for the Assessment of Negative Symptoms (SANS; Andreasen, 1983)
	Brief Psychiatric Rating Scale (BPRS; Overall & Gorham, 1962)
	Strauss Carpenter Scale (SCS; Händel et al., 1996)
	EuroQol (EuroQol Group, 1990)
	Apathy Evaluation Scale (AES; Lueken et al., 2006)
Neuropsychologischer Teil	Wechsler Memory Scale (WMS), Untertest Logisches Gedächtnis (Härting et al, 2000)
	CERAD (Morris et al., 1989; Aebi, 2002)
	WMS, Untertest Zahlenspanne (Härting et al., 2000)
	Trail Making Test A und B (TMT A/B; Reitan, 1958, 1992)
	Uhrentest (Shulman et al., 1986)
	Regensburger Wortflüssigkeitstest (RWT): S-Wörter und Kategorienwechsel G-R (Aschenbrenner et al., 2000)
	Famous Faces Test (FFT; Jäncke, 2001)
	Reading Mind in the Eyes Test (RMIE; Baron-Cohen et al., 1997)
Autobiographisches Gedächtnis	Bielefelder autobiographisches Gedächtnisinventar (BAGI; Fast et al., 2006)

auch episodische autobiographische Erinnerungen. Letztere werden als „frei" erinnerte Episoden erhoben; dabei wird ihre Einzigartigkeit beurteilt, also festgestellt, ob es sich um singuläre Erlebnisse (siehe Beispiel 1), regelmäßig wiederkehrende Ereignisse (siehe Beispiel 2) oder Gesamteindrücke aus einem Lebensabschnitt (siehe Beispiel 3) handelt. So wird etwa der detaillierte Bericht über einen Fahrradunfall in der Kindheit einschließlich seiner Begleitumstände wie Umgebungsbeschreibung, Angaben über das

Wetter und anwesende Personen oder die eigenen Gedanken und Gefühle als singuläre Episode gewertet und die Genauigkeit entsprechend dem Detailreichtum gesondert erfasst. Regelmäßig wiederkehrende Ereignisse, etwa der wöchentliche Gang zur Klavierstunde, werden geringer bewertet. Am geringsten zählen allgemeine Angaben zum jeweiligen Lebensabschnitt. Die einzelnen Qualitäten des autobiographischen Gedächtnisses werden für jeden Lebensabschnitt getrennt beurteilt; insgesamt werden für das semantische Wissen maximal fünf Punkte vergeben, für frei berichtete Episoden höchstens sechs und für die Detailinformationen höchstens elf. Die Werte werden für jeden Lebensabschnitt zu einem Summenscore addiert; pro Abschnitt können somit bis zu 22 Punkte erzielt werden. Alle Lebensabschnitte werden schließlich in einem Gesamtscore zusammengefasst.

Beispiel 1: spezifische Erinnerung einer schizophrenen Patientin zu einem Lebensabschnitt (gekennzeichnet durch Einzigartigkeit, Lebendigkeit und Detailreichtum)

Ich war mit elf Jahren auf der Hauptschule, auf der Sandhofer Schule war ich, mit elf Jahren war ich auch zur Erholung auf dem ... Berg, als Kind, des war für mich ganz schlimm, weil ich fünf Sachen nicht essen kann – Zwiebel, Knoblauch, Milch, Käse und Butter – da wird mir schlecht. Da musste ich das immer essen und war's nicht gewohnt und musste immer schreiben es geht mir gut und/weil da waren Schwestern, die haben immer die Post nachgeguckt, die raus ist. Und ich hab dort Taschengeld bekommen und hab das ganze Taschengeld gespart und hab der Uroma so ein kleines Bild mitgenommen und mir ein kleines Taschen... bewahrt ...Bewahret einander vor Herzeleid - Kurz ist die Zeit, die ihr beisammen seid.... Und hab mir einen kleinen Geldbeutel gekauft mit Perlen und gar keine Süßigkeiten mit dem Taschengeld gekauft – nur Andenken und hab an die Anderen gedacht, wenn ich zurückkomme, dass ich ihnen was Gutes tu.

Beispiel 2: generelle Erinnerung einer schizophrenen Patientin zu einem Lebensabschnitt (nicht an bestimmten Zeitpunkt gebunden, sich wiederholend; nicht durch Detailreichtum, Bildhaftigkeit und Lebendigkeit bestimmt)

Patientin: *Frau ... war meine Vorgesetzte. Die Mobbing am Arbeitsplatz gemacht hat. Ich hab alles hundertprozentig gemacht und die hat da immer Fehler gesucht. Und das war ganz schlimm. Wenn da ein Buchstabe nicht richtig war, musste ich das ganze Blatt noch mal schreiben. Und darum bin ich so krank geworden.*

Interviewer: *Können Sie sich auch an ein einzelnes Ereignis erinnern, wo Sie so etwas noch mal machen mussten?*

Patientin: *Nein, das war öfter so.*

Beispiel 3: Erinnerung zu einer Lebensepisode einer schizophrenen Patientin (thematisches bzw. zeitliches Konzept, selbstwertende Ereignisse über einen längeren Zeitraum hinweg > 4 Wochen)

Da war der Krieg 1943. Ab dem sechsten Lebensjahr bin ich in die Schule gekommen, da war ich vier Jahre auf einer Dorfschule, bis zur vierten Klasse, ab der vierten Klasse kam ich dann nach Oldenburg in eine Stadtschule und hatte einen Lehrer gehabt bis zur vierten Klasse und war sehr unglücklich, dass ich jetzt in die Stadtschule musste und da war ich nicht so aufgenommen wie bei meinem alten Lehrer.

Weiter werden die Probanden psychiatrisch untersucht. Die Untersuchung dient der Diagnosesicherung und der Erfassung eventueller Begleiterkrankungen. Zur Erfassung der Psychopathologie wird die „Scale for the Assessment of Positive Symptoms" (SAPS; Andreasen, 1983), die „Scale for the Assessment of Negative Symptoms" (SANS; Andreasen, 1983) sowie die „Brief Psychiatric Rating Scale" (BPRS; Overall & Gorham, 1962) eingesetzt. Zur diagnostischen Einschätzung wird darüber hinaus das Strukturierte Klinische Interview zur Diagnostik (SKID; Witchen und Zaudig, 1997) durchgeführt. Mögliche prognostisch relevante Merkmale werden mit der „Strauss Carpenter Scale" (SCS; Händel et al., 1996) erhoben. Anschließend wird mit dem „Consortium to Establish a Registry for Alzheimer´s Disease Assessment Battery" (CERAD, Morris et al., 1988; Morris et al., 1989; Aebi, 2002) und einer Reihe ausgewählter weiterer neuropsychodiagnostischer Testverfahren der kognitive Status der Probanden differenziert überprüft. Die statistischen Analysen werden mit dem Programm Statistical Analysis System (SAS, 9. Version) durchgeführt.

3. Erste Ergebnisse

Die Patientengruppe mit Diagnose einer Schizophrenie zeigt zum Zeitpunkt der Untersuchung ein klinisches Bild, das durch Überwiegen einer Negativsymptomatik charakterisiert ist (Tabelle 3). In Tabelle 4 sind die nach Gruppen unterteilten Werte in den neuropsychologischen Testverfahren wiedergegeben. Es wird deutlich, dass die schizophrene Patientengruppe im unmittelbaren und verzögerten logischen Gedächtnis sowie im Trail Making Test A und B signifikant schlechtere Leistungen erbringt als die gesunde und depressive Vergleichsgruppe und damit ein für schizophrene Patienten typisches neurokognitives Ausfallprofil zeigt.

Auch im Kernstück unserer Untersuchung, dem BAGI, wurden signifikante Beeinträchtigungen der schizophrenen Patienten im Vergleich zu den depressiven Patienten und den gesunden Kontrollen gefunden. Die schizophrenen Patienten zeigen dabei deutlich schlechtere Erinnerungsleistungen sowohl bei semantischen Gedächtnisleistungen (z. B. alte Adressen, besuchte Schule, etc.) als auch bei genauen, bildhaften Erinnerungen an konkrete Einzelerlebnisse, was sich im Wert für episodische Erinnerungen bemerkbar macht (vgl. Tabelle 5 und Abbildung 4). Analysiert man die autobiographische Gedächtnisleistung auf der Ebene der im BAGI erfassten Lebensabschnitte, so zeigen sich bei den schizophrenen Patienten sowohl von den Gesunden als auch von den Depressiven abweichende Werte. Vor allem beim Erinnern von Episodendetails wird ein deutlicher Einbruch im mittleren Lebensalter deutlich (vgl. Tabelle 6 und Abbildung 5), wobei die Erinnerung an Lebensfakten über die Lebensabschnitte hinweg im Vergleich relativ stabil bleibt (vgl. Tabelle 7 und Abbildung 6). Auch zeigt sich bei den schizophrenen Patienten für die Episodendetails kein Recency-Effekt für den letzten Lebensabschnitt, d. h. die zeitliche Nähe zu den erlebten Ereignissen steht nicht in positivem Zusammenhang zur Erinnerungsleistung. Weiter wurde der Zusammenhang zwischen dem Gesamtwert im BAGI und den einzelnen psychopathologischen und neurokognitiven Verfahren überprüft. Bis auf die Korrelation zwischen BAGI und dem Trail-Making-Test A erreichte keine Berechnung das Signifikanzniveau (vgl. Tabelle 8).

Tabelle 3: Psychopathologische und neurologische Merkmale der schizophrenen Patientengruppe

Test	Werte MW (SD)	Range
SAPS	8.35 (9.33)	0-170
SANS	36.71 (20.14)	0-125
NSS	9.8 (6.2)	0-60
BPRS	17.70 (10.34)	0-108

Tabelle 4: Neuropsychologische Merkmale der gesamten Stichprobe

Test	Schiz. Patienten MW (SD)	Depr. Patienten MW (SD)	Kontrollen MW (SD)	F-Statistik	Duncan´s Test
Log. Gedächtnis unmittelbar	14.27 (6.64)	26.15 (6.68)	24.63 (6.71)	36.26*	S < K, D
Log. Gedächtnis verzögert	9.83 (6.08)	22.12 (6.88)	21.46 (6.47)	45.66*	S < K, D
Trail Making Test A	53.44 (27.46)	27.93 (8.87)	30.78 (10.93)	27.19*	S < K, D
Trail Making Test B	163.03 (70.36)	78.40 (39.21)	81.87 (36.31)	36.46*	S < K, D

*$p<0.05$

Tabelle 5: BAGI Werte

Variable	Schiz. Patienten MW (SD)	Depr. Patienten MW (SD)	Kontrollen MW (SD)	F-Statistik	Duncan´s Test
Gesamtwert	68.13 (22.8)	93.75 (13.8)	88.50 (14.4)	23.83*	S < K, D
Semantisch	21.72 (3.4)	23.90 (1.7)	23.69 (1.4)	11.26*	S < K, D
Episodisch	18.81 (6.5)	25.50 (3.4)	24.64 (3.5)	24.89*	S < K, D
Details	27.59 (15.9)	44.34 (9.7)	40.18 (11.3)	18.22*	S < K, D

*$p<0.05$

Tabelle 6: Episodische Gedächtnisleistungen über die Lebensabschnitte hinweg

Variable	Schiz. Patienten MW (SD)	Depr. Patienten MW (SD)	Kontrollen MW (SD)	F-Statistik	Duncan's Test
Lebensabschnitt 1	4.62 (4.5)	6.43 (4.3)	5.40 (4.4)	2.63	S < K, D
Lebensabschnitt 2	5.51 (4.7)	8.65 (3.4)	7.78 (4.3)	9.97*	S < K, D
Lebensabschnitt 3	5.45 (4.6)	9.59 (2.2)	8.00 (4.1)	8.42*	S < K, D
Lebensabschnitt 4	6.89 (4.4)	9.28 (3.0)	9.63 (3.0)	15.22*	S < K, D
Lebensabschnitt 5	5.10 (5.1)	10.37 (1.6)	9.32 (3.4)	22.11*	S < K, D

*$p < 0.05$

Tabelle 7: Semantische Gedächtnisleistungen über die Lebensabschnitte hinweg

Variable	Schiz. Patienten MW (SD)	Depr. Patienten MW (SD)	Kontrollen MW (SD)	F-Statistik	Duncan's Test
Lebensabschnitt 1	3.86 (1.2)	4.46 (1.0)	4.04 (1.1)	2.40	S < K, D
Lebensabschnitt 2	4.18 (1.1)	4.78 (0.5)	4.92 (0.3)	15.08*	S < K, D
Lebensabschnitt 3	4.64 (0.9)	4.75 (0.5)	4.81 (0.4)	0.83	S < K, D
Lebensabschnitt 4	4.45 (0.8)	4.90 (0.3)	4.91 (0.3)	9.72*	S < K, D
Lebensabschnitt 5	4.56 (1.0)	5.00 (0.0)	4.98 (0.1)	7.57*	S < K, D

*$p < 0.05$

Tabelle 8: Korrelationen der Testergebnisse mit den BAGI-Werten der schizophrenen Patienten

Test	BAGI-Gesamtwert schiz. Patienten
Uhrentest	-0.14
Log. Gedächtnis (unmittelbar)	0.20
Log. Gedächtnis (verzögert)	0.26
Trail Making Test A	-0.53*
Trail Making Test B	-0.28
Zahlenspanne vorwärts	0.18
Zahlenspanne rückwärts	0.18
RMIE	0.24
SANS	-0.15
SAPS	0.16
BPRS	-0.04

*$> p\ 0.05$

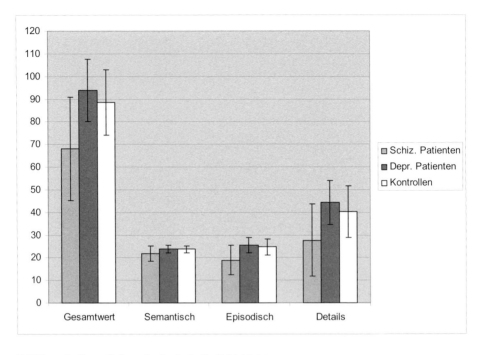

Abbildung 4: Semantische und episodische Gedächtnisleistungen.

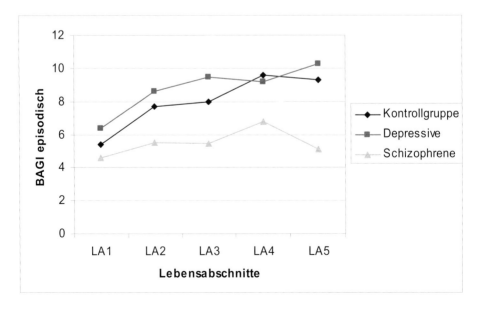

Abbildung 5: Episodische Gedächtnisleistungen über die Lebensabschnitte hinweg.

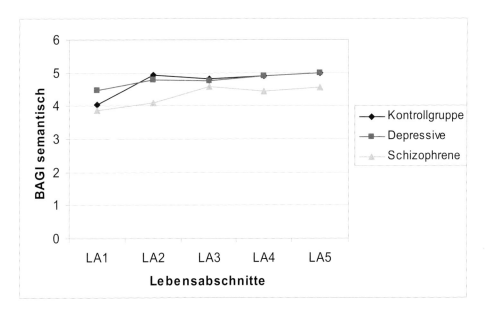

Abbildung 6: Semantische Gedächtnisleistungen über die Lebensabschnitte hinweg.

4. Diskussion

Zusammenfassend zeigen unsere Untersuchungen bei den schizophrenen Patienten eine im Vergleich zu Depressiven und Gesunden verminderte Leistung im semantischen und episodischen autobiographischen Gedächtnis. Dies betrifft insbesondere die leben-dige Erinnerung an Ereignisse aus dem mittleren Lebensalter; auch die zeitliche Nähe zu dem entsprechenden Lebensereignis führt nicht zu einer detailreicheren Erinnerung. Darüber hinaus zeigten die schizophrenen Patienten neurokognitive verminderte Leis-tungen in Tests zu Geschwindigkeit, Aufmerksamkeit und kognitiver Flexibilität sowie eine Beeinträchtigung des unmittelbaren und verzögerten logischen Gedächtnisses. Will man unsere Ergebnisse in Beziehung zu den Ergebnissen anderer Studien setzen, muss darauf hingewiesen werden, dass die verschiedenen Autoren die methodische Herausforderung, autobiographische Gedächtnisinhalte angemessen qualitativ und quantitativ zu erfassen, sehr unterschiedlich gelöst haben. Wir haben uns für das BAGI entschieden, da es in seiner semi-strukturierten Form und der daraus resultierenden Flexibilität der persönlichen Signifikanz der Erinnerungen sehr gut Rechnung trägt, und es in seiner Konstruktion auch auf die aktuellen kognitionspsychologischen Modelle zum autobiographischen Gedächtnis eingeht. Das BAGI erlaubt mit der Einteilung in fünf Lebensabschnitte auch eine wesentlich differenziertere Analyse der autobiographischen Gedächtnisleistungen im Krankheitsverlauf, als es mit in anderen Studien verwendeten Verfahren möglich war. Wie erwartet, zeigt die schizophrene Patientengruppe sowohl im Vergleich mit den depressiv Erkrankten als auch mit den gesunden Probanden eine deutliche Einschränkung des autobiographischen Gedächt-nisses. Die auch signifikant schlechtere autobiographische Gedächtnisleistung im Vergleich zu den depressiven Patienten unterstreicht die Vermutung eines spezifischen autobiographischen Gedächtnisdefizits bei schizophrenen Patienten. Die Defizite im autobiographischen Gedächtnis betreffen sowohl semantische als auch episodische Gedächtnisinhalte, wobei das Defizit für episodische Erinnerungen erwartungsgemäß wesentlich deutlicher ausgeprägt ist. Im Allgemeinen wird deutlich, dass das auto-biographische Gedächtnisdefizit bei schizophrenen Patienten alle Aspekte autobiogra-phischen Erinnerns erfasst. Während gesunde Probanden ohne Weiteres in der Lage sind, im BAGI zu jedem Lebensabschnitt einige detailreiche Einzelereignisse abzu-rufen, gelingt dies den schizophrenen Probanden nur mit großer Mühe. Zum einen generieren die Probanden auffällig viele allgemeine Erinnerungen wie z. B.: *„Das war die Zeit von meinem ersten Klinikaufenthalt. Da ist es mir eigentlich durchgehend schlecht gegangen."* Zum anderen, wenn sich ein Patient einmal an ein Einzelerlebnis erinnert, fehlt es den Erinnerungen an Lebendigkeit und kontextuellen Zusatzinfor-mationen wie z. B.: *„Da war einmal ein Clown bei uns in der Schule. Hab es lustig gefunden. Was da genau war kann ich aber nicht mehr sagen."* Das autobiographische Gedächtnisdefizit bei schizophrenen Patienten scheint sich hier also nicht nur auf die Unfähigkeit zu beziehen, erlebte Einzelereignisse lebendig und detailreich zu erinnern, sondern beginnt schon beim erschwerten Zugang zu solchen Einzelereignissen. Die kognitiven Anforderungen zur Konstruktion einer lebendigen und detailreichen Erinnerung scheinen schizophrene Patienten somit in vermindertem Ausmaß zu erfüllen. Entsprechend dem Modell von Conway und Pleydell-Pearce (2000) entspricht diese Annahme einem Defizit auf Ebene des *Working-Self,* also der zentralen Exeku-tive, welche für die Zusammensetzung und Organisation der autobiographischen Ge-dächtnisinhalte verantwortlich ist. In anderen Arbeiten (z. B. Holthausen, 2003) zeigte sich, dass sich exekutive Funktionen von allen kognitiven Leistungsbereichen am stärksten auf die Gedächtnisleistungen bei schizophrenen Patienten auswirken. In unse-ren Ergebnissen bildet sich dieser Zusammenhang nicht ab, soll aber durch eine genauere statistische Analyse der Zusammenhänge an einer größeren Stichprobe unter-sucht werden.

Unsere Ergebnisse verdeutlichen auch, dass schizophrene Patienten generell Schwierigkeiten mit komplexeren Gedächtnisinhalten haben. Die untersuchten Schizo-phrenen zeigen neben einem Defizit im autobiographischen Gedächtnis auch ein ausgeprägtes Defizit in den Aufgaben zum logischen Gedächtnis der Wechsler-Memory-Scale (WMS). Dieses Bild wird auch in anderen Studien (vgl. Bilder et. al., 2000) beschrieben, und Schwierigkeiten schizophrener Patienten bei verbalen Ge-dächtnisanforderungen bilden im Allgemeinen den robustesten Befund der neuro-psychologischen Schizophrenieforschung (Exner, 2008). Matsiu und Kollegen (2007) konnten ferner bei schizophrenen Patienten einen Zusammenhang zwischen den Leistungen im WMS Untertest Logisches Gedächtnis und einer desorganisierten Grundsymptomatik zeigen. Im Allgemeinen kann eine Beeinträchtigung des verbalen deklarativen Gedächtnisses als ein spezifisches Defizit bei Schizophrenien angesehen werden. Nach einer Metaanalyse von Cirillo und Seidemann (2003) wird bei 101 von 110 eingeschlossenen Studien zumindest von einer signifikant verminderten Leistung in einem der erhobenen Werte zum verbalen deklarativen Gedächtnis berichtet. Die Gedächtnisdefizite sind dabei in den meisten Studien auf Schwierigkeiten schon im Enkodierungsprozess zurückzuführen oder entstehen durch Probleme beim Zugang zu den gespeicherten Gedächtnisinhalten. Beim Wiedererkennen von zuvor gelernten Stimuli zeigen schizophrene Patienten in den meisten der von Cirillo und Seidemann eingeschlossenen Studien im Vergleich deutlich bessere Leistungen. Diese Befunde bestätigen unsere Annahme, dass die Defizite im autobiographischen Gedächtnis bei schizophrenen Patienten größtenteils auf Schwierigkeiten bei der Organisation und der strategischen Verarbeitung von Gedächtnisinhalten sowohl in der Enkodierungs- als auch in der Abrufphase zurückzuführen sind. Die Anforderungen an eine Gedächtniskomponente steigen mit der Komplexität der zu verarbeitenden Gedächtnisinhalte. Das autobiographische Gedächtnis als das höchst entwickelte menschliche Gedächtnissystem stellt dabei auch die höchsten Anforderungen. In diesem Zusammenhang ist auch von Bedeutung, dass das allgemeine Muster von Gedächtnisstörungen bei schizophrenen Patienten dem von Patienten mit einer Schädigung des präfrontalen Cortex oder einer Dysfunktion fronto-striataler Funktionen sehr ähnlich ist (Ranganath et al., 2008). Eben solche Patientengruppen zeigen vordergründig Defizite bei Enkodierungs- und Abrufprozessen und weniger bei der längerfristigen Speicherung von Gedächtnisinhalten. In der bereits erwähnten Metaanalyse von Achim und LePage (2005) zur funktionellen Bildgebung von Gedächtnisprozessen bei schizophrenen Patienten konnte vor allem der linke inferiore präfrontale Cortex, begleitet von einer verminderten Aktivierung im medialen Temporallappen, als eine der entscheidenden neuronalen Strukturen für das Gedächtnisdefizit identifiziert werden. In einer aktuellen Studie konnten Bonner-Jackson und Kollegen (2008) zeigen, dass schizophrene Patienten in Gedächtnisaufgaben mit beiläufigen Enkodierungsbedingungen ähnlich gute Gedächtnisleistungen wie gesunde Probanden erbringen, während sich die Gedächtnisleistung der schizophrenen Patienten bei Aufgaben, die ein bewusstes strategieorientiertes Enkodieren erfordern, signifikant schlechter darstellt. Mittels funktioneller Bildgebung konnten sie auch zeigen, dass die gesunden Probanden bei der bewussten Enkodierungsbedingung ein weiteres Netzwerk an Gehirnregionen aktivierten als die schizophrenen Patienten. Das Aktivierungsmuster umfasste Regionen im bilateralen präfrontalen Kortex, im rechten Temporallappen und hippocampale Strukturen. Diese Erkenntnisse lassen sich sehr gut in den allgemeinen wissenschaftlichen Konsens einer Hypofrontalität bei schizophrenen Patienten integrieren und fügen sich auch in unser Verständnis der autobiographischen Gedächtnisdefizite bei diesen Patienten ein.

Vergleicht man das Erinnerungsprofil schizophrener Patienten mit dem Profil der Kontrollpersonen, so zeigt sich, dass die Patienten gerade im jüngeren bis mittleren Erwachsenenalter nicht über ein gewisses Erinnerungsniveau hinauskommen und hier im Vergleich deutlich weniger detailliert über ihre damaligen Lebensumstände und Erlebnisse berichten können. Ein ähnliches Erinnerungsprofil konnte auch in anderen Studien bei schizophrenen Patienten nachgewiesen werden (vgl. Feinstein et al., 1998; Riutort et al., 2003; Wood et al., 2006). Dieser Einbruch in der Erinnerungsleistung fällt bei den meisten Patienten in die Frühphase ihrer Erkrankung und gibt einen weiteren Hinweis auf den direkten Zusammenhang zwischen der schizophrenen Erkrankung und autobiographischen Gedächtnisdefiziten. In diesem Zusammenhang ist auch anzumerken, dass gerade diese Lebensphase ein wesentliches Zeitfenster für unsere Persönlichkeits- und Identitätsentwicklung und auch für die abschließende Hirnreifung darstellt und durch die schizophrene Erkrankung gestört oder sogar unterbrochen wird. Dies deckt sich auch mit Erkenntnissen aus aktuellen hirnmorphologischen Untersuchungen (z. B. van Haren et al., 2008) in denen gezeigt werden konnte, dass sich schizophrene Patienten gerade im jüngeren bis mittleren Erwachsenenalter hirnmorphologisch von Gesunden unterscheiden. Zusammenhänge neuropsychologischer Funktionen und hirnstruktureller Veränderungen wurden schon sowohl bei Ersterkrankten als auch bei chronisch schizophrenen Patienten nachgewiesen (vgl. Antonova et al., 2005). Premkumar und Kollegen (2008) konnten im Speziellen zeigen, dass die Zusammenhänge von Gedächtnisleistungen und Veränderungen im präfrontalen Cortex (PFC) bei chronisch schizophrenen Patienten stärker ausgeprägt sind als bei Ersterkrankten.

Für einen gesunden Menschen ist es selbstverständlich, beliebig auf persönliche Erinnerungen und Erlebnisse zurückgreifen zu können, sich damit zu identifizieren und sich über sein Erlebtes bis zu einem gewissen Grad selbst zu konstruieren. Diesen quantitativ und qualitativ fast schon freien Zugang zu persönlichen Erlebnissen und Erinnerungen scheinen schizophrene Patienten nicht oder nur sehr eingeschränkt zu haben. In diesem Kontext stellen sich Zusammenhänge autobiographischer Gedächtnis-defizite mit einzelnen psychopathologischen Aspekten der Schizophrenie als wahr-scheinlich dar. An dieser Schnittstelle zwischen Neuropsychologie und der klassischen Psychopathologie stellt sich eine Reihe neuer wissenschaftlicher Fragen, die mit unserem aktuellen, sehr breit angelegten Projekt noch nicht vollständig beantwortet werden können, aber die eine mögliche Grundlage weiterer Projekte darstellen.

5. Ausblick

Die oben dargestellten Ergebnisse sind vorläufiger Natur. Es ist unser Ziel, in der folgenden Zeit die Stichprobe zu erweitern. Insbesondere eine größere Anzahl älterer Probanden mit einer chronischen schizophrenen Erkrankung soll rekrutiert werden. Weiter soll ausgehend von den bisherigen Erfahrungen das verwendete Untersuchungs-instrumentarium modifiziert werden. Dabei ist geplant, zwei weitere Verfahren zur Erfassung von Leistungen im Bereich der sozialen Kognition (Cartoon-Geschichte, Brüne 2003; IPSAQ, Kinderman und Bentall, 1997) und ein Remember-Know-Paradigma (vgl. Tulving, 1985; Neumann et al., 2006) in das Projekt aufzunehmen, um die Zusammenhänge zwischen erwarteten neurokognitiven Defiziten und den Leis-tungen zum autobiographischen Gedächtnis differenzierter analysieren zu können. Darüber hinaus ist in Zusammenarbeit mit dem Deutschen Krebsforschungszentrum Heidelberg geplant, bei einer Substichprobe eine strukturelle Magnetresonanztomo-graphie (MRT) durchzuführen. Die Aufnahmen sollten dazu dienen, mögliche zere-brale Korrelate autobiographischer Gedächtnisstörungen zu erfassen.

Literatur

[1]   Achim, A.M., Lepage, M. (2005). Episodic memory-related activation in schizophrenia: meta analysis. *Br J Psychiatry, 187,* 500-509.

[2]   Aebi, C. (2002). Validierung der Neuropsychologischen Testbatterie CERAD-NP. Eine Multi-center Studie. *Dissertation zur Erlangung der Würde einer Doktorin der Philosophie vorgelegt der Philosophisch-Historischen Fakultät der Universität Basel.*

[3]   Aleman, A., Hijmann, R., de Haan, E., Kahn, R.S. (1999). Memory impairment in schizophrenia: A meta-analysis. *AM J Psychiatry*, 156, 1358-1366.

[4]   Andreasen, N.C. (1983). *Scale for the Assessment of Positive Symptoms.* Iowa City: University of Iowa.

[5]   Andreasen, N.C. (1983), Scale for the Assessment of Negative Symptoms. Iowa City: University of Iowa.

[6]   Antonova, E., Kumari, V., Morris, R., et al. (2005).The relationship of structural alterations to cognitive deficits in schizophrenia: a voxel-based morphometry study. Biol Psychiatry, 15, 58(6), 457-467.

[7]   Aschenbrenner, S., Tucha, O., Lange, K. W. (2000). Regensburger WortflüssigkeitsTest. Hogrefe. Verlag für Psychologie.

[8]   Baron-Cohen, S., Jolliffe, C., Mortimore, C., & Robertson, M. (1997). Another advanced test of theory of mind: evidence from very high functioning adults with autism or Asperger Syndrome. *Journal of Child Psychology and Psychiatry*, 38, 813-822.

[9]   Bilder, R.M., Goldman, R.S., Robinson, D., et al. (2000). Neuropsychology of first-episode schizophrenia: Initial characterization and clinical correlates. *Am J Psychiatry, 157,* 549-559.

[10] Bleuler, E. (1911). Dementia praecox oder Gruppe der Schizophrenien. In: G. Aschaffenburg (Hrsg.), *Handbuch der Psychiatrie.* Leipzig: Franz Deuticke.

[11] Bonner-Jackson, A., Yodkovic, J.G., Csernansky, J.G., & Barch, D.M. (2008). Episodic memory in schizophrenia: The influence of strategy use on behaviour and brain activation. *Psychiatry   Research Neuroimaging, 164,* 1-15.

[12] Brewer, W.J., Wood, S.J., Phillips, L.J., et al. (2005). Generalized and specific cognitive performance in clinical high-risk cohorts: a review highlightning potential vulnerability markers for psychosis who later develop first-episode psychosis. *Schiz Bull, 32(3),* 538-555.

[13] Brewer, W.J., Francey, S.M., Wood, S.J., et al. (2006). Memory impairments identified in people at ultra-high risk for psychosis who later develop first-episode psychosis. *Am J Psychiatry, 162(1),* 71-78.

[14] Brüne, M. (2003). Social cognition and behaviour in schizophrenia. In: M. Brüne, H. Ribbert & W. Schiefenhövel (Hrsg.). *The social brain: Evolution and pathology* (S. 277-313). Chichester: John Wiley.

[15] Cirillo, M.A, & Seidman, L.J. (2003). Verbal declarative memory impairment in schizophrenia: from clinical assessment to genetics and brain mechanisms. *Neuropsychol Rev, 13,* 43–77.

[16] Conway, M.A., Pleydell-Pearce, C.W. (2000). The Construction of Autobiographical Memories in the Self-Memory System. *Psychological Review, 107(2),* 261-288.

[17] Corcoran, R. & Frith, C.D. (2003). Autobiographical memory and theory of mind: evidence of a relationship in schizophrenia. *Psychological medicine, 33,* 897-905.

[18] Danion, J.M., Kazes, M., Huron, C., et al. (2003). Do patients with schizophrenia consciously recollect emotional events better than neutral events? *AM J Psychiatry 169(10),* 1879-1881.

[19] Danion, J.M., Cuervo, C., Piolino, P., et al. (2005). Conscious recollection in autobiographical memory: an investigation in schizophrenia. *Consciousness and Cognition, 14,* 535-547.

[20] Danion, J.D., Huron, C., Vidailhet, P., et al. (2007a). Functional Mechanisms of Episodic Memory Impairment in Schizophrenia. *The Canadian Journal of Psychiatry, 52(11),* 693-701.

[21] Danion, J.D., Sergerie, K., Pelletier, M., et al. (2007b). Episodic Memory Bias and the Symptoms of Schizophrenia. *The Canadian Journal of Psychiatry, 52(11),* 702-709.

[22] Deutsche Gesellschaft für Psychiatrie, Psychotherapie und Nervenheilkunde (2006*). Praxisleitlinien in Psychiatrie und Psychotherapie: Behandlungsleitlinie Schizophrenie.* Heidelberg: Steinkopf Verlag.

[23] Erp, van T., Lesh, T., Knowlton, B., et al. (2008). Remember and know judgements during recognition in chronic schizophrenia. *Schizophrenia Research, 100,* 181-190.

[24] EuroQoL Group (1990). EuroQoL - A new facility for measurement of health-related quality of life. *Health Policy, 16,* 199–208.

[25] Exner, C. (2008). Gedächtnis – Psychologie. In: S.Gauggel & T. Kirchner (Hrsg.), Neuropsychologie der Schizophrenie (S.252-269). Heidelberg: Springer.

[26] Falkai, P. (2008). Diagnose, Ätiologie und Neuropathophysiologie der Schizophrenie. In: T. Kircher & S. Gauggel (Hrsg.), *Neuropsychologie der Schizophrenie* (S. 36-43). Heidelberg: Springer.

[27] Fast, K., Fujiwara, E. & Markowitsch, H.J. (2006). *Bielefelder Autobiographisches Gedächtnisinventar (BAGI).* Lisse: Swets & Zeitlinger.

[28] Feinstein, A., Goldberg, T.E., Nowlin, B., & Weinberger, D.R. (1998). Types and characteristics of remote memory impairment in schizophrenia. *Schizophr Res, 30,* 155-163.

[29] Green, M.F. (2004). Longitudinal studies of cognition and functional outcome in schizophrenia: implications for MATRICS. *Schizophr Res, 72,* 41-51.

[30] Händel, M., Bräuer, W., Laubenstein, D., & Rey, E.R. (1996). The prognostic scale by Strauss and Carpenter and its validity. *Eur Arch Psychiatry Clin Neurosci, 246,* 203-208.

[31] Haren, van N., et al. (2008). Progressive brain volume loss in schizophrenia over the course of the illness: evidence of maturational abnormalities in early adulthood. *Biol Psychiatry, 63,* 106-133.

[32] Harrison, C.L., & Fowler, D. (2004). Negative symptoms, trauma, and autobiographical memory: an investigation of individuals recovering from psychosis. *The Journal of nervous and mental disease, 192,* 745-753.

[33] Härting, C., Markowitsch, H.J., Neufeld, H., Calabrese, P., Deisinger, K. & Kessler, J. (2000). *Wechsler Gedächtnistest - Revidierte Fassung (WMS-R).* Bern: Huber.

[34] Heinrichs, R.W., & Zakzanis, K.K. (1998). Neurocognitive deficit in schizophrenia: a quantitative review of the evidence. *Neuropsychology, 12,* 426 -445.

[35] Holthausen, E.A., Wiersma, D., Sitskoorn, M.M. et al. (2003). Long-term memory deficits in schizophrenia: primary or secondary dysfunction? *Neuropsychology, 17,* 539-547.

[36] Jäncke, C. (2001). Die Entwicklung des Bielefelder Famous Faces Test. Diplomarbeit –Universität Bielefeld, Fakultät für Psychologie und Sportwissenschaft.

[37] Kaney, S., Bowen-Jones, K., & Bentall, R.P. (1999). Persecutory delusions and autobiographical memory. *British Journal of Clinical Psychology, 38,* 97-102.

[38] Kinderman, P., & Bentall, R.P. (1997). Causal attributions in paranoia and depression: internal, personal, and situational attributions for negative events. *Journal of Abnormal Psycholog, 106 (2),* 341-345.

[39] Kraepelin, E. (1893). Psychiatrie. Ein Lehrbuch für Studierende und Aerzte. 4. Auflage. Leipzig: Abel.

[40] Lueken, U., Seidl, U., Schwarz, M., Völker, L., Neumann, D., Mattes, K., Schröder, J. & Schweiger, E. (2006). Die Apathy Evaluation Scale: Erste Ergebnisse zu den psychometrischen Eigenschaften einer deutschsprachigen Übersetzung der Skala. *Fortschritte der Neurologie und Psychiatrie, 74,* 1-9.

[41] Matsiu, M., Sumiyoshi, T., Abe, R., et al. (2007). Impairment of story memory organization in patients with schizophrenia. *Psychiatry Clin Neurosci., 61(5),* 580.

[42] Morris, J.C., Mohs, R.C., Rogers, H., Fillenbaum, G., & Heyman, A. (1988). Consortium to establish a registry for Alzheimer's disease (CERAD) clinical and neuropsychological assessment of Alzheimer's disease. *Psychopharmacol Bull., 24(4),* 641-52.

[43] Morris, J.C., Heyman, A., Mohs, R.C., Hughes, J.P., van Belle, G., Fillenbaum, G., Mellits, E.D., & Clark, C. (1989). The Consortium to Establish a Registry for Alzheimer's Disease (CERAD). Part I. Clinical and neuropsychological assessment of Alzheimer's disease. *Neurology, 39(9),* 1159-65.

[44] Neumann, A., Blairy, S., Lecompte, D., & Philippot, P. (2006). Specificity deficit in the recollection of emotional memories in schizophrenia. *Consciousness and Cognition, 16(2),* 469-484.

[45] Neumann, A., Philippot, P., Danion, J.M. (2007). Impairment of Autonoetic Awareness for Emotional Events in Schizophrenia. *Can J Psychiatry, 52,* 450-456.

[46] Overall, J.E. & Gorham, D.R. (1962). The Brief Psychiatric Rating Scale. *Psychological Report, 10,* 799-812.

[47] Premkumar, P., Fannon, D., Kuipers, E., Cooke, M.A., Simmons, A., Kumari, V. (2008). Association between a longer duration of illness, age and lower frontal lobe grey matter volume in schizophrenia. *Behavioural Brain Research, 193 (1),* 132-139.

[48] Ranganath, C., Minzenberg, M., Ragland, J.D. (2008). The cognitive Neuroscience of Memory Function and Dysfunction in Schizophrenia. *Biol Psychiatry, 64,*18-25.

[49] Reitan, R. M. (1958). The validity of the Trail Making Test as an indicator of organic brain damage. *Perceptual and Motor Skills, 8,* 271–276.

[50] Reitan, C. (1992). *The Trail Making Test: Manual for administration and scoring.* Tucson: The Reitan Neuropsychological Laboratory.

[51] Riutort, M., Cuervo, C., Danion, J.M., Peretti, C.S. & Salame, P. (2003). Reduced levels of specific autobiographical memories in schizophrenia. *Psychiatry research, 117,* 35-45.

[52] Schröder, J. (1998). *Subsyndrome der chronischen Schizophrenie. Untersuchungen mit bildgebenden Verfahren zur Heterogenität schizophrener Psychosen.* Heidelberg: Springer Verlag.

[53] Schröder, J., Niethammer, R., Geider, F.J., Reitz, C., Binkert, M., Jauss, M. & Sauer, H. (1992). Neurological soft signs in schizophrenia. *Schizophrenia Research, 6,* 25-30.

[54] Seidl, U., Markowitsch, H.J. & Schröder, J. (2006). Die Verlorene Erinnerung - Störungen des autobiographischen Gedächtnisses bei leichter kognitiver Beeinträchtigung und Alzheimer-Demenz. In: H. Welzer & H.J. Markowitsch (Hrsg.), *Warum Menschen sich erinnern können – Fortschritte der interdisziplinären Gedächtnisforschung.* Stuttgart: Klett-Cotta.

[55] Shulman, K.I., Shedletsky, R. & Silver, I.L. (1986). The challenge of time: Clock-drawing and cognitive function in the elderly. *International Journal of Geriatric Psychiatry, 1(2),* 135-140.

[56] Thoma, P., Zoppelt, D., Wiebel, B., & Daum, I. (2006). Recollection and familiarity in negative schizophrenia. *Neuropsychologia, 44(3),* 430-435.

[57] Toro, P., Schönknecht, P., & Schröder, J. (2008). Prevalence and natural course of aging associated cognitive decline in the Interdisciplinary Longitudinal Study of Aging (ILSE) in Germany. *Alzheimers Dement, 4(2),* T132.

[58] Tulving, E. (1972). Episodic and semantic memory. In: E. Tulving, & W. Donaldson (Hrsg.), *Organization and memory* (S.381-403). New York: Academic Press.

[59] Tulving, E. (1983). *Elements of episodic memory.* Oxford: Clarendon Press.

[60] Tulving, E. (1985). Memory and consciousness. *Canadian Psychology, 26,* 1-12.

[61] Tulving, E. (2004). Episodic memory and autonoesis: Uniquely human? In: H. Terrace, & J. Metcalfe (Hrsg.), *The missing link in cognition: Evolution of self-knowing consciousness.* New York: Oxford University Press.

[62] Tulving, E., Markowitsch, H.J. (1998). Episodic and declarative memory: role of the hippocampus. *Hippocampus, 8,* 198-204.

[63] Wheeler, M.A., Stuss, D.T., Tulving, E. (1997). Toward a theory of episodic memory: the frontal lobes and autonoetic consciousness. *Psychological bulletin, 121(3),* 331-354.

[64] Wittchen, H.U., Zaudig, M. (1997). *Strukturiertes Klinisches Interview für DSM-IV.* Göttingen: Hogrefe.

[65] Wood, N., Brewin, C. R., & McLeod, H. J. (2006). Autobiographical memory deficits in schizophrenia. *Cognition and Emotion, 20,* 336-347.

Das autobiographische Gedächtnis: Grundlagen und Klinik
J. Schröder und F.G. Brecht (Hrsg.)
© 2009, AKA Verlag Heidelberg

The Neuropsychology Of Human Flashbulb Memory

Narinder KAPUR[1,2], Pat ABBOTT[2], Kim S. GRAHAM[3] & Jon S. SIMONS[4]
[1] *Addenbrooke's Hospital, Cambridge*
[2] *Department of Psychology, University of Southampton*
[3] *School of Psychology, Cardiff University*
[4] *Department of Experimental Psychology, University of Cambridge*

1. Introduction

Flashbulb memories are generally viewed as consisting of the vivid recall by an individual of precise contextual autobiographical information relating to a highly distinctive, emotionally-charged news event (Conway, 1995; Pillemer, 1998). They can be seen to have both biological and social components (Wright and Gaskell, 1995), and flashbulb memories for public events probably share features with flashbulb memories in general (Sierra & Berrios, 1999). If episodic memory is seen as a form of 'mental time travel' (Tulving, 1999), then flashbulb memories represent a prototypical form of episodic memory retrieval. As is the case for rarely presenting clinical conditions such as transient global amnesia, flashbulb events - by their very nature - seldom yield an opportunity to allow themselves to come under scientific scrutiny.

Flashbulb memories are of scientific interest for a number of reasons:

1. Such memories provide a unique perspective on factors that determine long-term memory consolidation. Much of what clinical and cognitive neuro-scientists learn about long-term memory is based on memory loss and memory failure. In some respects, flashbulb memories can be seen as an example of abnormally good memory, and a study of flashbulb memories may therefore provide pointers as to mechanisms that have evolved to promote plasticity in long-term memory storage. Thus, evidence which is gathered from a study of flashbulb memory may provide information that could be of both theoretical and practical value.

2. Flashbulb memories provide an avenue for studying recall of autobiographical episodic memories. They can be seen as representing memory for a context-ually-specific personally experienced event, and thus provide an opportunity for studying the parameters that influence one aspect of autobiographical memory. Since accuracy of flashbulb memories can often be verified by gathering corroborative evidence, this helps to overcome some of the inherent difficulties in studying autobiographical memory.

3. Flashbulb memories allow us to probe the relationship between episodic and semantic memory in an ecologically valid setting, since flashbulb memories represent a unique ensemble of episodic and semantic memories juxtaposed within a single everyday event. Neuropsychological evidence relating to flashbulb memories, therefore, enables us to document possible fractionation

in the loss of episodic and factual components of a personally experienced and semantically rich news event.

4. A study of flashbulb memory in neurological patients provides a neuropsycho-logical perspective on issues such as the relationship between emotion and memory (cf. Pillemer, 1984), and on mechanisms relating to memory distortion.

While the term 'flashbulb memory' was introduced by Brown and Kulik in their seminal paper published in 1977, the first flashbulb memory study appears to have been that of Colegrove (1899), who asked subjects where they were, and what they were doing, when they heard the news of the assassination of Abraham Lincoln. Colegrove found that, even 33 years after the event, around 70% of subjects still retained flashbulb memories for the event. However, there was no evidence as to how many of these memories were actually correct. The first attempt at relating neural mechanisms to flashbulb memory phenomena was made by Livingston (1967), who implicated the reticular formation and the limbic system in his 'Now Print' mechanism. He argued that events were screened for novelty and for biological significance by reticular and limbic mechanisms, and those which passed a certain threshold generated a diffuse discharge throughout the cerebral hemispheres, resulting in a form of photographic memory for the circumstances surrounding the original flashbulb event.

Larsen (1988) formally distinguished between the recall of contextual information ('the reception event') that forms the core of the flashbulb memory, and memory for specific factual knowledge relating to the event itself ('the target event'). This distinction has been adopted by subsequent researchers (Conway et al., 1994; Conway, 1995). Conway et al. (1994) pointed to the role of 'consequentiality' in determining the presence of flashbulb memories. Using the resignation of Margaret Thatcher as the target event, Conway et al. (1994) found that most UK subjects had flashbulb memories for learning, but that less than a third of non-UK subjects had such memories. For the same news event, Cohen, Conway, and Maylor (1994), reported that while most young subjects in their study had flashbulb memories, less than half of elderly subjects possessed flashbulb memories. These authors alluded to the importance of age-related memory deficits as an explanation for their findings, and in particular to source amnesia and to a deficit in memory for context.

While the robustness of flashbulb memories has been their hallmark, some authors have pointed to situations where flashbulb memories may be fragile (Wright, 1993). Neisser (Neisser, 1982; Neisser & Harsch, 1992; Neisser, 1997) highlighted the errors that may arise in the flashbulb recollections of normal subjects, in the absence of any awareness by subjects of such errors. While rehearsal may make a major contribution to the consolidation of flashbulb memories, perhaps in unison with other factors such as emotional response to the event (Bohannon, 1988), this contribution may be a complex one, and repeated rehearsal may contribute towards errors in flashbulb recollections. Thus, Neisser (1982) noted: "Moments like these are sure to be pondered, discussed, and redescribed on subsequent occasions: why shouldn't we suppose that their persistence is due to the frequent reconsideration they receive?" (1982, p. 45). "That [flashbulb] memory may be accurate - frequent rehearsal and discussion probably contribute to accuracy - but it need not be. Its purpose is served equally well whether or not the details are correct. It is the very existence of the memory that matters, not its contents." (1982, p. 48).

The terrorist attack of September 11, 2001 resulted in a number of flashbulb memory studies being carried out. Budson et al. (2004, 2007) reported that in the first few weeks after the event, there was impaired flashbulb memory, and frequent memory distortions, in patients with Alzheimer's Disease. They also noted more rapid rate of forgetting over the initial three-month period compared to control subjects, but stable memory from three to nine months. In a study of Korsakoff patients, Candel et al. (2003) found that most subjects remembered something about the event seven months later, with equivalent subjective impact to that in controls, but that their responses were less consistent than those of controls, displayed less semantic knowledge, and this knowledge decreased over a two-month interval. In a study of normal subjects, Weaver and Krug (2004) reported that the best predictor of flashbulb memory a year after the September 11 event was recall at one week, rather than within 48 hours after the event. Subjective confidence remained relatively constant, but accuracy showed some decline. In a functional brain imaging study of normal subjects three years after the event, Sharot et al. (2007) found that those who were close to the World Trade Center at the time of the attack showed selective activation of the amygdala when recalling the event, and had more emotionally enhanced recollective experiences compared to control events.

Although much has been learned from the studies described above, the relative status of flashbulb memories in different neurological disorders has been difficult to ascertain because of the differing methodologies and news events employed across studies. The death, in August 1997, of Diana, Princess of Wales, which was a major news event in the UK and around the world, attracting more media coverage than any other news event in the 20th century (Sellars, 1997), provided an ideal opportunity to carry out a flashbulb memory study involving individuals with different memory disorders. In the present investigation, we were able to address a number of questions.

Would amnesic patients show sparing of flashbulb memories?

Since there is some evidence that memory for highly emotional material may be pre-served in human amnesia (Daum, Flor, Brodbeck, & Birbaumer, 1996; LeDoux, 1996), findings relating to flashbulb memories in such patients will help establish whether there is, at the level of contextual autobiographical memory, a relative sparing of long-term consolidation of highly novel emotional memories in amnesia. In this study, we were able to assess the status of episodic and semantic components of flashbulb memo-ry in amnesic patients and control subjects one week after the event, and we were able to repeat this assessment after a three month period. We were therefore able to shed light on the durability of flashbulb memories in control subjects and the role of rehears-al in the long-term maintenance of such memories over this three month period.

Would flashbulb memories be preserved in patients with dementia of the Alzheimer's type and in patients with semantic dementia?

Recent studies of autobiographical memory in these two patient groups have revealed distinctive patterns of performance which have been attributed to selective damage to the hippocampal complex and temporal neocortex respectively (Graham & Hodges, 1997; Graham, Patterson & Hodges, 1999; Snowden et al., 1996). For example, Graham and Hodges (1997) found that a patient with semantic dementia was able to produce very recent autobiographical memories (from two years prior to testing), while his ability to produce personal events for the rest of his life was significantly impaired. By contrast, patients in the presumed early stages of Alzheimer's disease typically show a temporal gradient on tests of remote memory, producing more detailed episodic memories from childhood and early adulthood compared to recent life (Snowden et al., 1996; see also Graham & Hodges, 1997). Recent studies of flashbulb memory in patients with Alzheimer's disease are consistent with this view, reporting reduced recall of flashbulb memories compared with healthy older adults (Budson et al., 2004), and more rapid forgetting over a number of months following the flashbulb event (Budson et al., 2007). However, flashbulb memories have not yet been examined in patients with semantic dementia. The study described here provides a direct comparison of whether flashbulb memories for Princess Diana's death endured to different extents in Alzheimer's disease and semantic dementia. While patients with Alzheimer's disease should show poor recall of their flashbulb memories, presumably attributable to hippocampal damage, patients with semantic dementia may be able to recall the details of where they were and what they were doing when they heard about Princess Diana's death. Evidence of a differential ability to recall flashbulb memories in patients with Alzheimer's disease and semantic dementia would be further support for the theoretical views proposed by Graham and Hodges (1997) and by Snowden et al. (1996).

Would patients with frontal lobe damage show an impairment in their ability to retrieve a flashbulb memory for Princess Diana's death?

While it is thought that the temporal lobes play a critical role in the storage of long-term memories, recent neuroimaging studies of episodic memory have highlighted the involvement of frontal regions in the retrieval of episodic memories (Fletcher et al., 1998; Fink et al., 1996; Conway et al., 1999; Maguire & Mummery, 1999). For example, Maguire and Mummery (1999) found specific activation of medial frontal cortex, as well as the left temporal pole and the left hippocampus, in a condition in which subjects were asked to verify personally relevant time-specific memories. Conway and colleagues (1999) found an extensive network of brain regions activated for autobiographical memory retrieval (contrasted with paired-associate cued recall), in particular a large left frontal region extending from Brodmann Area 6 to Brodmann Areas 44/45. In the present study, therefore, we were interested in whether selective frontal lobe damage would result in poor retrieval of flashbulb memory for Princess Diana's death and, furthermore, whether impairment on this behavioural measure would be preferentially associated with left frontal lobe damage, consistent with neuroimaging findings.

Would flashbulb memories be preserved in patients with temporal lobe epilepsy?

One interesting point to note from the neuroimaging studies described above was the predominance of left frontal and temporal lobe activations. Case studies of neurological patients suggest, however, that bilateral, but predominantly right-sided, temporal lobe damage is associated with a profound and enduring loss of personal event memory (Calabrese et al., 1996; Markowitsch et al., 1993). Group studies (Kopelman et al., 1999) point to a role for left temporal lobe structures in lexical-semantic aspects of remote memory and a role for right temporal lobe structures in episodic components of remote memory. At present, therefore, there is no consensus between these two sets of evidence on the role of the left and right temporal lobes in the neural localisation of event memory. It is not possible to investigate this issue in detail in patients with semantic dementia because, even though visual inspection of an MRI scan may suggest relatively selective unilateral temporal lobe atrophy, more objective assessments often indicate some pathological involvement of both temporal lobes (Mummery et al., 2000; Hodges, Garrard & Patterson, 1998).

Following on from the work of Penfield (Penfield & Perot, 1963), Halgren (Halgren, Walter, Cherlow, & Crandall, 1978), and Gloor (Gloor, Olivier, Quensey, Anderson, & Horowitz, 1982) on the relationship between vivid memories and stimulation of temporal lobe structures in patients with temporal lobe epilepsy, we examined the role of the left and right temporal lobes in event memory by studying the ability of patients with temporal lobe epilepsy to produce a flashbulb memory for Princess Diana's death. Such patients typically have damage affecting either the left or the right temporal lobe exclusively, and thus allow investigation of flashbulb memories in the context of unilateral temporal lobe pathology. If the neuroimaging evidence is correct, we would predict that selective damage to the left temporal lobe would lead to poor retrieval of flashbulb memories for Princess Diana's death. Based on a number of previous neuropsychological studies, however, the prediction might be that those patients with right temporal lobe damage would be impaired.

2. General Procedure

For all but Study 1, interviews were conducted between 3 and 20 months following Princess Diana's death on August 31, 1997. Specific test dates are indicated below, and neurological patients' data were always matched with equivalent control subjects' data that were gathered during the same time period. While most of the interviews with neurological patients and control subjects were carried out face-to-face, for practical reasons some of the earlier interviews with amnesic patients were carried out by phone.

Test procedures were similar to those used in previous flashbulb memory studies with university students (Conway et al., 1994), but were adapted and simplified for clinical use. Subjects were asked a number of specific factual questions relating to the event. These questions and the criteria for scoring them can be found in Table 1.

During the flashbulb memory interview, subjects were asked to recall what they were doing when they learned about the news - i.e. to give a recollection of the relevant circumstances at the time they heard the news. Subjects were asked five specific questions relating to their memory for hearing the news - (i) what they were doing when they heard the news; (ii) where they were when they heard the news; (iii) the time of day when they heard the news; (iv) who they were with when they heard the news; and (v) the source from which they learned the news (radio, TV, another person, etc.). Each of these responses was scored 1 or 0.

Flashbulb memory was considered to have occurred if subjects indicated, on the basis of all five responses, that they clearly recalled the particular context in which they learned the news. We considered both confidence and precision in our general scoring of protocols. An example of an acceptable flashbulb memory account is – *What the person was doing*: "I'd just got up and was walking along the landing when the phone rang". *Where the person was*: "I was in the hall". *When*: "8.30am". *Who with*: "On my own in the hall – the family were elsewhere in the house". *How the news was heard*: "From my mother-in-law on the telephone". We therefore excluded those instances where the subject gave a vague indication of the context in which they heard the news (e.g. 'I'm not sure') or where their response was not based on recollection but on indirect reasoning based on factors such as habitual routines ('I don't recollect, but it must have been…'). Confident and/or precise responses to some, but not to all, of the

Table 1:   Questions and scoring criteria used to test factual knowledge for the death of Princess Diana.

Can you tell me what happened to Diana, Princess of Wales?	Spontaneous response indicating that she was killed = 2 points Cued response (Is she dead or alive?) Dead = 1 point
Where did the accident happen?	Paris = 3 points France = 2 points Abroad = 1 point
In September 1997 -	
What day did it happen?	Sunday = 2 points Saturday/a few days/one week ago = 1 point
From December 1997 onwards the two questions above were replaced by the following five questions -	
What year did it happen?	1997 = 1 point
What month did it happen?	August/September = 1 point
What date did it happen?	31st August = 1 point Late/end of August = 1 point Early/beginning of September = 1 point
What day did it happen?	Sunday = 1 point Saturday night/Sunday morning = 1point
What time of day did it happen?	Early hours of the morning = 1 point Late night/early morning = 1 point
Where there any other casualties involved?	Each other person involved = 1 point Each other person named = 1 point Fate of each other person involved = 1 point
Where photographers involved in the accident?	Yes / allegedly = 1 point
Was there anything special about the driver?	Some indication of his alleged inebriated status = 1 point
From December 1997 onwards the following two questions were added -	
What was the make of car she was in?	Mercedes = 1 point
What was the name of the hotel associated with the accident?	Ritz = 1 point
Maximum score - September 1997	**20 points**
Maximum score - December 1997 onwards	**23 points**

five questions, were considered to represent a partial flashbulb memory. Absence of flashbulb memory was deemed to have occurred where the subject offered a 'don't know' response to all of the five questions. In the case of those neurological patients who offered specific and confident responses to each of the five questions, we attempted to obtain corroboration on the reliability of these responses. Thus, unless otherwise indicated, where flashbulb memories are reported to have been present in neurological patients, corroboration was obtained for these. Absence of flashbulb memory was also deemed to have occurred where corroboration showed the account to be false. For both factual and flashbulb answers relating to time of day, approximate times (e.g. early morning, late evening) were accepted as correct.

Neurological patients and control subjects were matched for age and sex. In order to match patients and control subjects, we also took care wherever possible to match patients with regard to media exposure - how often they watched TV, read the papers or listened to news broadcasts on the radio - since degree of media exposure has been found to be closely related to performance on public events memory tests (Kapur, Thompson, Kartsounis, & Abbott, 1998). A total of 45 control subjects took part in the four studies. Matched control subjects were tested at the same time post-event as patients.

3. Study 1 – Amnesia

Procedure

Interviews were conducted one week and three months after the event (i.e. September and December 1997) following the general procedure outlined above.

Subjects

Eight amnesic patients and eight matched control subjects took part in this study. The eight amnesic patients (mean age = 47.6 yrs, range = 32 yrs to 65 yrs) had marked anterograde memory impairment that was disproportionate to their general cognitive functioning (Table 2). Three of the patients had a history of herpes simplex encephalitis and are described elsewhere (Kapur et al., 1994). One patient suffered from encephalitis of unknown origin, which resulted in discrete bilateral hippocampal lesions. One patient had alcoholic Korsakoff's syndrome, one had cerebral hypoxia and presumed hippocampal pathology following carbon monoxide poisoning, one suffered a bi-thalamic infarct, and one had haemorrhage from a posterior cerebral artery aneurysm. The mean Delayed Wechsler Memory Quotient (Wechsler, 1987) of these patients was 62 (range 50 to 76).

Table 2:   Clinical details and anterograde memory scores of the eight amnesic patients included in Study 1.

PATIENT	AGE	AETIOLOGY	WMS-R DELAYED MEMORY QUOTIENT	RMT COMBINED RAW SCORES (Max. = 1(X))
A1	68	Herpes simplex encephalitis	<50	56
A2	48	Herpes simplex encephalitis	<50	57
A3	59	Alcoholic Korsakoff	60	58
A4	32	Cerebral haemorrhage	<50	59
Average RMT Score for patients A1 - A4				57.5
A5	51	Limbic encephalitis	59	81
A6	37	Herpes simplex encephalitis	53	75
A7	46	Herpes simplex encephalitis	76	61
A8	53	Carbon monoxide poisoning	<50	75
Average RMT Score for patients A5 - A8				73

WMS-R = Wechsler Memory Scale - Revised

RMT = Recognition Memory Test

Control subjects were matched for age, sex and media exposure (mean age = 50 yrs, range = 34 yrs to 69 yrs).

Results

One week post-event

In response to the general question - "Did you hear the news about Diana, Princess of Wales?" - seven of the eight amnesic patients spontaneously indicated that they knew Princess Diana had been killed in a car crash. Only one of the eight amnesic patients (A1) had to be provided with cues about what had happened to Princess Diana. His initial response was simply to say that Princess Diana was married to Prince Charles. Asked if she was still alive, he indicated that she had 'passed on'. He could not offer the manner of death, but when encouraged to guess between the choices of 'natural causes', 'accident' and 'suicide', he indicated 'an accident'. The factual memory scores of the eight amnesic patients and matched control subjects are shown in Figure 1.

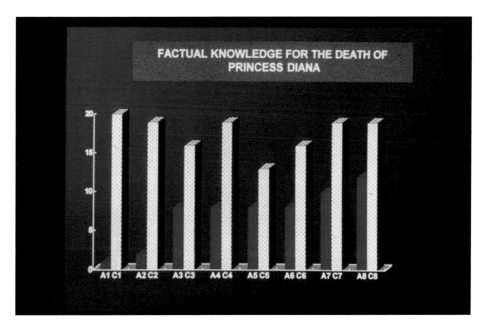

Figure 1. Factual knowledge scores of amnesic patients (A1-A8) and matched control subjects (AC1-AC8).

As can be seen, amnesic patients showed some factual recall of the news event, but they were significantly impaired compared to the control subjects (Mann-Whitney U = 0, N_A=N_B=8, p = 0.01). Mean score for the amnesic patients was 7.1 (range = 1-12), and mean score for control subjects was 17.6 (range = 13-20).

In response to the question relating to what they were actually doing at the time they heard the news, the patients with amnesia were impaired relative to the controls (Mann-Whitney U = 4.0, p < .005). Specifically, four of the eight amnesic patients offered 'don't know' responses, and three gave a vague indication as to what they were doing. Only one patient could offer a confident and precise account of what he was doing at the time he heard the news. Although five of the eight patients knew where they were when they heard the news, only three of the eight were able to give the time of day when they heard the news. Six patients were able to say who they were with, but only three were able to give the source from which they heard the news. Thus, some patients had a partial flashbulb memory, but only one of the amnesic patients scored 5/5 on the set of specific flashbulb memory questions (with these proving to be incorrect after they were checked with his wife). By contrast, all of the matched control subjects scored 5/5.

In order to match amnesic and control subjects, further information was obtained from the carer of the amnesic patient and from the control subjects - how much they watched TV, read the papers or listened to radio coverage in the week following the event; whether they watched part or all of the funeral on television; if they generally took an interest in royal matters; and if they took part in any special activity after Princess Diana's death, such as signing condolence books. Anecdotally, it did not appear that differential degrees of exposure to media sources played a part in the findings. Some of the amnesic patients were in care homes where they usually sat in a room with the television switched on all day, and where the main topic of conversation amongst residents was the death of Princess Diana. One of the amnesic patients, with a score of 0/5 on the flashbulb memory questions, read the newspapers every day, had watched news coverage on the television, and had discussed the news with the care manager of the home where he lived. By contrast, one of the control subjects indicated that he refused to watch any coverage on the television because of his views of the monarchy and he did not bother about the event after it had occurred.

In the group of amnesic patients, no significant relationship was found between extent of recall of factual items for the event and accuracy of responses to specific flashbulb questions ($r = 0.46$, n.s.).

Three months post-event

At three months post-event, the same groups of amnesic patients and normal control subjects were again assessed for factual memory and the presence of flashbulb memory relating to Princess Diana's death. As expected, although some amnesic patients had a partial flashbulb memory, none of the patients showed a full flashbulb memory for her death, and the group was even more impaired relative to controls than at one week post-event (Mann-Whitney $U = 0$, $p < .001$). The single patient (A8) who had offered a flashbulb account one week after the event now responded with 'don't know' to all of the specific flashbulb questions. In fact, two of the eight amnesic patients (A1 and A2) now thought that Princess Diana was still alive. The group of eight matched control subjects who had been tested a week after Princess Diana's death again all offered specific and confident flashbulb memories for hearing the news. While in the majority of cases (six control subjects - 75%) these were identical or very similar to those offered earlier, there were two subjects whose responses did differ in a specific way - one subject offered a different source for learning the news, and one changed the particular activity in which he was engaged at the time of hearing the news.

On this occasion, we also tested flashbulb memory for a 'control' news event that, by coincidence, happened to have taken place around the same time as the death of Princess Diana - the death of Mother Teresa of Calcutta. Choosing a personal or public episode as a control event is invariably a problematical exercise, since a comparison event will inevitably vary from the critical event in more than one factor, but the death of Mother Teresa, occurring as it did around the same time as the death of Princess Diana, provided an opportunity to assess memory for an episode that was at least partly comparable to the one which was the focus of this investigation. Of the eight amnesic patients, only two knew that Mother Teresa was dead, and neither of these had a flashbulb memory for learning of her death. Of a group of 23 control subjects (including the eight matched to the amnesic patients) who were tested at this time, all knew that she had died. Only one of the 23 control subjects had a flashbulb memory for hearing the news of her death.

We were also able to shed light on the role of rehearsal in the long-term maintenance of flashbulb memories. In all, eleven control subjects were tested at one week and again at three months post-event. We asked subjects whether they had rehearsed (mentally or in discussion) the circumstances in which they heard of Princess Diana's death, and if so to indicate the frequency of such rehearsal - a 'few times' or 'a lot'. Of the eleven subjects, seven reported that they had not rehearsed the flashbulb memory, even on a single occasion. Five of these subjects nevertheless produced flashbulb memories at three months that were consistent with those that they had given at one week, with the remaining two subjects producing divergent responses (each to one item). Two of the eleven subjects reported that they had rehearsed the flashbulb memory 'a few times' (these two subjects also produced consistent flashbulb memories). The remaining two subjects reported that they had rehearsed the flashbulb memory 'a lot'. It is notable that both of these subjects, although confident about their flashbulb recollections at three months, provided responses that were divergent (on one item) from their responses at one week.

4. Study 2 – Neurodegenerative disease

Procedure

Interviews were conducted 6-12 months after the event, i.e. between March 1998 and August 1998, following the general procedure outlined above, but with slight modification to the specific factual questions. In place of the earlier questions relating to day and time of Princess Diana's death, subjects were now asked to indicate the year, month, date, day of the week and approximate time of Princess Diana's death/the accident, with one point being awarded for each correct answer. Two additional questions, one regarding the make of car and one regarding the name of the hotel associated with the accident, were also incorporated. Thus, the data from these questions now yielded a maximum score of 23.

Subjects

Eighteen patients were included in this study. Eight of these patients (two men and six women) had a diagnosis of semantic dementia and ten (five male and five female) had a diagnosis of Alzheimer-type dementia. Standard diagnostic criteria were used to reach the diagnosis in each case (McKhann et al., 1984; Hodges, Garrard & Patterson, 1998). The mean age of the patients in the semantic dementia group was 60 years (range 49 yrs to 77 yrs). Mean age for controls for semantic patients was 59.4 (range 43-78). In the group of patients with presumed Alzheimer-type dementia, the mean age was 67 years (range 49 yrs to 78 yrs). Mean age of controls for Alzheimer's disease patients was 68 (range 50-80). The two groups were also matched for sex and media exposure.

Results

In the factual knowledge component of the test, there was a marked difference in scores between the two groups of patients. Although both groups showed impairment compared with their respective control groups, the deficit in the patients with Alzheimer's disease (Mann-Whitney U = 0, p < .001) was substantially greater than that in the semantic dementia group (Mann-Whitney U = 10.5, p < .05). Three of the eight patients in the semantic dementia group (Figure 2) and two patients with Alzheimer-type dementia (Figure 3) had factual knowledge scores of zero, reflecting an inability to produce any information about Princess Diana. Of the remaining five semantic dementia patients, four had factual knowledge scores that fell within the range for control subjects. By contrast, none of the patients with Alzheimer-type dementia had a factual knowledge score that was within the range of that for control subjects.

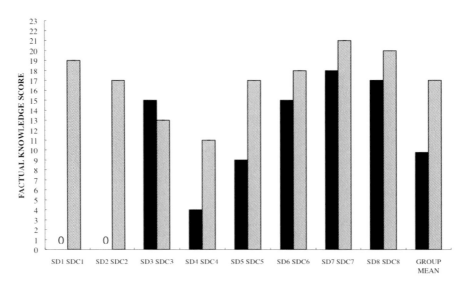

Figure 2. Factual knowledge scores of semantic dementia patients (SD1-SD8) and matched control subjects (SDC1-SDC8).

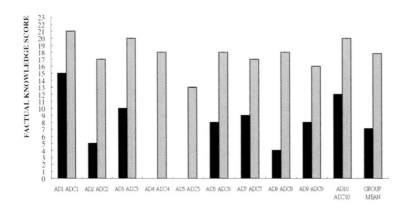

Figure 3. Factual knowledge scores of Alzheimer-type dementia patients (AD1-AD10) and matched control subjects (ADC1-ADC10).

In the case of flashbulb memories, the eight patients with semantic dementia were relatively preserved, although a trend towards a significant impairment compared with controls was evident (Mann-Whitney U = 16.0, p = .09). The same four patients with semantic dementia who showed normal factual knowledge regarding Princess Diana's death were able to provide full flashbulb memories for hearing the news of her death

(Figure 4). In three of these four cases, we were able to obtain corroboration from spouses and the patients' responses were confirmed as accurate. Some were able to provide a partial flashbulb memory. The rest of the semantic dementia group who, even with prompting, did not know who Princess Diana was, were naturally unable to produce a full flashbulb memory for her death. In summary, if a patient with semantic dementia knew about Princess Diana's death, they were highly likely to produce a verified flashbulb memory for hearing news of the event. Consistent with this view, there was a highly significant correlation between factual knowledge and flashbulb memory scores ($r = .95$, $p < .001$). By contrast, none of the ten patients with Alzheimer-type dementia had a preserved flashbulb memory for Princess Diana's death (Figure 4); as a result, the group was markedly impaired relative to the control group (Mann-Whitney $U = 0$, $p < .001$). There was also no significant correlation in the Alzheimer's disease group between the factual score (i.e. knowing information about Princess Diana and the circumstances surrounding her death) and the ability to produce a full flashbulb memory ($r = .26$, n.s.).

FLASHBULB MEMORY IN PATIENTS WITH SEMANTIC DEMENTIA AND ALZHEIMER-TYPE DEMENTIA

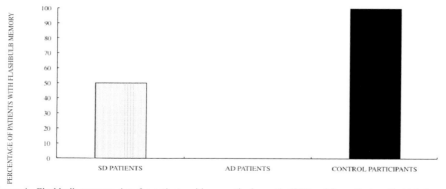

Figure 4. Flashbulb memory data for patients with semantic dementia (SD) and for patients with Alzheimer-type dementia (AD).

A further point of interest is that we were able to assess the performance of one of the patients with semantic dementia (JH) on a second version of the test. In the original version (as described in the method section), JH (patient SD2 in Figure 2) was asked about Princess Diana's death and was unable to produce any information about her, therefore scoring zero on both the factual and flashbulb parts of the test. Approximately one month later, JH was asked about Princess Diana's death again, but this time she was prompted using a picture of Princess Diana ("Can you tell me anything about this woman?"). JH immediately responded, "She died quite a long while ago, last year", and went on to produce five pieces of factual information about the event. Furthermore, she correctly, albeit with some naming difficulty, described the circumstances in which she heard the news (while on holiday in America). This flashbulb memory was corroborated by her husband who had been on holiday with her when they heard about Princess Diana's death.

5. Study 3 – Frontal lobe pathology

Procedure

Interviews were conducted 3-6 months after the event, i.e. between December 1997 and February 1998, following the general procedure outlined as for the study involving patients with dementia.

Subjects

Ten patients (eight male and two female, mean age = 53 yrs, range = 37 yrs to 65 yrs) and ten matched control subjects took part in this study. Of the ten patients, five had right frontal lobe lesions, three had left frontal lobe lesions and the remaining two had bilateral frontal lobe lesions. Aetiologies included two patients who had cerebro-vascular accidents, two who had a meningioma, two who had a glioma, one who had an haemorrhage, one who had metastasis, one who suffered a head injury, and one who had multiple sclerosis with plaques in frontal areas. In all but two of the patients, clinical evidence of frontal lobe pathology pre-dated the death of Princess Diana. Of these two patients, one had a metastatic lesion and the other had a meningioma, with the diagnosis being made in October 1997 and December 1997 respectively. It is therefore likely that their pathology also pre-dated the death of Princess Diana (Table 3).

Control subjects were matched for age, sex, and media exposure (mean age = 51 yrs, range = 38 yrs to 60 yrs).

Table 3.   Clinical details of the ten patients with frontal lobe pathology included in Study 3.

PATIENT	AGE	SEX	AETIOLOGY	LATERALITY
F1	42	male	head injury	right
F2	45	male	glioma	left
F3	47	male	CVA	right
F4	54	male	anterior communicating artery haemorrhage	bilateral
F5	59	male	CVA	right
F6	62	female	meningioma	bilateral
F7	62	male	meningioma	left
F8	65	female	metastasis	left
F9	56	male	glioma	right
F10	37	male	Multiple Sclerosis	bilateral

Results

The factual knowledge scores of the ten frontal patients and matched control subjects are shown in Figure 5. As can be seen, all but one of the frontal patients (F5) had a factual recall score that was close to those of the group of matched control subjects (control subjects' mean score = 18.4, standard deviation = 2.3). Accordingly, there was no significant difference between the two groups (Mann-Whitney U = 45.0, n.s.).

In terms of temporal context factual memory, we compared patients' and control subjects' responses to the questions relating to the year, month, date, day of the week and time of Princess Diana's death/the accident. The mean scores for the two groups were – frontal lesion patients = 3.4, control subjects = 3.8. Overall, there was no significant difference (Mann-Whitney U = 42.5, $N_A = N_B = 10$, n.s.) between the temporal context scores of the patients and the control subjects. There was just one patient whose score was outside the range of the control subjects' scores.

All of the ten patients with frontal lobe pathology had full flashbulb memories for the death of Princess Diana except patient F5, whose factual knowledge had been impaired (Figure 5). This apparent relationship between factual knowledge and flashbulb memory in frontal lobe patients was supported by a significant correlation between performance on the two tasks (r = .82, p < .005). We were able to gain corroborative information from a spouse/relative for four of the nine patients who gave fluent flashbulb accounts, and these were all found to be correct. Thus, as far as these patients were concerned, there was no evidence of confabulation in their flashbulb memories for hearing the news about the death of Princess Diana. Of the other five patients who gave fluent accounts, two had been tested initially at one-week post-event and their accounts at three months were consistent with those which they gave at one week. All of the control subjects had flashbulb memories.

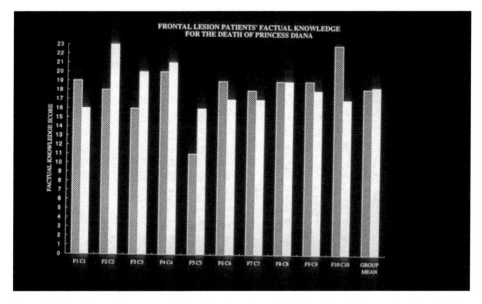

Figure 5. Factual knowledge scores of frontal lesion patients (F1-F10) and matched control subjects (FC1-FC10).

6. Study 4 - Temporal lobe epilepsy

Procedure

Interviews were conducted 3-20 months after the event, i.e. between December 1997 and May 1999, following the general procedure outlined above for the patients with frontal lobe lesions.

Subjects

Seventeen patients (10 males and 7 females) with temporal lobe epilepsy were included in this study. Of those patients, seven had left temporal lobe pathology and ten had right temporal lobe epilepsy. The two sub-groups were well matched in terms of duration of epilepsy. Thus, 43% of those patients with left temporal lobe pathology and 40% of those with right temporal lobe pathology had epilepsy of less than five years duration, 28.5% of those patients with left temporal lobe pathology and 30% of those with right temporal lobe pathology had epilepsy of between six and ten years duration and 28.5% of those patients with left temporal lobe pathology and 30% of those with right temporal lobe pathology had epilepsy of more than 15 years duration. The patients in these two sub-groups were matched to two groups of control subjects in terms of age, sex, and media exposure. For patients with left temporal lobe epilepsy, the mean age was 52 years (range = 44 yrs to 65 yrs, mean age of control subjects = 54 yrs, range = 38 yrs to 67 yrs) and for the patients with right temporal lobe epilepsy the mean age was 44 years (range = 28 yrs to 71 yrs, mean age of control subjects = 43 yrs, range = 25 yrs to 61 yrs). The two groups of patients were matched as closely as possible on critical variables, such as duration and frequency of epileptic seizures.

Results

The mean factual knowledge scores for both groups were similar (Figure 6) with both exhibiting impairment relative to their control groups (left temporal lobe epilepsy: $U = 4.0$, $p < .01$; right temporal lobe epilepsy: $U = 19.5$, $p < .05$). All but one of the ten patients with right temporal lobe epilepsy had full flashbulb memories for the death of Princess Diana; thus, as a group, there was no impairment compared with controls (Mann-Whitney $U = 45.0$, n.s.). We were able to gain corroborative information from a spouse/relative for five of these nine patients, and this confirmed the accuracy of the flashbulb memories. By contrast, only one of the seven patients with left temporal lobe pathology was able to offer a flashbulb memory for hearing of the death of Princess Diana. This account was also confirmed by the patient's spouse to be accurate. Most of the left temporal lobe epilepsy patients who failed to provide a flashbulb memory offered 'don't know' responses, The patients with left temporal lobe epilepsy were, therefore, significantly impaired relative to their controls (Mann-Whitney $U = 3.5$, $p < .01$), all of whom provided full flashbulb memories (Figure 7).

There was no significant relationship between factual knowledge about Princess Diana and flashbulb memory for her death in the patients with left ($r = -.20$, n.s.) or right temporal lobe epilepsy ($r = -.27$, n.s.).

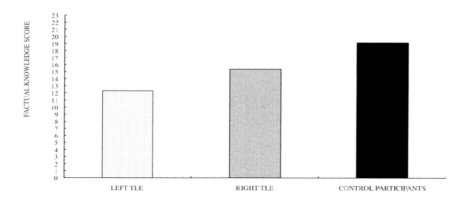

Figure 6. Factual knowledge scores of temporal lobe epilepsy patients and matched control subjects.

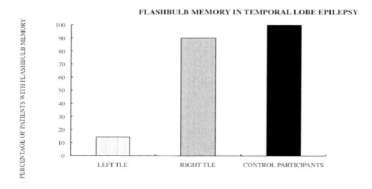

Figure 7. Flashbulb memory data for temporal lobe epilepsy patients and for matched control subjects.

7. Discussion

In this article, we report a series of studies of flashbulb memory in neurological patients. Patients with semantic dementia, frontal lobe damage and right temporal lobe epilepsy were typically capable of producing flashbulb memories, while impairment was observed in those with amnesia, Alzheimer's disease and left temporal lobe epilepsy.

In Study 1, we found that a group of patients with amnesia could not offer accurate flashbulb accounts of hearing the news of Princess Diana's death, even one week after the event, in spite of knowing that she had died and possessing some residual memory for facts relating to the event itself. Thus, in this group, we found a clear dissociation between source amnesia for the reception event and some residual memory for the target event. In normal control subjects, flashbulb memory for the event was vivid at one week and also at three months post-event, when it greatly surpassed flashbulb memory for hearing the news of Mother Teresa's death. While some studies have suggested that amnesic patients may show partially preserved memory for personally experienced emotional events (Daum et al., 1996; Johnson, Kim, & Risse, 1985), many of these memories were lacking in specific detail. The present findings confirm the view that any sparing of emotional memories does not extend to recollection of specific contextual details, and that events with a high cognitive and emotional salience do not necessarily immunise amnesic patients from consolidation failure for episodic memories. It is not possible from the present study to know whether the control event (the death of Mother Teresa) was learned less well and/or forgotten more quickly, and it would be important for future studies to consider the issue of control events more closely.

A number of researchers have proposed that semantic learning is possible in the presence of marked episodic memory loss (e.g. Tulving, Hayman, & MacDonald, 1991; Kapur, 1994; Vargha-Khadem et al., 1997; Kitchener, Hodges, & McCarthy, 1998). In this study, our patients with amnesia were able to acquire some facts relating to Princess Diana's death, despite their poor flashbulb memory. Vargha-Khadem et al. (1997) described three patients with poor episodic memory after bilateral hippocampal damage sustained early in life. Strikingly, these patients showed relatively normal levels of academic attainment during their school years, suggesting that there may be different learning systems for episodic and semantic memory within the medial temporal lobe. Vargha-Khadem and colleagues proposed that the hippocampus is critical for context-dependent learning, but that the entorhinal and perirhinal cortices can support context-independent (factual) learning. In support of this hypothesis, Vargha-Khadem et al. showed that their three patients had poor recall memory but good recognition memory, a pattern that has been found in animal studies when the hippocampus is selectively lesioned, sparing nearby structures like the perirhinal cortex (Aggleton & Brown, 1999). It is interesting to note that level of performance on the Recognition Memory Test (RMT) (Warrington, 1984) mapped onto the degree of factual learning shown in the eight amnesic patients described here: the four amnesic patients with the best recognition memory performance (averaging 73% correct on the RMT) acquired almost double the number of semantic facts about Diana's death compared to the four amnesic patients who performed at chance level on the recognition memory tests. By contrast, the two subgroups had relatively similar levels of amnesia on the recall tasks in the Wechsler Memory Scale (Table 2). It is possible that the amnesic patients with relatively preserved recognition memory had primarily retrieval difficulties in their impaired retention of flashbulb memories.

The contrast between preservation of some factual memory for the event and the absolute loss of flashbulb memory, as displayed by amnesic patients, parallels that seen in normal subjects after much more extended periods of delay (Larsen, 1992). The loss of flashbulb memory by our amnesic patients after one week is similar to results found in a proportion of elderly subjects when they were tested 11 months after a major news event - the resignation of Mrs. Thatcher (Cohen et al., 1994). Thus, we have been able to provide a naturalistic illustration that, with enough exposure to a sufficiently interesting/dramatic fact, amnesic patients can learn something new – but even when they do, the resulting experience is without the specific details characteristic of episodic/autobiographical memories. We have also been able to demonstrate in an ecologically valid setting that item/fact memory can be dissociated from source/context memory. To this extent, our findings are consistent with other observations where semantic learning has been shown to be possible, although rarely normal, in the presence of marked episodic memory loss (e.g. Verfaellie, Koseff, & Alexander, 2000).

While it is tempting to interpret our findings predominantly in terms of a simple differentiation of semantic and episodic memory processes, it should also be noted that factual and flashbulb memories in our study presumably reflect the operation of distinct learning histories and learning environments. The original flashbulb experience related to a personally experienced event that entailed highly specific sets of information which reflected circumstances with a limited time exposure - e.g. where the person was at the time, and with whom they were present. In addition, apart from possible recounting of this experience on a few subsequent occasions, the reception event might not have been repeatedly brought to the level of conscious awareness. By contrast, factual memories relating to this particular news event would not only have received prolonged exposure at the time of the event, they would also have been repeatedly covered in the media over subsequent months and may well also have been retrieved by the individual subject in any discussions. This difference in pattern of exposure for the two sets of learning experience may also explain why our amnesic patients showed a contrast in performance between episodic-autobiographic memories and factual-semantic memories.

In our second study, we were able to investigate the relative contribution of medial and lateral temporal lobe structures by comparing data from patients with early Alzheimer's disease, who had probably sustained damage to the hippocampal complex, and patients with semantic dementia, a disease associated with atrophy predominantly affecting infero-lateral temporal lobe regions. Factual knowledge about Diana's death was impaired in both patient groups, although more so in the patients with Alzheimer's disease. Just as with the patients with amnesia in the first study, we found a complete absence of flashbulb memory in patients with presumed Alzheimer-type dementia, although there was relative preservation in semantic dementia. Notably, four out of the five patients with semantic dementia who knew Princess Diana had died were able to produce a full flashbulb memory for hearing of the event, reflected in a highly significant correlation between factual knowledge and flashbulb memory. This pattern is especially interesting given the evidence that patients with semantic dementia can encode and retrieve recently experienced events (such as pictures studied in a recognition memory test), despite poor semantic knowledge about the target items (e.g. Graham et al., 2000; Simons et al., 2001). Memory for verbal material is often impaired in semantic dementia (Warrington, 1975), which suggests a role for verbal retrieval strategies in flashbulb memory. The observation in the present study of a single patient with semantic dementia, for whom a pictorial cue resulted in the retrieval of hitherto undisclosed memories, highlights the importance of verbal retrieval factors in autobio-graphical event recollection, and echoes similar observations that have been made in other studies (Westmacott et al., 2001). However, it may be worth noting that the beneficial effects of cueing in frontotemporal dementia patients may in part be dependent on the type of cue, type of autobiographical memory and type of patient being tested (McKinnon et al., 2008).

As mentioned in the Introduction, recent neuroimaging studies have provided strong evidence that the retrieval of human long-term memories is dependent upon interactions between frontal lobe structures and regions in the temporal lobe. Studies 3 and 4 investigated the involvement of these areas of the brain in long-term memory by asking whether damage to frontal or temporal regions would result in impaired memory for hearing about Princess Diana's death. Surprisingly perhaps, virtually all the patients with frontal damage (regardless of whether this was unilateral or bilateral) showed normal flashbulb memory. In this respect, our findings are concordant with those of

Davidson and Glisky (2002), who found that memory for contextual details of flash-bulb memories were not closely related to cognitive measures of frontal lobe function-ing. Furthermore, in our study it was the patients with left temporal pathology (in the context of temporal lobe epilepsy) rather than those with right temporal pathology who showed a significant impairment to their flashbulb memory. Although it is impossible to be certain if we were successful in controlling for all relevant clinical variables that might distinguish the two groups, the fact that both groups performed at a similar level for recall of factual memories surrounding the event strongly suggests that the contrast in flashbulb recollections was not due to differences between the two groups in their general semantic memory functioning.

The neural mechanisms underlying storage of autobiographical memories remain an elusive field of inquiry in cognitive neuroscience. Early studies by Penfield (Penfield & Perot, 1963) suggested that specific neural pathways may underlie the experiential components of autobiographical memory. This work was extended and refined by sub-sequent *in vivo* brain stimulation and recording studies (Gloor et al., 1982; Bancaud, Brunet-Bourgin, Chauvel, & Halgren, 1994) which implicated an array of neural circuits that included both medial and lateral temporal lobe structures in the evocation of images relating to specific experiences. Our own findings, in emphasising the role of medial and lateral temporal lobe structures, especially those in the left hemisphere, are consistent with both these earlier observations and also with more recent data from functional brain imaging studies. While initial functional brain imaging research (e.g. Fink et al., 1996; Andreasen et al., 1995) implicated a wide range of structures, including right fronto-temporal areas and thalamic nuclei, these studies had some limitations (e.g. lack of control for salience of experiences, use of a more complex recall paradigm rather than a recognition paradigm, etc.). A more recent, carefully designed, study was that of Maguire and Mummery (1999), in which subjects' recog-nition of autobiographical items taken from a pre-screening interview was contrasted with items relating to public events (cf. also Maguire et al., 2000, 2001). While a wide range of structures were implicated in autobiographical memory (twelve in all, ranging from bilateral temporo-parietal to hippocampal and frontal involvement), those that were specific to memory for temporally-specific personally experienced events were limited to the left temporal pole, the left hippocampus and the left medial frontal cortex. This greater left temporal lobe emphasis for the neural basis of autobiographical episodic memory parallels our findings in patients with left versus right temporal lobe epilepsy. Since patients with semantic dementia tend to have disproportionate left temporal lobe atrophy, with associated retrieval difficulties, it is more likely that the flashbulb memory impairment shown by the left temporal lobe epilepsy patients represented a failure of consolidation rather than a primary retrieval deficit.

On the basis of our findings and related observations in temporal lobe epilepsy patients undergoing electrical stimulation/recording of the brain (Bancaud et al., 1994), it is likely that flashbulb memories are subserved by a distributed network of neural circuits that includes the hippocampus, amygdala and higher-order visual neocortical areas. The hippocampus is likely to contribute towards novelty encoding (Dolan & Fletcher, 1997; Gabrieli, Brewer, Desmond, & Glover, 1997; Stern et al., 1996; Tulving, Markowitsch, Craik, Habib, & Houle, 1996) and storage of contextual information (Gluck, Ermita, Oliver, & Myers, 1997). It is probable that the amygdala, which has been considered to play a role in emotional memories (Cahill, Babinsky, Markowitsch, & McGaugh, 1995; McGaugh, Cahill, & Roozendale, 1996), is also involved in flashbulb memories for an event such as Princess Diana's death (Sharot et al., 2007), but the selective contribution of this structure could not be delineated from our anatomical data. It is of note, however, that one of our amnesic patients (case A5) did not have any evidence of amygdala involvement on his brain scans, and it would appear therefore that the amygdala alone cannot sustain flashbulb memories for a specific event such as Princess Diana's death. Right temporal lobe/posterior neocortical areas may deal with storage of the composite visual scene at the time the news was heard. Other brain regions, such as parts of the frontal lobes, have been implicated in autobiographical recollection (Burgess & Shallice, 1996), and may well be involved in the retrieval of flashbulb memories, although our data in patients with frontal pathology suggest that their role is probably less critical than medial and/or lateral temporal lobe structures.

A notable finding in our study was the general robustness of flashbulb memories for most normal control subjects across the two test occasions, one week and three months after the event. Assuming that flashbulb memories obtained at one week after the event were veridical, our findings show that such memories do become firmly consolidated into long-term storage. Although a few control subjects did offer different responses on the two test occasions, they were in a minority and the changes did not relate to more than one item. Thus, while we did find a small element of memory distortion in our flashbulb memory protocols, and some support for reconstructive processes in memory, these were not as marked as those reported by some researchers (e.g. Neisser & Harsch, 1992). It is possible that where researchers have pointed to the errors that may creep into flashbulb recollections, this mainly relates to recollections some years after the initial event or to particular populations, such as the elderly (Cohen et al., 1994), and may not apply to such 'high-impact' events as the death of Princess Diana.

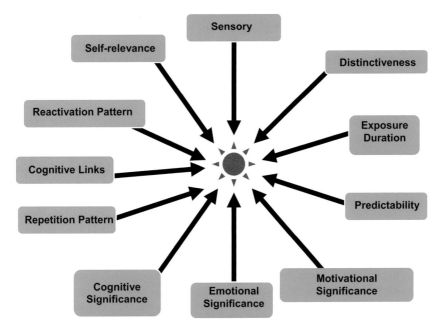

Figure 8. Diagrammatic illustration of the role of eleven encoding variables that appear to be important for flashbulb memory formation. The centre of the figure represents the overlapping combination of factors that would be maximally effective in producing flashbulb memories. This figure is based in part on one drawn up by Conway (1995).

It is likely that, in the case of events such as flashbulb memories, the initial encoding into long-term memory consolidation of the reception event will critically depend on eleven variables (Figure 8).

1. The sensory diversity of the event – events that are multi-modal (e.g. have visual, kinaesthetic and auditory components), or are rich within a sensory modality (e.g. in the case of vision have multiple attributes such as colour, movement, depth, varied texture, etc.), are more likely to result in lasting memory consolidation (Kobus et al., 1994; Mesulam, 1998; Nilsson, 2000), and it is probable that memories relating to flashbulb events are more likely to incorporate input from diverse sensory modalities compared to routine memories.

2. The distinctiveness of the event – this variable will relate to how unique the event is, and the degree to which there is any interference from events with overlapping features. The more distinctive the event, the more likely that it will be easily retrieved from long-term memory storage.

3. The exposure duration of the event – in general, flashbulb memories will entail a longer exposure time for relevant environmental stimuli, compared to more routine memories. While the pattern of exposure (e.g. spaced versus massed repetitions of subsequent related events/rehearsals) may also be important, this could be seen as more closely reflecting post-encoding phenomena.

4. The predictability of the event – this will primarily relate to how surprising/ unexpected the event is, and to its frequency of occurrence. It is difficult to be certain which of these two factors (surprise value, rarity) has primacy in determining any event's predictability value, but it is likely that both will contribute to the overall strength of the memory trace.

5. The motivational significance of the event to the individual – while this may overlap with emotional significance, it is included here to highlight the role of attentional processes that derive from the value accorded to the event by the event. No doubt, factors such as motivational significance will contribute to the level of other factors, such as exposure duration.

6. The emotional significance of the event to the individual – while events that have fear attributes or a life/death component could be seen from the evolutionary point of view to have greater survival value, and therefore a greater likelihood of entering long-term memory storage (cf. LeDoux, 1996; Hamann et al., 1997), it could also be argued that any event with a high emotional valence (e.g. winning a lottery jackpot prize) will be conducive to enhancing long-term memory consolidation for the reception event (cf. Scott and Ponsoda, 1996). As Johnson, Nolde, and De Leonardis (1996) have pointed out, however, emotional significance per se may not be critical to some aspects of memory consolidation, and it may be more useful to consider what the emotion causes the individual to do at the cognitive level, for example in terms of changes in attention, rehearsal, etc. This may in part explain the absence of any simple association between perceived emotional intensity of experiences and the strength of flashbulb memories (Pillemer et al., 1987).

7. The cognitive significance of the event to the individual – each person's semantic associative memory in relation to the event will differ, but in general

the event will be one that is cognitively very meaningful and generates a wide variety of associations in the person's existing knowledge base.

8. The pattern of repetitions of the event – a well-established finding in the literature on memory consolidation is that spaced presentation of learning trials leads to better retention than massed presentation (Sisti et al., 2007). Thus, while duration of exposure is important (variable 3), the pattern of exposures will also be important.

9. The cognitive links associated with the event – while cognitive significance (7) related to personal associations, cognitive links deals with factual, public associations that have been linked to the item in question. Thus, historical figures who have been widely featured in various forms of media will tend to generate more cognitive associations, and this will generally contribute to better retention.

10. Reactivation pattern – the number and pattern of retrievals of the item will have a major influence on the long-term retention of that information (Roediger & Karpicke, 2006). Thus, test trials that are spaced apart will have similar, and often greater, effects on long-term retention than equivalent presentation trials, since the act of retrieval appears to result in a strengthening of the representations that are the focus of the retrieval attempt.

11. Self-relevance – while aspects of self-relevance will be evident in other features, such as cognitive, emotional and motivational significance, this principle seeks to emphasize the relationship between short-term and longer-term self-related goals and the event in question (Conway, 2005). The closer an item or event is to such goals, the more likely that it will be closely attended to, and thus have a greater likelihood in being retained.

It is possible to argue that from an evolutionary perspective the operation of all of these factors will be particularly beneficial for memory consolidation and will represent what Gold has referred to as "a near-maximal instance of physiological enhancement of memory" (Gold, 1992, p. 156). It is difficult to allocate relative strengths to each of the eleven variables, which partly overlap with factors highlighted in other studies (e.g. Schooler & Eich, 2000; Kirchhoff et al., 2000), since each variable is frequently tied to the presence of others. Recent evidence has accorded an important role to cognitive and emotional significance in the form of the extent of 'personal involvement' of the individual for the event in question (Neisser et al., 1996; Finkenauer et al., 1998). It is thus possible, as Conway (1995) has argued, that differing probabilities should be attached to such variables, such that the overlap represented in Figure 8 is skewed in favour of particular variables.

In addition to these *primary* variables, the status of flashbulb memory in any given setting is likely to depend on a further set of three *secondary* variables -

[a] The time from the event to the assessment of flashbulb memory.

[b] Consolidation and interference effects from events or rehearsals over the subsequent period that may influence later attempts to recall the reception event. It is possible that rehearsal by the individual or exposure to subsequent media coverage of the event is a 'double-edged sword' (Roediger, McDermott, & Goff, 1997) - on the one hand, it may strengthen memories for aspects of the reception event and the target event, but on the other hand it may introduce details that are different from the original event and that merged into subjects' recollections, often without any awareness on the part of subjects.

[c] The status (e.g. age, neurological condition) of the subject being tested.

This study has highlighted the different ways in which flashbulb memory may be defined, and specific issues that arise in relation to its use in neurological populations. Studies of flashbulb memories in normal subjects have, up to the present time, focused on subjective flashbulb memory. The fact that some subjects in our study (one amnesic patient at one week post-event, four control subjects at three months post-event) offered responses that could be classified as flashbulb memory, but were actually memory distortions to varying degrees, point to the importance of reporting corroborated flashbulb memory responses in clinical studies, when this is feasible. It also highlights the dissociation between explicit memory mechanisms on the one hand and those relating to awareness on the other - while this is seen in an extreme form in the phenomenon of confabulation, it was present to a milder degree in the dissociations between subjective and corroborative flashbulb memory for our single amnesic patient, and in the lack of consistent flashbulb memory between one week and three months in our four control subjects. Our findings therefore offer some support for the view (Schacter, 1995; Neisser, 1997; Weaver, 1993) that the subjective vividness of flashbulb memories is as distinctive a feature as their veridicality, and that vividness of such memories can sometimes be dissociated from their veracity.

In terms of implications for clinical practice, assessment of flashbulb memories could be integrated within a formal or informal 'bedside' clinical assessment of a patient's cognitive functioning. While a number of 'bedside' tests of neuropsychological functioning exist (see Hodges, 1994; Hodges et al., 2000), there is relatively little in the way of tests that tap autobiographical memory. Allowing for factors such as media exposure, interest of the patient, time since event, etc., an assessment of flashbulb memory status in individual cases may help provide clues as to the status of long-term episodic memory retrieval, and – where there are clear differences in the status of flashbulb and factual memories for an event – may provide a useful marker for the selective loss of episodic/semantic memory. In the case of attempts to improve memory functioning in clinical or other applied settings, the various factors outlined in Figure 8 provide possible pointers with which to consider attempts to facilitate successful encoding of information into memory. While a few of these factors (e.g. emotional significance, predictability) may not be readily amenable to modification, most of the other factors can be varied so as to effect maximum improvement in memory performance in applied settings, in the context of other relevant variables such as environmental aids, retrieval cues, etc.

Are flashbulb memories special (McCloskey et al., 1988; Pillemer, 1990)? In normal subjects, flashbulb memories reflect the enhanced operation of the variety of encoding mechanisms for an event. This results in the persistence of a subjectively vivid form of autobiographical memory, in which subjects have considerable confidence. In normal human memory, therefore, flashbulb memories are special – specially vivid. For severely memory-disordered patients, there is a dissociation between relative sparing of memory for the 'target event' and loss of memory for the 'reception event'. For these patients, flashbulb memories reflect the operation of a compromised episodic memory system that rapidly loses contextual and other source information. In some forms of human memory disorder, therefore, flashbulb memories are also special - specially fragile.

8. Conclusion

We reported a series of neuropsychological studies on flashbulb memories for the news of the death of Princess Diana. All amnesic patients who were interviewed knew that Princess Diana had died, but only one of the eight patients could offer an account of how he learned of the news, an account which was subsequently shown to be false. We found an absence of flashbulb memory in cases with presumed Alzheimer's disease, but sparing of flashbulb memory in the majority of cases with presumed semantic dementia. In a group of patients with frontal lobe pathology, all but one patient had a flashbulb memory of hearing the news of Princess Diana's death. Patients with right-sided or left-sided temporal lobe epilepsy showed a distinctive pattern of performance, with relative sparing of flashbulb memories in the right-sided but not the left-sided group. Our findings highlight both the fragility and the robustness of flashbulb memories, and point to the importance of limbic-diencephalic and left temporal lobe structures in the retrieval of autobiographical episodic events.

Acknowledgements

We would like to thank Sasha Bozeat for help in data collection and Professor J. Hodges for access to patients with Alzheimer's Disease and semantic dementia.

References

[1]   Aggleton, J. P., & Brown, M.W. (1999). Episodic memory, amnesia and the hippocampal-anterior thalamic axis. *Behavioral and Brain Sciences*, 22, 425-444.
[2]   Andreasen, N. C., O'Leary, D. S., Cizadlo, T., Arndt, S., Rezai, K., Watkins, L., Boles Ponto, L. L., & Hichwa, R. (1995). Remembering the past: two facets of episodic memory explored with positron emission tomography. *American Journal of Psychiatry*, 152, 1576-1585.
[3]   Bancaud, J., Brunet-Bourgin, F., Chauvel, P., & Halgren, E. (1994). Anatomical origin of *deja-vu* and 'vivid' memories in human temporal lobe epilepsy. *Brain*, 117, 71-90.
[4]   Bohannon, J. N. (1988). Flashbulb memories for the space shuttle disaster. *Cognition*, 29, 1791-96.
[5]   Brown, R., & Kulik, J. (1977). Flashbulb memories. *Cognition*, 5, 73-99.
[6]   Budson, A. E., Simons, J. S., Sullivan, A. L., Beier, J. S., Solomon, P. R., Scinto, L. F., et al. (2004). Memory and emotions for the September 11, 2001, terrorist attacks in patients with Alzheimer's disease, patients with mild cognitive impairment, and healthy older adults. *Neuropsychology*, 18, 315-327.
[7]   Budson, A. E., Simons, J. S., Waring, J. D., Sullivan, A. L., Hussoin, T., & Schacter, D. L. (2007). Memory for the September 11, 2001, terrorist attacks one year later in patients with Alzheimer's disease, patients with mild cognitive impairment, and healthy older adults. *Cortex*, 43, 875-888.
[8]   Burgess, P. W., & Shallice, T. (1996). Confabulation and the control of recollection. *Memory*, 4, 359-411.
[9]   Cahill, L., Babinsky, R., Markowitsch, H. J., & McGaugh, J. L. (1995). The amygdala and emotional memory. *Nature*, 377, 295-296.
[10] Calabrese, P., Markowitsch, H. J., Durwen, H. F., Widlitzek, H., Haupts, M., Holinka, B., & Gehlen, W. (1996). Right temporofrontal cortex as the critical locus for the ecphory of old episodic memory. *Journal of Neurology, Neurosurgery and Psychiatry*, 61, 304-310.
[11] Candel, I., Jellicic, M., Merckelbach, H., & Wester, A. (2003). Korsakoff patients' memories of September 11, 2001. *Journal of Nervous and Mental Disease*, 191, 262-265.
[12] Cohen, G., Conway, M. A., & Maylor, E. (1994). Flashbulb memories in older adults. *Psychology and Aging*, 9, 454-463.
[13] Colegrove, F. W. (1899). Individual memories. *American Journal of Psychology*, 10, 228-255.
[14] Conway, M. A. (1995). *Flashbulb Memories*. Hillsdale, NJ: Erlbaum.
[15] Conway, M. A., Anderson, S. J., Larsen, S. F., Donnelly, C. M., McDaniel, M. A., McClelland, A. G. R., Rawles, R. E., & Logie, R. H. (1994). The formation of flashbulb memories. *Memory and Cognition*, 22, 326-343.

[16] Conway, M. A., Turk, D. J., Miller, S. L., Logan, J., Nebes, R. D., Cidis Meltzer, C., & Becker, J. T. (1999). A Positron Emmision Tomography (PET) study of autobiographical memory retreival. *Memory*, 7, 679-702.

[17] Conway, M. A. (2005). Memory and the self. *Journal of Memory and Language* 53, 594-628.

[18] Daum, I., Flor, H., Brodbeck, S., & Birbaumer, N. (1996). Autobiographical memory for emotional events in amnesia. *Behavioural Neurology*, 9, 56-67.

[19] Davidson, P. S. R., & Glisky, E. L. (2002). Is flashbulb memory a special instance of source memory? Evidence from older adults. *Memory*, 10, 99-111.

[20] Dolan, R. J., & Fletcher, P. C. (1997). Dissociating prefrontal and hippocampal function in episodic memory encoding. *Nature*, 388, 582-585.

[21] Fink, G. R., Markowitsch, H. J., Reinkemeter, M., Bruckbauer, T., Kessler, J., & Heiss, W.-D. (1996). Cerebral representations of one's own past: neural networks involved in autobiographical memory. *The Journal of Neuroscience*, 16, 4275-4282.

[22] Finkenauer, C., Luminet, O., Gisle, L., El-Ahmadi, A., van der Linden, M., & Philippot, P. (1998). Flashbulb memories and the underlying mechanisms of their formation: Towards an emotional-integrative model. *Memory and Cognition*, 26, 516-531.

[23] Fletcher, P. C., Shallice, T., Frith, C. D., Frackowiak, R. S. J., & Dolan, R. J. (1998). The functional roles of prefrontal cortex in episodic memory. II. Retrieval. *Brain*, 121, 1249-1256.

[24] Gabrieli, J. D., Brewer, J. B., Desmond, J. E., & Glover, G. H. (1997). Separate neural bases of two fundamental memory processes in the human medial temporal lobe. *Science*, 276, 264-266.

[25] Gloor, P., Olivier, A., Quesney, L. F., Anderson, F., & Horowitz, S. (1982). The role of the limbic system in experiential phenomena of temporal lobe epilepsy. *Annals of Neurology*, 12, 129-144.

[26] Gluck, M. A., Ermita, B. R., Oliver, M. L., & Myers, C. E. (1997). Extending models of hippocampal function in animal conditioning to human amnesia. *Memory*, 5, 179-212.

[27] Gold, P. E. (1992). A proposed neurobiological basis for regulating memory storage for significant events. In: E. Winograd, & U. Neisser (Eds.), *Affect and Accuracy in Recall: Studies of 'Flashbulb Memories'* (pp. 141-161). Cambridge, MA: Cambridge University Press.

[28] Graham, K. S., & Hodges, J. R. (1997). Differentiating the roles of the hippocampal system and the neocortex in long-term memory storage: Evidence from the study of semantic dementia and Alzheimer's Disease. *Neuropsychology*, 11, 77-89.

[29] Graham, K. S., Patterson, K., & Hodges, J. R. (1999). Episodic memory: new insights from the study of semantic dementia. *Current Opinion in Neurobiology*, 9, 245-250.

[30] Graham, K. S., Simons, J. S., Pratt, K. H., Patterson, K., & Hodges, J. R. (2000). Insights from semantic dementia on the relationship between episodic and semantic memory. *Neuropsychologia*, 38, 313-324.

[31] Halgren, E., Walter, R. D., Cherlow, D. G., & Crandall, P. H. (1978). Mental phenomena invoked by electrical stimulation of the human hippocampal formation and amygdala. *Brain*, 101, 83-117.

[32] Hamann, S. B., Cahill, L., McGaugh, J. L., & Squire, L. R. (1997). Intact enhancement of declarative memory for emotional material in amnesia. *Learning and Memory*, 4, 301-309.

[33] Hodges, J. R. (1994). *Cognitive Assessment for Clinicians.* Oxford: Oxford University Press.

[34] Hodges, J. R., Berrios, G. E., & Breen, C. (2000). The multidisciplinary memory clinic approach. In: G. E. Berrios, & J. R. Hodges (Eds.), *Memory Disorders in Psychiatric Practice* (pp. 101-121). Cambridge: Cambridge University Press.

[35] Hodges, J. R., Garrard, P., & Patterson, K. (1998). Semantic dementia. In: A. Kertesz, & D. G. Munoz (Eds.), *Pick's Disease and Pick Complex* (pp. 83-104). New York: Wiley-Liss.

[36] Johnson, M. K., Kim, J., & Risse, G. (1985). Do alcoholic Korsakoff's syndrome patients acquire affective reactions? *Journal of Experimental Psychology: Learning, Memory and Cognition*, 11, 793-820.

[37] Johnson, M. K., Nolde, S. F., & De Leonardis, D. M. (1996). Emotional focus and source monitoring. *Journal of Memory and Language*, 35, 135-156.

[38] Kapur, N. (1994). Remembering Norman Schwarzkopf: Evidence for two distinct long-term fact learning mechanisms. *Cognitive Neuropsychology*, 11, 661-670.

[39] Kapur, N., Barker, S., Burrows, E. H., Ellison, D., Brice, J., Illis, L. S., Scholey, K., Colbourn, C., Wilson, B., & Loates, M. (1994). Herpes simplex encephalitis: long term magnetic resonance imaging and neuropsychological profile. *Journal of Neurology, Neurosurgery and Psychiatry*, 57, 1334-1342.

[40] Kapur, N., Thompson, P., Kartsounis, L. D., & Abbott, P. (1998). Retrograde amnesia: clinical and methodological caveats. *Neuropsychologia*, 37, 27-30.

[41] Kirchhoff, B. A., Wagner, A. D., Maril, A., & Stern, C. E. (2000). Prefrontal-temporal circuitry for episodic encoding and subsequent memory. *Journal of Neuroscience*, 20, 6173-6180.

[42] Kitchener, E., Hodges, J. R., & McCarthy, R. (1998). Acquisition of post-morbid vocabulary and semantic facts in the absence of episodic memory. *Brain*, 121, 1313-1328.

[43] Kobus, D. A., Moses, J. D., & Bloom, F. (1994). Effect of multimodal stimulus presentation on recall. *Perceptual Motor Skills*, 78, 320-322.

[44] Kopelman, M.D., Stanhope, N., & Kingsley, D. (1999). Retrograde amnesia in patients with diencephalic, temporal lobe, or frontal lesions. *Neuropsychologia*, 37, 939-958.

[45] Larsen, S. F. (1988). Remembering without experiencing: Memory for reported events. In: U. Neisser, & E. Winograd (Eds.), *Remembering Reconsidered - Ecological And Traditional Approaches To The Study Of Memory* (pp. 326-355). New York: Cambridge University Press.

[46] Larsen, S. F. (1992). Potential flashbulbs: memories of ordinary news as the baseline. In: E. Winograd, & U. Neisser (Eds.), *Affect and Accuracy in Recall: Studies of 'Flashbulb Memories'* (pp. 32-64). Cambridge, MA: Cambridge University Press.

[47] LeDoux, J. (1996). *The Emotional Brain*. New York: Simon & Schuster.

[48] Livingston, R. B. (1967). Reinforcement. In: G. C. Quarton, T. Melnechuck, & F. O. Schmitt (Eds.), *The Neurosciences: A Study Program* (pp. 568-576). New York: Rockefeller University Press.

[49] Maguire, E. A., & Mummery, C. J. (1999). Differential modulation of a common memory retrieval network revealed by PET. *Hippocampus*, 19, 55-61.

[50] Maguire, E. A., Mummery, C. J., & Buchel, C. (2000). Patterns of hippocampal-cortical interaction dissociate temporal lobe memory subsystems. *Hippocampus*, 10, 475-482.

[51] Maguire, E. A., Henson, R., Mummery, C. J., & Frith, C. (2001). Activity in prefrontal cortex, not hippocampus, varies parametrically with the increasing remoteness of memories. *Hippocampus*, 10, 475-482.

[52] Markowitsch, H. J., Calabrese, P., Haupts, M., Durwen, H. F., Liess, J., & Gehlen, W. (1993). Searching for the anatomical basis of retrograde amnesia. *Journal of Clinical and Experimental Psychology*, 15, 947-967.

[53] McGaugh, J., Cahill, L., & Roozendale, B. (1996). Involvement of the amygdala in memory storage: interaction with other brain systems. *Proceedings of the National Academy of Sciences, USA*, 93, 13508-13514.

[54] McKhann, G., Drachman, D., Folstein, M., Katzman, R., Price, D., & Stadlan, E. (1984). Clinical diagnosis of Alzheimer's Disease: report of the NINCDS-ADRDA work group under the auspices of Department of Health and Human Services Task Force on Alzheimer's Disease. *Neurology*, 34, 939-944.

[55] McKinnon, M., Nica, E., Sengdy, P., Kovacevic, N., Moscovitch, M., Freedman, M., Miller, B., Black, S., & Levine, B. (2008). Autobiographical memory and patterns of brain atrophy in frontotemporal lobar degeneration. *Journal of Cognitive Neuroscience*, 20, 1839-53.

[56] McCloskey, M., Wible, C., & Cohen, N. (1988). Is there a special flahbulb-memory mechanism? *Journal of Experimental Psychology:General*, 117, 171-181.

[57] Mesulam, M.-M. (1998). From sensation to cognition. *Brain,* 121, 1013-1052.

[58] Mummery, C. J., Patterson, K., Price, C. J., Ashburner, J., Frackowiak, R. S. J., & Hodges, J. R. (2000). A voxel based morphometry study of semantic dementia: The relationship between temporal lobe atrophy and semantic dementia. *Annals of Neurology*, 47, 36-45.

[59] Neisser, U. (1997). The ecological study of memory. *Philosophical Transactions of the Royal Society of London B*, 352, 1697-1701.

[60] Neisser, U. (1982). Snapshots or benchmarks? In: U. Neisser (Ed.), *Memory Observed* (pp. 43-48). New York: Freeman.

[61] Neisser, U., & Harsch, N. (1992). Phantom flashbulbs: false recollections of hearing the news about Challenger. In: E. Winograd & U. Neisser (Eds.), *Affect and Accuracy in Recall: Studies of 'Flashbulb Memories'* (pp. 9-31). Cambridge, MA: Cambridge University Press.

[62] Neisser, U., Winograd, E., Bergman, E., Schreiber, C., Palmer, S., & Weldon, M. (1996). Remembering the earthquake: direct experience vs. hearing the news. *Memory*, 4, 337-357.

[63] Nilsson, L-G. (2000). Remembering actions and words. In: E. Tulving & F. Craik (Eds.), *The Oxford Handbook of Memory* (pp. 137-148). New York: Oxford University Press.

[64] Penfield, W., & Perot, P. (1963). The brain's record of auditory and visual experience. *Brain*, 86, 595-696.

[65] Pillemer, D. B. (1984). Flashbulb memories of the assassination attempt on President Reagen. *Cognition*, 16, 63-80.

[66] Pillemer, D. B., Koff, E., Rhinehart E., & Rierdan, J. (1987). Flashbulb memories of menarche and adult menstrual distress. *Journal of Adolescence*, 10, 187-199.

[67] Pillemer, D. B. (1990). Clarifying the flashbulb memory concept: comment on McCloskey, Wible and Cohen. *Journal of Experimental Psychology: General*, 119, 92-96.

[68] Pillemer, D. B. (1998). *Momentous Events, Vivid Memories*. Cambridge: Harvard University Press.

[69] Roediger, H. L., McDermott, K. B., & Goff, L. M. (1997). Recovery of true and false memories: paradoxical effects of repeated testing. In: M. Conway (Ed.), *Recovered Memories and False Memories* (pp. 118-149). Oxford: Oxford University Press.

[70] Roediger, H. L., & J. D. Karpicke (2006). Test-Enhanced learning: taking memory tests improves long term retention. *Psychological Science,* 17, 249-255.

[71] Schacter, D. L. (1995). Memory distortion: History and current status. In: D. L. Schacter (Ed.), *Memory Distortion* (pp. 1-43). Cambridge, Massachusetts: Harvard University Press.

[72] Schooler, J. W., & Eich, E. (2000). Memory for emotional events. In: Tulving E, Craik F. (eds), *Oxford Handbook of Memory*. New York: Oxford University Press, 379-392.

[73] Scott, D., & Ponsoda, V. (1996). The role of positive and negative affect in flashbulb memory. *Psychological Reports, 79*, 467-473.

[74] Sellars, C. (1997). Media coverage. *The Psychologist*, 10, 502-503.

[75] Sharot, T., Martorella, E., Delgado, M., & Phelps, E. (2007). How personal experience modulates the neural circuitry of memories of September 11. *Proceedings of the National Academy of Sciences*, 104, 389-394.

[76] Sierra, M., & Berrios, G. E. (1999). Flashbulb memories and other repetitive images: A psychiatric perspective. *Comprehensive Psychiatry*, 40, 115-125.

[77] Simons, J. S., Graham, K. S., Galton, C. J., Patterson, K., & Hodges, J. R. (2001). Semantic knowledge and episodic memory for faces in semantic dementia. *Neuropsychology*, 15, 101-114.

[78] Sisti, H., Glass, A., & Shors, T. (2007). Neurogenesis and the spacing effect: learning over time enhances memory and the survival of new neurons. *Learning and Memory*, 14, 368-75.

[79] Snowden, J. S., Neary, D., & Mann, D. M. A. (1996). *Fronto-Temporal Lobar Degeneration: Fronto-Temporal Dementia, Progressive Aphasia, Semantic Dementia*. New York: Churchill Livingstone.

[80] Stern, C. E., Corkin, S., Gonzalez, G., Guimaraes, A.R., Baker, J. R., Jennings, P. J., Carr, C. A., Sugiura, R. M., Vedantham, V., & Rosen, B. R. (1996). The hippocampal formation participates in novel picture encoding: evidence from functional magnetic resonance imaging. *Proceedings of the National Academy of Sciences USA*, 93, 8660-8665.

[81] Tulving, E. (1999). On the uniqueness of episodic memory. In: L-G Nilsson, H. J. & H. Markowitsch. (Eds.), *Cognitive Neuroscience of Memory* (pp. 11-42). Seattle: Hogrefe & Huber.

[82] Tulving, E., Hayman, C. A. G., & MacDonald, D. R. (1991). Long-lasting perceptual priming and semantic learning in amnesia: A case experiment. *Journal of Experimental Psychology: Learning, Memory and Cognition*, 17, 595-617.

[83] Tulving, E., Markowitsch, H. J., Craik, F. I. M., Habib, R., & Houle, S. (1996). Novelty and familiarity activations in PET studies of memory encoding and retrieval. *Cerebral Cortex*, 6, 71-79.

[84] Vargha-Khadem, F., Gadian, D. G., Watkins, K. E., Connelly, A., van Paesschen, W., & Mishkin, M. (1997). Differential effects of early hippocampal pathology on episodic and semantic memory. *Science*, 277, 376-380.

[85] Verfaellie, M., Koseff, P., & Alexander, M. P. (2000). Acquisition of novel semantic information in amnesia: effects of lesion location. *Neuropsychologia*, 38, 484-492.

[86] Warrington, E. K. (1975). The selective impairment of semantic memory. *Quarterly Journal of Experimental Psychology*, 27, 635-657.

[87] Warrington, E. K. (1984). *Recognition Memory Test*. Windsor: NFER Nelson.

[88] Weaver, C. A. (1993). Do you need a "flash" to form a flashbulb memory? *Journal of Experimental Psychology: General,* 122, 39-46.

[89] Weaver, C. A., & Krug, K. S. (2004). Consolidation-like effects in flashbulb memories: evidence from September 11, 2001. *American Journal of Psychology*, 117, 517-530.

[90] Wechsler, D. (1987). *Wechsler Memory Scale-Revised*. San Antonio: Psychological Corporation.

[91] Westmacott, R., Leach, L., Freedman, M., & Moscovitch, M. (2001). Different patterns of autobiographical memory loss in semantic dementia and medial temporal lobe amnesia: a challenge to consolidation theory. *Neurocase*, 7, 37-55.

[92] Wright, D. B. (1993). Recall of the Hillsborough disaster over time: systematic biases of 'flashbulb' memories. *Applied Cognitive Psychology*, 7, 129-138.

[93] Wright, D. B., & Gaskell, G. D. (1995). Flashbulb memories: conceptual and methodological issues. *Memory*, 3, 67-80.

Autobiographisches Gedächtnis und Demenz

Ulrich SEIDL, Pablo TORO & Johannes SCHRÖDER
Sektion Gerontopsychiatrie, Universitätsklinik Heidelberg

1. Einführung

Störungen der Gedächtnisfunktionen bilden das Achsensymptom demenzieller Erkrankungen, insbesondere der Alzheimer-Demenz als häufigster Demenzform (Schröder et al., 2004). Während Störungen der Merkfähigkeit gerade in der Anfangsphase der Alzheimer-Demenz ein zentrales Symptom darstellen, leiden die Betroffenen im Verlauf der Erkrankung unter einer zunehmenden Störung des Altgedächtnisses bis hin zum vollkommenen Verlust des im Laufe des Lebens Erlernten und Erfahrenen. Dieser Gedächtnisverlust betrifft zunächst spätere Lebensabschnitte, um dann im weiteren Verlauf gemäß dem Ribot'schen Gradienten (Ribot, 1881) auch frühere Lebensphasen zu erfassen. Die sorgfältige und standardisierte Erfassung der Gedächtnisstörungen ist neben Anamnese, Bestimmung von Laborparametern und apparativen Zusatzuntersuchungen ein wesentlicher Bestandteil der Diagnostik demenzieller Erkrankungen, gerade auch im Hinblick auf eine genaue differentialdiagnostische Zuordnung. Die Störung des autobiographischen Gedächtnisses mit zunehmendem Verlust des Wissens um die eigene Person wurde dabei, trotz ihrer zentralen Stellung bei der Alzheimer-Demenz, bisher nur selten erfasst; ein Grund hierfür mag die mangelnde Verfügbarkeit geeigneter Testverfahren sein. Dennoch ist eine genauere Erfassung des autobiographischen Gedächtnisses von erheblicher Bedeutung, zumal sie wichtige differentialdiagnostische Hinweise geben kann. Die klinische Beobachtung zeigt, dass gerade Patienten mit Alzheimer-Demenz schon in sehr frühen Phasen der Erkrankung eigentümlich blass, farblos und wenig lebendig über ihre Lebensgeschichte berichten, auch wenn die wesentlichen biographischen Eckdaten noch gut zugänglich sind. Es liegt nahe, dieses Phänomen auch in der klinischen Diagnostik aufzugreifen um etwa beginnende demenzielle Prozesse sicherer zu erkennen und zuzuordnen. Von Interesse ist deshalb, inwieweit Störungen des autobiographischen Gedächtnisses mit typischen Veränderungen des Gehirns bei Alzheimer-Demenz korrelieren, wie genau sich diese Störungen im Laufe des demenziellen Prozesses entwickeln, welche Konsequenzen sie haben und inwieweit eine standardisierte Erfassung im klinischen Alltag möglich ist.

Wir haben deshalb das autobiographische Gedächtnis in einer großen Gruppe demenzkranker Altenheimbewohner untersucht[1]. Darüber hinaus haben wir die Zusammenhänge zu den Störungen des autobiographischen Gedächtnisses und atrophischen Veränderungen des Gehirns bei Demenzen in einer Gruppe von Probanden aus der Gedächtnisambulanz der Sektion Gerontopsychiatrie der Psychiatrischen Universitätsklinik Heidelberg erhoben. Schließlich diente eine repräsentative Bevölkerungsstich-

---
[1] Die Probanden wurden im Rahmen einer umfangreichen, vom Bundesministerium für Familie, Senioren, Frauen und Jugend geförderten Studie zur Lebensqualität demenzkranker Altenheimbewohner rekrutiert.

probe aus der Interdisziplinären Längsschnittstudie des Erwachsenenalters (ILSE) dazu, den Zusammenhang zwischen Bildungsniveau, Intelligenz sowie Alter und Leistungen des autobiographischen Gedächtnisses zu beleuchten und darüber hinaus auch in dieser Gruppe das autobiographische Gedächtnis bei Probanden mit leichter kognitiver Beeinträchtigung als möglicher subklinischer Vorform der Alzheimer-Demenz mit dem gesunder, kognitiv unbeeinträchtigter Teilnehmer zu vergleichen. Bei allen Untersuchungen wurde das Bielefelder Autobiographische Gedächtnisinventar (BAGI) eingesetzt, um sowohl semantisches als auch episodisches Wissen aus verschiedenen Lebensabschnitten standardisiert zu erfassen.

Im Folgenden werden nun, nach einer kurzen Übersicht über die Alzheimer-Demenz, unsere Ergebnisse der genannten Untersuchungen kurz zusammengefasst und anschließend im Hinblick auf mögliche klinische Implikationen diskutiert.

2. Alzheimer-Demenz

Demenzen sind häufige Erkrankungen, die trotz aller Fortschritte in Diagnostik und Therapie noch bei der überwiegenden Zahl der Patienten in chronische Verläufe mit zunehmender Hilfs- und Pflegebedürftigkeit münden. Der wichtigste Risikofaktor ist das Lebensalter: Beträgt die Häufigkeit demenzieller Erkrankungen etwa 1 % bei den 70-Jährigen, so steigt sie von etwa 5 % bei den über 75-Jährigen auf über 10 % bzw. 20 % bei den über 80- bzw. über 85-Jährigen. Etwa zwei Drittel aller Demenzerkrankungen entfallen auf die Alzheimer-Demenz; die nächsthäufige Demenzform, die vaskulären (von Durchblutungsstörungen im Gehirn verursachten) Demenzen, kommt in etwa 10 bis 15 % der Fälle vor. Andere Demenzformen sind zum Teil erheblich seltener (Schröder et al., 2004).

Eingeleitet wird die Alzheimer-Demenz von einer zunächst noch subklinischen Symptomatik mit diskreten Störungen der Merkfähigkeit und anderen kognitiven Defiziten. Häufig ist eine ratlos-gedrückte Stimmungslage; sobald die Defizite die Lebensführung im Alltag beeinträchtigen, wird nach den gängigen Kriterien eine Demenz diagnostiziert. Gerade dieser Zeitpunkt variiert mit dem individuellen Ausgangsniveau, da Defizite in Abhängigkeit von den jeweiligen Ressourcen noch unterschiedlich lange kompensiert werden können. Der weitere Krankheitsverlauf ist durch zunehmende kognitive Defizite charakterisiert; zudem sind psychopathologische Symptome wie Apathie, Depression, Wahnbildungen, Wahrnehmungs- und Antriebsstörungen, aber auch Verhaltensauffälligkeiten häufig (Seidl et al., 2007b). Nach einem Verlauf über durchschnittlich sieben bis neun Jahre beeinträchtigt die Alzheimer-Demenz alle höheren psychischen und kognitiven Funktionen bis zu deren Erlöschen und führt damit zu weitgehender Pflegebedürftigkeit. Klinisch werden allgemein ein beginnendes, ein mittelgradiges und ein schweres Stadium unterschieden.

Störungen des autobiographischen Gedächtnisses werden in der Begegnung mit den Patienten schon in den Anfangsstadien der Alzheimer-Demenz auffällig. Klinisch betreffen die Defizite primär Erinnerungen an selbst Erfahrenes einschließlich prägender Lebensereignisse, während äußere Lebensdaten noch lange abrufbar bleiben. Grundsätzlich gehen jüngere Erinnerungen eher verloren als ältere und folgen dabei dem Ribot'schen Gradienten (Ribot, 1881). Störungen des autobiographischen Gedächtnisses berühren so zentrale Konstituenten der Identität und beeinträchtigen Erleben und Empfinden auch subjektiv nachdrücklich.

3. Die leichte kognitive Beeinträchtigung

Die leichte kognitive Beeinträchtigung bezeichnet kognitive Defizite, die über die Altersnorm hinausgehen ohne dass bereits die Kriterien einer Demenz erfüllt sind (Seidl et al., 2007a). Unter der Vielzahl von Klassifikationssystemen bezieht sich das Konzept des „age-associated cognitive decline" (AACD) (Levy, 1994) sowohl auf psychometrisch objektivierbare Befunde als auch auf subjektiv empfundenes Nachlassen der Gedächtnisfunktionen. Eigene Daten zeigen eine hohe Prävalenz bereits bei etwa 60jährigen „jungen Alten". Die Leistungsprofile in neuropsychologischen Tests fallen graduell vom gesunden Alter über die leichte kognitive Beeinträchtigung bis zur manifesten Alzheimer-Demenz ab. Auch die Befunde aus der zerebralen Bildgebung und der Liquordiagnostik unterstreichen die Mittelstellung der leichten kognitiven Beeinträchtigung zwischen gesundem Altern und Demenzerkrankung. Eine eindeutige Unterscheidung zwischen physiologischen kognitiven Veränderungen im Alter und Störungen infolge beginnender pathologischer Prozesse ist klinisch oft nicht eindeutig möglich, wenngleich eine Differenzierung gerade im Hinblick auf therapeutische Optionen wünschenswert wäre.

Zum Verhältnis von leichter kognitiver Beeinträchtigung, Demenzerkrankungen und kognitiven Veränderungen im Alter gibt es unterschiedliche Auffassungen. Das „Kontinuitätskonzept" beschreibt ein Kontinuum mit fließenden Übergängen vom gesunden Altern über altersassoziierte kognitive Einbußen in einem diagnostisch nicht weiter aufklärbaren Übergangsbereich bis hin zur Demenz. Das „Diskontinuitätskonzept" dagegen beschreibt physiologisches Altern und Demenz jeweils als unterscheidbare Entitäten, zwischen denen überlappend eine spezielle Gruppe altersassoziierter Gedächtnisstörungen steht, die qualitativ und quantitativ von Ersteren abgrenzbar sind. Bei gegebenen pathologischen Veränderungen gibt es offenbar modulierende Faktoren, die den Zeitpunkt der klinischen Manifestation einer Demenz individuell determinieren, etwa das Bildungsniveau (Snowdon et al., 2000; Mortimer et al., 2003) oder auch allgemein das prämorbide kognitive Aktivitätsniveau (Scarmeas et al., 2003).

Bereits in den 60er Jahren führte Kral (Kral, 1962) die Bezeichnung "benign senescent forgetfulness" ein, um leichte Gedächtnisstörungen im Alter zu beschreiben und von einer Demenzerkrankung abzugrenzen. Zur operationalisierten Diagnose der leichten kognitiven Beeinträchtigung sind inzwischen eine Vielfalt weiterer Konzepte, Skalen und diagnostischer Klassifikationssysteme entwickelt worden. Von der leichten kognitiven Beeinträchtigung abzugrenzen ist die leichte kognitive Störung gemäß ICD-10, die sich ebenfalls auf kognitive Defizite bezieht, ohne dass die Kriterien einer Demenz erfüllt sind. Bei der leichten kognitiven Störung wird jedoch zusätzlich das Vorliegen einer körperlichen Erkrankung, etwa einer Infektionskrankheit, gefordert, wobei eine zerebrale Beteiligung nicht zwingend erforderlich ist. Bei den unterschiedlichen Konzepten sollte berücksichtigt werden, dass die diagnostische Validität in erheblichem Maß von der Kontrolle der Faktoren Alter und Bildungsgrad abhängt. Zudem ist der Wahrnehmung kognitiver Defizite durch die betroffenen Personen selbst ein hoher diagnostischer Stellenwert einzuräumen. Nach diesen Überlegungen sind Konzepte wie das AACD, die sowohl auf psychometrische Defizite als auch subjektive Klagen rekurrieren, sinnvoll. Entsprechend wurde in unseren eigenen Untersuchungen das AACD als Grundlage für die Diagnostik der leichten kognitiven Beeinträchtigung eingesetzt.

Eigene Daten zu Prävalenz und Verlauf der leichten kognitiven Beeinträchtigung wurden bei den 500 Teilnehmern der Interdisziplinären Langzeitstudie des Erwachsenenalters (ILSE) der Geburtsjahrgänge von 1930 bis 1932 aus den Zentren Leipzig (Sachsen) und Heidelberg/Mannheim (Baden-Württemberg) erhoben. Zum ersten Untersuchungszeitpunkt betrug das Durchschnittsalter etwa 62 Jahre, bei der zweiten Untersuchung waren die Teilnehmer im Schnitt knapp 68 Jahre alt. AACD war mit einer Prävalenz von 13.4% schon in der Gruppe der "jungen Alten" ein häufiges Zustandsbild. Im Verlauf nahm die Häufigkeit von AACD weiter zu, um nach vier Jahren eine Prävalenz von 23.6 % zu erreichen. Demgegenüber blieb die Prävalenz der leichten kognitiven Störung mit 5.8 % bzw. 7.8 % relativ stabil, ein Befund, der mit Inzidenz und Prognose der hier angesprochenen körperlichen Grunderkrankungen korrespondiert (Schönknecht et al., 2005).

4. Autobiographisches Gedächtnis bei Alzheimer-Demenz

In die Untersuchung wurden 230 Heimbewohner eingeschlossen, 195 Frauen und 35 Männer, die im Durchschnitt etwa 86 Jahre alt waren und sich in Heimen in Heidelberg, Stuttgart, Münster (Westfalen), Köln, Trier und Weimar befanden. Die Untersuchung von Heimbewohnern gewährleistete aufgrund der jeweils ähnlichen Lebensumstände eine bessere Vergleichbarkeit der Ergebnisse; die Befragung von Probanden aus verschiedenen Regionen zielte auf die Vermeidung regionaler Effekte. 28 Bewohner litten an leichter kognitiver Beeinträchtigung gemäß dem Konzept des „Age-Associated Cognitive Decline" (AACD; Levy, 1994), bei 178 Bewohnern bestand eine „wahrscheinliche" Alzheimer-Demenz nach den Kriterien von McKhann et al. (McKhann et al., 1984). Zusätzlich wurden 24 gesunde Kontrollpersonen rekrutiert.

Die Untersuchungen enthielten neben der Erfassung soziodemografischer Daten eine orientierende internistische und neurologische Untersuchung. Die neuropsychologische Testung war der eingeschränkten Belastbarkeit der Bewohner in fortgeschrittenen Stadien der Demenz angepasst. Sie enthielt neben dem „Mini-Mental State" (Folstein et al., 1975) auch Tests zur Wortflüssigkeit und Wortfindung. Zudem wurden psychiatrische Begleitsymptome wie Depressivität, Apathie, Erregung oder Verhaltensauffälligkeiten über das „Neuropsychiatric Inventory" (Cummings et al., 1994) in der Pflegeheimversion erfasst und, als Maß für die globale Beeinträchtigung, die „Global Deterioration Scale" (Reisberg et al., 1982) erhoben.

Die Erinnerung an die eigene Lebensgeschichte wurde mit einer modifizierten Version des BAGI als semistrukturiertem Interview exploriert. Das BAGI erfasst in seiner Vollversion autobiographisches Wissen zu fünf verschiedenen Lebensabschnitten, nämlich zur Vorschulzeit, Schulzeit, weiterführenden Schule bzw. Ausbildung, zur Berufstätigkeit sowie den vorangegangenen fünf Lebensjahren. Erfragt werden sowohl semantische Inhalte, beispielsweise Namen von Schulkameraden oder Lehrern, als auch episodische autobiographische Erinnerungen. Letztere werden über „frei" erinnerte Episoden erfasst; dabei wird ihre Einzigartigkeit beurteilt, also festgestellt, ob es sich um singuläre Erlebnisse, regelmäßig wiederkehrende Ereignisse oder Gesamteindrücke aus einem Lebensabschnitt handelt. So wird etwa der detaillierte Bericht über einen Fahrradunfall in der Kindheit einschließlich seiner Begleitumstände als singuläre Episode gewertet und die Genauigkeit entsprechend dem Detailreichtum gesondert erfasst. Regelmäßig wiederkehrende Ereignisse, beispielsweise der wöchentliche Gang zur Klavierstunde oder das gelegentliche Fußballspiel werden geringer bewertet. Am geringsten zählen allgemeine Angaben zum jeweiligen Lebensabschnitt. Insgesamt werden für das semantische Wissen eines Lebensabschnittes maximal fünf Punkte vergeben, für frei berichtete Episoden höchstens sechs und für die Detailinformationen höchstens elf.

Bei der Konzeption unserer Untersuchungen zum autobiographischen Gedächtnis bei Alzheimer-Demenz war vor allem die verminderte Belastbarkeit der Patienten in fortgeschrittenen Demenzstadien zu berücksichtigen. Wir haben uns in der vorliegenden Untersuchung deshalb auf die Abfrage autobiographischen Wissens aus der Schulzeit konzentriert. Zudem haben wir das BAGI, ausgehend von eigenen Voruntersuchungen mit Demenzkranken, dahin gehend modifiziert, dass die Fragen und die Struktur des Interviewbogens vereinfacht wurden. Ersteres kam den fortgeschrittenen Demenzkranken entgegen, die mit einer zu komplexen Frageweise schnell überfordert waren, letzteres diente einer Beschleunigung des Ablaufs und war der raschen Erschöpfbarkeit dieser Gruppe geschuldet.

Die zu ihren Erinnerungen an die Schulzeit befragten dementen Altenheimbewohner wurden entsprechend der Erkrankungsschwere drei verschiedenen Gruppen zugeordnet und den Bewohnern mit leichter kognitiver Beeinträchtigung sowie den nicht dementen gegenübergestellt. Dabei zeigte sich, dass die autobiographische Gedächtnisleistung insgesamt mit zunehmender Demenzschwere deutlich abnahm, bis hin zu einem fast vollständigen Verlust des Wissens um die Schulzeit bei den schwer dementen. Die Bewohner mit leichter kognitiver Beeinträchtigung unterscheiden sich dabei nicht von den beginnend dementen (**Abb. 1**). Bei differenzierter Betrachtung der einzelnen Gedächtnisqualitäten wurde ein langsamer Verlust des semantischen autobiographischen Wissens in frühen Phasen der Erkrankung mit signifikanten Unterschieden zwischen beginnender und mittelgradiger Demenz sowie einem nochmals stärker aus

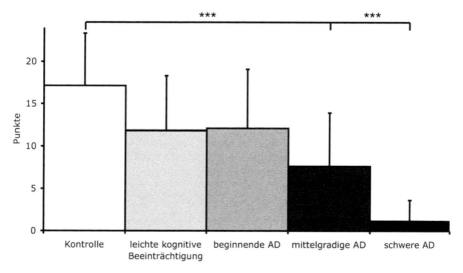

Abb. 1: BAGI-Summenscore (Mittelwerte mit Standardabweichungen) für das autobiographische Wissen über die Schulzeit bei Heimbewohnern mit leichter kognitiver Beeinträchtigung und manifester Alzheimer-Demenz (AD) sowie gesunden Kontrollpersonen. Kontrollgruppe, Bewohner mit leichter kognitiver Beeinträchtigung und beginnender AD unterscheiden sich nicht signifikant; der Verlust des autobiographischen Wissens erreicht erst bei mittelgradiger und beim Übergang zur schweren Alzheimer-Demenz Signifikanzniveau (***p<0,001). Aus: Seidl, Ahlsdorf & Schröder, 2007.

geprägten Verlust beim Übergang von mittelgradiger zu schwerer Demenz deutlich. Anders verhielt sich das episodische Gedächtnis, bei dem sich bereits leicht kognitiv Beeinträchtigte deutlich von Gesunden unterschieden und das nochmals sprunghaft beim Übergang von beginnender zu mittelgradiger Demenz verloren ging. Dieser Unterschied war nicht nur für die frei berichteten Episoden hochsignifikant, sondern zeigte sich besonders drastisch im Detailreichtum als Maß für die Präzision und Lebendigkeit der jeweiligen Erinnerung. So waren bereits mittelgradig Demente kaum mehr in der Lage, detailliert über ihre Erlebnisse zu berichten (**Abb. 2**).

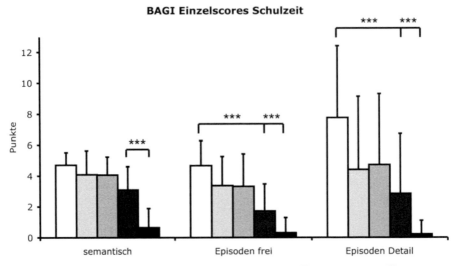

Abb. 2:   Differenzierte Darstellung der BAGI-Scores (Mittelwerte mit Standardabweichungen) für das autobiographische Wissen über die Schulzeit bei Heimbewohnern mit leichter kognitiver Beeinträchtigung und manifester Alzheimer-Demenz (AD) sowie gesunden Kontrollpersonen. Während das semantische autobiographische Wissen erst beim Übergang von mittelgradiger zu schwerer Alzheimer-Demenz (AD) hochsignifikant abnimmt, gehen episodische autobiographische Gedächtnisinhalte bereits bei mittelgradiger Alzheimer-Demenz hochsignifikant verloren und nehmen beim Übergang zur schweren Demenz nochmals ab (***p<0,001). Beachte: Die maximal erreichbaren Punktzahlen in den einzelnen Domänen sind jeweils unterschiedlich (semantisch: 5, Episoden frei: 6, Episoden Detail: 11). Aus: Seidl, Ahlsdorf & Schröder, 2007.

5. Zerebrale Korrelate

Schon früh im Verlauf sind bei der Alzheimer-Demenz Substrukturen des mittleren Temporallappens – insbesondere Amygdala und Hippocampus – atrophisch verändert, während Areale der Hirnrinde erst später betroffen sind (Braak & Braak, 1996). Diese Veränderungen können mit bildgebenden Verfahren, etwa der Magnetresonanztomographie, schon bei Patienten mit beginnender Alzheimer-Demenz bzw. leichter kognitiver Beeinträchtigung nachgewiesen werden (Pantel et al., 1997; Pantel et al., 1998; Pantel et al., 2003; Pantel et al., 2004). Bildgebende Verfahren haben sich deshalb in der klinischen Routinediagnostik und gerade in der Früherkennung der Alzheimer-Demenz weithin etabliert. Um den Zusammenhang zwischen Störungen des autobiographischen Gedächtnisses und hippocampaler Atrophie zu untersuchen, haben wir Patienten mit leichter kognitiver Beeinträchtigung und beginnender Alzheimer-Demenz aus unserer Gedächtnisambulanz sowie kognitiv gesunde ältere Kontrollpersonen untersucht. Insgesamt wurden 33 Probanden eingeschlossen; die 17 Männer und 16 Frauen waren im Schnitt 72,3 ± 5,8 Jahre alt. Bei allen Teilnehmern wurde neben einer umfangreichen neuropsychologischen Untersuchung, Demenzdiagnostik und Erhebung des BAGI eine hochauflösende magnetresonanztomographische (MRT-)Untersuchung mit magnetization prepared rapid gradient-echo (MP-RAGE-)Aufnahmen durchgeführt. Die Hippocampi wurden jeweils beidseits manuell unter Verwendung der BRAINS2-Software erfasst; das so errechnete Volumen konnte anschließend auf das mit SPM2 ermittelte Ganzhirnvolumen bezogen werden. Die Spearman-Korrelation der so gewonnenen volumetrischen Daten mit den Leistungen im BAGI zeigte einen signifikanten Zusammenhang zwischen episodischen Erinnerungen an die Vorschulzeit und den Volumina sowohl des rechten (r=0,43; p<0,05) und linken Hippocampus (r=0,47; p<0,01). Ein signifikanter Zusammenhang mit semantischen Erinnerungen aus dieser Zeit war ebenso wenig nachweisbar wie mit autobiographischen Erinnerungen aus einem anderen Lebensabschnitt. Diese Beobachtungen lassen sich dadurch erklären, dass gerade die frühen Kindheitserinnerungen spärlich und mithin vulnerabler sind als andere Inhalte des autobiographischen Gedächtnisses. Bereits leichte hippocampale Veränderungen in frühen Phasen der Alzheimer-Demenz können deshalb möglicherweise zu einer differenzierten Beeinträchtigung dieser frühen Erinnerungen führen.

6. Autobiographisches Gedächtnis bei leichter kognitiver Beeinträchtigung und mögliche Einflussfaktoren

In der bereits angesprochenen ILSE-Studie untersuchten wir in einer repräsentativen Bevölkerungsstichprobe das autobiographische Gedächtnis bei Probanden mit leichter kognitiver Beeinträchtigung und kognitiv Gesunden und – darüber hinaus – den möglichen Einfluss von Bildungsniveau, Intelligenz und Geschlecht auf die Leistung des autobiographischen Gedächtnisses. Eingeschlossen wurden 149 Probanden, 68 Frauen und 81 Männer, die im Schnitt 68 Jahre alt waren. 47 von ihnen erfüllten die AACD-Kriterien und 102 waren kognitiv unbeeinträchtigte Kontrollpersonen. Komorbide psychiatrische Erkrankungen, insbesondere depressive Störungen oder Abhängigkeitserkrankungen, waren zuvor im Rahmen einer sorgfältigen klinischen und testpsychologischen Diagnostik ausgeschlossen worden. Im Demenzscreeningverfahren MMSE erzielten beide Gruppen mit 29,0 (Kontrollgruppe) bzw. 28,8 Punkten (AACD-Gruppe) vergleichbare Ergebnisse. Zur Erfassung des autobiographischen Gedächtnisses diente, wie schon bei der Untersuchung der demenzkranken Altenheimbewohner, das BAGI, diesmal unter Berücksichtigung der Schulzeit, des mittleren Erwachsenenalters und der letzten 5 Jahre.

Probanden mit leichter kognitiver Beeinträchtigung unterschieden sich dabei nicht in ihrem semantischen Wissen **(Abb. 3)**, wohingegen das episodische Wissen signifikant beeinträchtigt war **(Abb. 4)**. Dieser Befund bestätigt, was sich schon in der Untersuchung der Heimbewohner darstellte: Bereits bei der leichten kognitiven Beeinträchtigung als möglicher präklinischer Form der Alzheimer-Demenz ist das autobiographische Gedächtnis differenziert eingeschränkt in dem Sinne, dass gerade ein lebendiges, detailliertes Hineinversetzen in die eigene Vergangenheit offenbar erschwert ist.

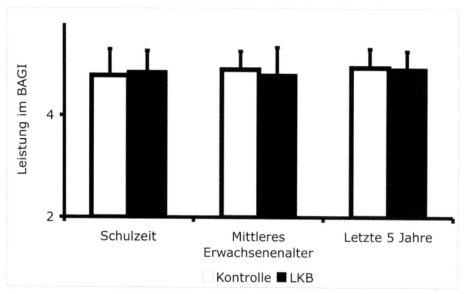

Abb. 3:   Mittelwerte und Standardabweichungen bei der Abfrage semantischen Wissens aus Schulzeit, mittlerem Erwachsenenalter und den letzten 5 Jahren im Bielefelder Autobiographischen Gedächtnisinventar (BAGI). Die Leistungen von kognitiv gesunden Kontrollpersonen und Probanden mit leichter kognitiver Beeinträchtigung (LKB) unterscheiden sich nicht signifikant.

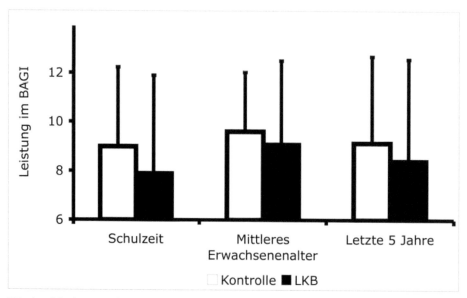

Abb. 4:   Mittelwerte und Standardabweichungen bei der Abfrage detaillierten episodischen Wissens aus Schulzeit, mittlerem Erwachsenenalter und den letzten 5 Jahren im Bielefelder Autobiographischen Gedächtnisinventar (BAGI). Die Leistungen von kognitiv gesunden Kontrollpersonen und Probanden mit leichter kognitiver Beeinträchtigung (LKB) erreicht das Signifikanzniveau (p ≤ 0.01).

Anhand der kognitiv unbeeinträchtigten Probanden der ILSE konnten wir darüber hinaus zeigen, dass weder Intelligenz, gemessen mit dem reduzierten Wechsler-Intelligenztest **(Abb. 5)**, noch das Bildungsniveau **(Abb. 6)** noch das Geschlecht einen signifikanten Einfluss auf das Abschneiden im BAGI haben.

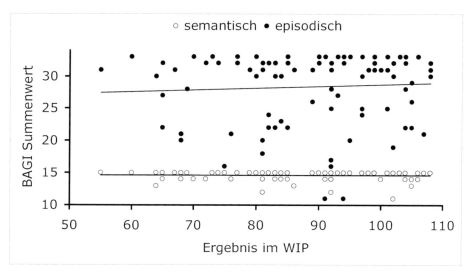

Abb. 5: Zusammenhang von Intelligenz, gemessen im reduzierten Wechsler-Intelligenztest (WIP), und den Gesamtergebnissen der semantischen Informationen bzw. detailliert berichteten Episoden, wie sie jeweils im Bielefelder Autobiographischen Gedächtnisinventar (BAGI) erfasst werden. Weder mit dem semantischen (r^2=0,0001) noch mit dem episodischen Wissen (r^2=0,0045) besteht ein signifikanter Zusammenhang.

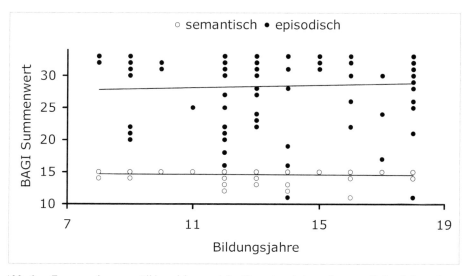

Abb. 6: Zusammenhang von Bildungsjahren und den Gesamtergebnissen der semantischen Informationen bzw. detailliert berichteten Episoden, wie sie jeweils im Bielefelder Autobiographischen Gedächtnisinventar (BAGI) erfasst werden. Weder mit dem semantischen (r^2=0,0037) noch mit dem episodischen Wissen (r^2=0,0032) besteht ein signifikanter Zusammenhang.

7. Zusammenfassung und Diskussion

Unsere Untersuchungen zeigen, dass das autobiographische Gedächtnis schon in frühen oder gar präklinischen Phasen der Alzheimer-Demenz nachhaltig beeinträchtigt ist. Die Defizite betreffen zunächst den Abruf episodischer Inhalte, verstärken sich jedoch im weiteren Verlauf um nun zunehmend auch semantische Inhalte zu erfassen. Schon Patienten mit leichter kognitiver Beeinträchtigung zeigten ausgeprägte Defizite des episodischen Gedächtnisses, die bei mittelgradiger oder schwerer Alzheimer-Demenz fortbestanden. Demgegenüber gingen semantische autobiographische Gedächtnisinhalte graduell verloren, sodass weitreichende Defizite erst bei den schwer Dementen entstanden. Diese Dissoziation zwischen ausgeprägten Verlusten episodischer Erinnerungen bei noch lange erhaltenen semantischen autobiographischen Gedächtnisinhalten entspricht einer Semantisierung autobiographischer Erinnerungen, wie sie von anderen Autoren, etwa Eustache und Mitarbeitern (Eustache et al., 2004), beschrieben wurde. Dieser Befund stellte sich nicht nur testpsychologisch dar, sondern wurde auch in der Begegnung mit den Alzheimer-Demenz-Patienten offenkundig, bei denen die Lebenserinnerungen mit Fortschreiten der Erkrankung auf ein dürres semantisches Grundgerüst reduziert erschienen.

Der Befund einer differenzierten Beeinträchtigung des autobiographischen Gedächtnisses bereits bei der leichten kognitiven Beeinträchtigung als möglicher Vorform der Alzheimer-Demenz zeigte sich auch in einer jüngst erschienenen Studie bei 17 Probanden mit leichter kognitiver Beeinträchtigung nach dem Konzept des *amnestic mild cognitive impairment* (Murphy et al., 2008). In Übereinstimmung mit unseren Ergebnissen waren beim Bericht der Probanden über ihre Erlebnisse aus verschiedenen Lebensabschnitten die episodischen Anteile im Vergleich zu kognitiv unbeeinträchtigten Kontrollpersonen vermindert. Ein zeitlicher Gradient war dabei nicht zu beobachten, während bei den von uns untersuchten ILSE-Probanden mit leichter kognitiver Beeinträchtigung tendenziell das episodische Wissen aus der Schulzeit stärker beeinträchtigt war.

Der sprunghafte Verlust episodischer autobiographischer Gedächtnisinhalte in frühen oder gar präklinischen Stadien der Alzheimer-Demenz korrespondiert mit Veränderungen von Substrukturen des medialen Temporallappens in diesen Phasen der Erkrankung. Hinsichtlich der Funktion des Hippocampus für autobiographische Gedächtnisleistungen wird eine zeitlich begrenzte Beteiligung diskutiert, bei der Gedächtnisinhalte im Laufe der Zeit in neocortikale Areale überführt und damit vom Hippocampus unabhängig werden (Squire, 1992; Teng & Squire, 1999). Diese zeitabhängige Funktion des Hippocampus wird als „Standardmodell" bezeichnet und korrespondiert mit dem Verlust deklarativer Gedächtnisinhalte entlang dem Ribot' schen Gradienten bei demenziellen Erkrankungen, die – wie die Alzheimer-Demenz – primär den Hippocampus betreffen. Tatsächlich wird bei anderen Demenzformen, etwa den semantischen Demenzen, die den Hippocampus zunächst verschonen, eine Umkehr des Ribot'schen Gradienten beschrieben (Piolino et al., 2003). Zudem wird das Standardmodell durch Studien mit bildgebenden Verfahren gestützt. Auch die Ergebnisse neuerer Arbeiten zum wohl bekanntesten anmnestischen Patienten, H. M. (Markowitsch, 1985), sprechen eindeutig für das Standardmodell (O'Kane et al., 2004) und gegen die als „multiple trace theory" bekannte Alternativhypothese, die von einer lebenslangen Bedeutung des Hippocampus für den Abruf episodischer Erinnerungen ausgeht (Nadel & Moscovitch, 1997; Ryan et al., 2001). Auch der Verlust der emotionalen Tönung autobiographischer Erinnerungen bei der Alzheimer-Demenz korrespondiert mit der zunehmenden Atrophie des Hippocampus, der aus physiologischer Sicht die Integration kontextueller Informationen gewährleistet (Eustache et al., 2004). Semantisches autobiographisches Wissen bleibt nach dem Standardmodell länger erhalten, da es unabhängig von der Hippocampusfunktion in neocorticalen Arealen gespeichert ist, die erst später im Laufe der Demenz betroffen sind.

Die Ergebnisse unserer Studie unterstreichen nicht nur die Bedeutung des Hippocampus gerade für die episodische Qualität, sondern betonen auch die Differenzierung von semantischem und episodischem autobiographischem Gedächtnis, wie sie in Läsions- und Bildgebungsstudien vorgenommen wurde (Levine, 2004). So fand die Gruppe um Levine (Levine et al., 2004) in einer Studie mit funktioneller Magnetresonanztomographie heraus, dass episodische im Gegensatz zu semantischen autobiographischen Erinnerungen bei gesunden Probanden mit einer Aktivität im medialen temporalen Cortex, im posterioren Cingulum und in diencephalen Arealen einhergehen.

Der Verlust des autobiographischen Gedächtnisses bei Alzheimer-Demenz, bei der das Episodische vor dem Semantischen und das später Gelernte vor dem früher Erworbenen verloren geht, stellt in seinem zeitlichen Ablauf eine Umkehr des phylogenetischen Entwicklungsprozesses dar. Die Ausbildung des autobiographischen Gedächtnisses in der Kindheit wiederum steht in engem Zusammenhang mit der Entwicklung nicht nur der Temporal-, sondern auch der Frontallappen. Die entsprechenden Substrukturen, die sich auf die Persönlichkeit, das Bewusstsein der eigenen Person und die Fähigkeit beziehen, sich selbst in Beziehung zu anderen zu setzen, entwickeln sich auf neuronaler Ebene bis weit in die Adoleszenz hinein. Die Ausbildung des Selbstkonzepts und des autobiographischen Gedächtnisses kann als Periode einer langen Entwicklung der differenzierten Selbst- und Fremdwahrnehmung begriffen werden. In diesem Differenzierungsprozess spielt die soziale Interaktion eine Hauptrolle (Trevarthen, 1998). Zweijährige Kinder mögen zwar über episodische Erinnerungen verfügen, das autobiographische Gedächtnis aber setzt die Fähigkeit voraus, sich selbst sprachlich in der jeweiligen Situation zu repräsentieren und damit interpretieren und verstehen zu können. Der Übergang vom episodischen zum autobiographischen Gedächtnis vollzieht sich, wenn Kinder lernen, ihren Erinnerungen eine bestimmte Erzählstruktur zu geben (Nelson, 1996; Nelson & Fivush, 2004). Bei Alzheimer-Demenz verläuft der Prozess offenbar in umgekehrter Weise: Schon sehr früh geht die Fähigkeit verloren, die Umwelt interpretierend zu verstehen, was mit einer grundlegenden Unsicherheit einhergeht. Die Fähigkeit, einzelne Episoden zu reproduzieren, bleibt zwar zunächst erhalten, ist jedoch mit einem Verblassen und einem „Unpersönlich-Werden" der jeweiligen Erinnerung verbunden, bis nur das semantische Grundgerüst zurückbleibt, das schließlich ebenfalls erlischt.

Mit dem Verblassen lebensgeschichtlicher Erinnerungen sind zentrale Konstituenten der persönlichen Identität betroffen und entsprechend zeigt sich, dass gerade ein Verlust des autobiographischen Wissens über Kindheit und frühes Erwachsenenalter die Identität beeinträchtigen (Addis & Tippett, 2004). Identität kann, zusammen mit Selbstgefühl und Verhalten, als eine Komponente des Selbstkonzepts begriffen und ihrerseits in Selbstwissen und Narrative unterteilt werden. Die Narrative umfasst individuelle Geschichten, das selbst Erlebte und Erfahrene und entspricht damit am ehesten dem autobiographischen Gedächtnis im eigentlichen Sinne. Das Selbstwissen dagegen beschreibt die Wahrnehmung der eigenen Person, etwa das Wissen um bestimmte Charakterzüge. Darüber hinaus sind für die Identität eine gewisse Kohärenz und zeitliche Kontinuität bedeutsam, die der Person ein Gefühl der Einheit vermitteln (Addis & Tippett, 2004). Gerade die zeitliche Kontinuität – also die Integration von vergangenen, gegenwärtigen und zukünftigen Selbstkonzepten – ist bedeutsam dafür, dass sich Individuen ungeachtet geänderter Rollen und Lebenssituationen als prinzipiell dieselbe Person wahrnehmen. Es liegt nun nahe, dass gerade eine Störung des episodischen autobiographischen Gedächtnisses im Sinne einer Schädigung der Narrative zu einer Störung der Identität führt. Denkbar ist darüber hinaus, dass bei demenziellen Erkrankungen aufgrund der kognitiven oder perzeptiven Störungen noch weitere Bereiche, die für die Identitätsbildung bedeutsam sind, beeinträchtigt sind, etwa Selbstwahrnehmung oder Integration der Selbstkonzepte. Tatsächlich verweisen Studien mit Alzheimer-Patienten und deren Angehörigen auf eine Beeinträchtigung der Identität in dieser Patientengruppe (Orona, 1990; Mills, 1998), wenngleich nicht alle Bereiche der Identität betroffen sein müssen (Addis & Tippett, 2004). Es wird Aufgabe künftiger Studien sein, diese Zusammenhänge näher zu beleuchten und aus den Befunden gegebenenfalls therapeutische Konzepte zu entwickeln, um damit einem Verlust der Identität demenziell Erkrankter so weit wie möglich entgegen wirken zu können.

8. Ausblick

Unsere Studien belegen, dass das autobiographische Gedächtnis bei Alzheimer-Demenz früh und differenziert beeinträchtigt ist. Das episodische Wissen verschlechtert sich sprunghaft bereits in frühen und mittleren Phasen, während das semantische Gedächtnis erst in späten Phasen der Erkrankung verloren geht. Der zeitliche Ablauf des autobiographischen Gedächtnisverlustes bei Alzheimer-Demenz kann dabei als Umkehr der Gedächtnisentwicklung verstanden werden. Welche Auswirkungen diese Prozesse auf das Erleben der Betroffenen haben, ist dabei bislang kaum bekannt. So wird es eine Aufgabe künftiger Untersuchungen sein zu klären, welche Konsequenzen sich für das Erleben der Betroffenen und ihre Identität ergeben und ob eine Beziehung zwischen Störungen des autobiographischen Gedächtnisses und den oben angesprochenen nicht-kognitiven Störungen, etwa Depressivität oder Apathie, besteht. Schließlich trägt ein genaueres Verständnis dieser Zusammenhänge nicht nur dazu bei, die Erkrankung und ihre Symptome besser zu verstehen, sondern kann möglicherweise über die Entwicklung neuer therapeutischer Ansätze auch einen wesentlichen Beitrag zur Verbesserung der Lebensqualität leisten.

Literatur

[1] Addis, DR., Tippett, LJ. (2004). "Memory of myself: autobiographical memory and identity in Alzheimer's disease." Memory 12(1): 56-74.
[2] Braak, H., Braak, E. (1996). "Evolution of the neuropathology of Alzheimer's disease." Acta Neurol Scand Suppl 165: 3-12.
[3] Cummings, JL., Mega, M., Gray, K., Rosenberg-Thompson, S., Carusi, DA., Gornbein, J. (1994). "The Neuropsychiatric Inventory: comprehensive assessment of psychopathology in dementia." Neurology 44(12): 2308-14.
[4] Eustache, F., Piolino, P., Giffard, B., Viader, F., De La Sayette, V., Baron, JC., Desgranges, B. (2004). "'In the course of time': a PET study of the cerebral substrates of autobiographical amnesia in Alzheimer's disease." Brain 127(Pt 7): 1549-60.
[5] Folstein, MF., Folstein, SE., McHugh, PR. (1975). "Mini-mental state". A practical method for grading the cognitive state of patients for the clinician." J Psychiatr Res 12(3): 189-98.
[6] Kral, VA. (1962). "Senescent forgetfulness: benign and malignant." Can Med Assoc J 86: 257-60.
[7] Levine, B. (2004). "Autobiographical memory and the self in time: brain lesion effects, functional neuroanatomy, and lifespan development." Brain Cogn 55(1): 54-68.

[8] Levine, B., Turner, GR., Tisserand, D., Hevenor, SJ., Graham, SJ., McIntosh, AR. (2004). "The functional neuroanatomy of episodic and semantic autobiographical remembering: a prospective functional MRI study." J Cogn Neurosci 16(9): 1633-46.

[9] Levy, R. (1994). "Aging-associated cognitive decline. Working Party of the International Psychogeriatric Association in collaboration with the World Health Organization." Int Psychogeriatr 6(1): 63-8.

[10] Markowitsch, HJ. (1985). "Der Fall H.M. im Dienste der Wissenschaft." Naturwiss Rdsch 38: 410-6.

[11] McKhann, G., Drachman, D., Folstein, M., Katzman, R., Price, D., Stadlan, EM. (1984). "Clinical diagnosis of Alzheimer's disease: report of the NINCDS-ADRDA Work Group under the auspices of Department of Health and Human Services Task Force on Alzheimer's Disease." Neurology 34(7): 939-44.

[12] Mills, MA. (1998). Narrative identity and dementia: A study of autobiographical memories and emotions. Aldershot, UK, Ashgate Publishing.

[13] Mortimer, JA., Snowdon, DA., Markesbery, WR. (2003). "Head circumference, education and risk of dementia: findings from the Nun Study." J Clin Exp Neuropsychol 25(5): 671-9.

[14] Murphy, KJ., Troyer, AK., Levine, B., Moscovitch, M. (2008). "Episodic, but not semantic, autobiographical memory is reduced in amnestic mild cognitive impairment." Neuropsychologia 46(13): 3116-23.

[15] Nadel, L., Moscovitch, M. (1997). "Memory consolidation, retrograde amnesia and the hippocampal complex." Curr Opin Neurobiol 7(2): 217-27.

[16] Nelson, K. (1996). Language in Cognitive Development. The Emergence of the Mediated Mind. Cambridge, Cambridge University Press.

[17] Nelson, K., Fivush, R. (2004). "The emergence of autobiographical memory: a social cultural developmental theory." Psychol Rev 111(2): 486-511.

[18] O'Kane, G., Kensinger, EA., Corkin, S. (2004). "Evidence for semantic learning in profound amnesia: an investigation with patient H.M." Hippocampus 14(4): 417-25.

[19] Orona, CJ. (1990). "Temporality and identity loss due to Alzheimer's disease." Soc Sci Med 30(11): 1247-56.

[20] Pantel, J., Schröder, J., Schad, LR., Friedlinger, M., Knopp, MV., Schmitt, R., Geissler, M., Bluml, S., Essig, M., Sauer, H. (1997). "Quantitative magnetic resonance imaging and neuropsychological functions in dementia of the Alzheimer type." Psychol Med 27(1): 221-9.

[21] Pantel, J., Schröder, J., Essig, M., Jauss, M., Schneider, G., Eysenbach, K., von Kummer, R., Baudendistel, K., Schad, LR., Knopp, MV. (1998). "In vivo quantification of brain volumes in subcortical vascular dementia and Alzheimer's disease. An MRI-based study." Dement Geriatr Cogn Disord 9(6): 309-16.

[22] Pantel, J., Kratz, B., Essig., M., Schröder, J. (2003). "Parahippocampal volume deficits in subjects with aging-associated cognitive decline." Am J Psychiatry 160(2): 379-82.

[23] Pantel, J., Schönknecht, P., Essig, M., Schröder, J. (2004). "Distribution of cerebral atrophy assessed by magnetic resonance imaging reflects patterns of neuropsychological deficits in Alzheimer's dementia." Neurosci Lett 361(1-3): 17-20.

[24] Piolino, P., Desgranges, B., Belliard, S., Matuszewski, V., Lalevee, C., De la Sayette, V., Eustache, F. (2003). "Autobiographical memory and autonoetic consciousness: triple dissociation in neurodegenerative diseases." Brain 126(Pt 10): 2203-19.

[25] Reisberg, B., Ferris, SH., de Leon, MJ., Crook, T. (1982). "The Global Deterioration Scale for assessment of primary degenerative dementia." Am J Psychiatry 139(9): 1136-9.

[26] Ribot, T. (1881). Les maladies de la mémoire. Paris, Germer-Baillière.

[27] Ryan, L., Nadel, L., Keil, K., Putnam, K., Schnyer, D., Trouard, T., Moscovitch, M. (2001). "Hippocampal complex and retrieval of recent and very remote autobiographical memories: evidence from functional magnetic resonance imaging in neurologically intact people." Hippocampus 11(6): 707-14.

[28] Scarmeas, N., Zarahn, E., Anderson, KE., Habeck, CG., Hilton, J., Flynn, J., Marder, KS., Bell, KL., Sackeim, HA., Van Heertum, RL., Moeller, JR., Stern, Y. (2003). "Association of life activities with cerebral blood flow in Alzheimer disease: implications for the cognitive reserve hypothesis." Arch Neurol 60(3): 359-65.

[29] Schönknecht, P., Pantel, J., Kruse, A., Schröder, J. (2005). "Prevalence and natural course of aging-associated cognitive decline in a population-based sample of young-old subjects." Am J Psychiatry 162(11): 2071-7.

[30] Schröder, J., Pantel, J., Förstl, H. (2004). Demenzielle Erkrankungen – ein Überblick. Enzyklopädie der Gerontologie. Kruse, A and Martin, M. Bern, Verlag Hans Huber.

[31] Seidl, U., Ahlsdorf, E., Toro, P. (2007a). "Die leichte kognitive Beeinträchtigung - Epidemiologische, neuropsychologische und neurobiologische Aspekte." Journal of Preventive Medicine 3: 286-293.

[32] Seidl, U., Lueken, U., Völker, L., Re, S., Becker, S., Kruse, A., Schröder, J. (2007b). "Nicht-kognitive Symptome und psychopharmakologische Behandlung bei demenzkranken Heimbewohnern [Non-

cognitive symptoms and psychopharmacological treatment in demented nursing home residents]." Fortschr Neurol Psychiatr 75(12): 720-7.

[33] Snowdon, DA., Greiner, LH., Markesbery, WR. (2000). "Linguistic ability in early life and the neuropathology of Alzheimer's disease and cerebrovascular disease. Findings from the Nun Study." Ann N Y Acad Sci 903: 34-8.

[34] Squire, LR. (1992). "Memory and the hippocampus: a synthesis from findings with rats, monkeys, and humans." Psychol Rev 99(2): 195-231.

[35] Teng, E., Squire, LR. (1999). "Memory for places learned long ago is intact after hippocampal damage." Nature 400(6745): 675-7.

[36] Trevarthen, C. (1998). The concept and foundations of infant intersubjectivity. Intersubjective communication and emotion in early ontogeny. Braten, S. Cambridge, Cambridge University Press: 15-46.

Das autobiographische Gedächtnis aus kinder- und jugendpsychiatrischer Perspektive

Stephan BENDER
Klinik für Kinder- und Jugendpsychiatrie, Heidelberg

Das autobiographische Gedächtnis stellt einen integralen Bestandteil unserer Persönlichkeit dar. Wer bin ich, wie habe ich mich bisher verhalten, was habe ich erlebt, wie habe ich meine sozialen Beziehungen gestaltet – für die Beantwortung all der Fragen, die sich stellen, wenn man die eigene Person reflektiv betrachtet, spielt das autobiographische Gedächtnis eine entscheidende Rolle („deklaratives Selbst"). Viele wichtige Entscheidungen, die wir treffen, treffen wir anhand von Informationen, die wir in unserer Biographie gespeichert haben. Um uns selbst und die Entstehung unserer Persönlichkeit zu verstehen, ist es also von entscheidender Bedeutung, auch die Ontogenese des Gedächtnisses im Kindesalter zu verstehen. Umso mehr, als es das erstaunliche Phänomen der frühkindlichen Amnesie gibt: Strukturierte Erinnerungen an unsere frühe Vergangenheit vor dem 3.-6. Lebensjahr sind sehr selten, obwohl Kinder in Bezug auf Psychomotorik und Spracherwerb rasant dazu lernen. Wieso aber ist diese spannende Phase unserer Entwicklung später ein blinder Fleck? Wieso vergessen wir, woher wir kommen und welche frühen Erfahrungen wir gemacht haben? Oder wussten wir es noch nie?

Reifungsaspekte spielen auch zum Verständnis der Pathophysiologie der Schizophrenie, auf die in Kapitel 5 eingegangen wurde, eine wichtige Rolle. Neben Befunden, die zeigen, dass die erste psychotische Krankheitsepisode zu einer Volumenreduktion führt (Theberge et al., 2007), weisen andere Befunde auf eine Verstärkung der Volumenreduktionen hin, die ohnehin im Kindes- und Jugendalter als Resultat des so genannten Pruning (Aussortieren nicht benötigter Neuronen und Verbindungen) stattfindet (Vidal et al., 2006). Neben degenerativen Veränderungen im Rahmen des Krankheitsprozesses könnte somit auch eine fehlgeleitete Reifung ursächlich eine wichtige Rolle in der Pathophysiologie der Schizophrenie spielen.

1. Formen von Gedächtnis

Es lassen sich unterschiedliche Formen von Gedächtnis und Lernen mit unterschiedlichen Reifungsverläufen abgrenzen. Hierbei gibt es verschiedene Klassifikationen. Auf der Verhaltensebene lassen sich klassisches und operantes Konditionieren abgrenzen, wobei Lernerfahrungen Reaktionen und Verhalten beeinflussen. In Bezug auf das reine Gedächtnis wird entweder nach der Zeitdauer des Behaltens in sensorisches, Kurzzeit- oder Arbeitsgedächtnis und Langzeitgedächtnis unterschieden. In Bezug auf die Inhalte trennt man das prozedurale Gedächtnis, bei dem z. B. motorische Bewegungsabläufe wie beim Klavierspielen erfasst werden. Eine andere Form impliziten Lernens bei der die Inhalte nicht bewusst benannt werden können, ist das Priming, wobei sich Erregung in neuronalen assoziativen Netzen ausbreitet und verwandte Erinnerungen gebahnt werden. Im Gegensatz hierzu umfasst das deklarative Lernen bewusste Inhalte und setzt sich aus dem kontextunabhängigen semantischen Wissenssystem zusammen sowie aus dem episodischen Gedächtnis, wobei ich mich an persönliche Erfahrungen und Erlebnisse aus meiner Biographie erinnere (Tulving et al., 1998). Das autobiographische Gedächtnis stellt hohe Anforderungen an das Gehirn, da es sich auf komplexe, strukturierte Inhalte bezieht.

Um eine Episode zu enkodieren, braucht es eine bereits ausgereifte Wahrnehmung und semantische Konzepte (z. B. „mir ist ein Topf auf den Fuß gefallen" – hierfür müssen sowohl die Konzepte „Topf" und „Fuß" zur Verfügung stehen). Darüber hinaus reicht es nicht, dass einzelne Bilder sich ins Gedächtnis einbrennen, sondern unterschiedliche Sinnesmodalitäten und Konzepte müssen zu einem sinnvollen, geordneten Ganzen integriert werden. Für diese Integrationsleistung könnte ein ausgereiftes Arbeitsgedächtnis bei der Enkodierung hilfreich sein, hierauf wird später noch näher eingegangen. Neben einer funktionierenden Enkodierung muss natürlich auch die Fähigkeit zum Abrufen und Auffinden von Gedächtnisinformationen anhand von Hinweisreizen oder offenen Fragen entwickelt sein. Das Erlebte muss darüber hinaus als etwas abgespeichert werden, das ich selbst als Person erlebt und gefühlt habe. Insbesondere emotional bedeutsame Inhalte werden bevorzugt in Erinnerung gebracht. Dafür benötigt das Kind ein ausgereiftes Selbstkonzept von sich als zusammenhängender Person (Perner et al., 1995) und eine affektive Erkennung bedeutsamer Situationen. Episoden zeichnen sich des Weiteren durch einen Kontextbezug nicht nur zu mir als Person, sondern auch zu einem bestimmten Zeitpunkt und einem bestimmten Ort aus. Hierzu muss das Kind über zeitliche und räumliche Konzepte verfügen. Zu guter Letzt stellt insbesondere die Integration aller Aspekte eine komplexe Leistung dar, bei der die Strukturen des medialen Temporallappens eine wichtige Rolle spielen dürften.

2. Allgemeine kognitive Entwicklung

Um die Entwicklung des autobiographischen Gedächtnisses besser zu verstehen und einordnen zu können, scheint es notwendig zu sein, einen kurzen Blick auf die allgemeine kognitive Entwicklung im Kindesalter zu werfen.

Die **Stadieneinteilung nach Piaget** stellt trotz verschiedener Präzisierungen und Kritiken immer noch eine wichtige entwicklungspsychologische Grundlage dar (Piaget, 1970):

Im ersten Lebensjahr, im **Stadium der sensumotorischen Entwicklung**, lernt das Kind, seine Bewegungen zu kontrollieren und entwickelt bereits so genannte „Kreisreaktionen", das heißt, angenehme Reize werden immer wieder provoziert.

Das **prä-operationale Stadium** im Vorschulalter ist durch magisches Denken, die Konzentration auf eine statt mehrere Dimensionen und das Fehlen konkreter reversibler logischer Operationen gekennzeichnet, die ab dem Schulalter mit ca. 6 Jahren erworben werden.

Ein Beispiel stellt der Versuch zur Volumenkonstanz dar: Dem Kind wird gezeigt, wie Wasser aus einem breiten Glas in ein schmaleres Glas umgegossen wird. Kinder im prä-operationalen Stadium konzentrieren sich auf eine einzige Dimension und sagen, im schmalen Glas sei mehr Wasser, weil es höher stehe. Erst im Laufe der Entwicklung im **operationalen Stadium** verstehen die Kinder, dass sowohl Höhe als auch Breite zu berücksichtigen sind und dass weder Wasser hinzukommt noch wegfließt, wenn eine Menge Wasser umgeschüttet wird (Volumenkonstanz). Neuere Erklärungsversuche zielen darauf ab, dass im Zuge einer effektiveren oder schnelleren Verarbeitung die Kapazität im Arbeitsgedächtnis besser genutzt werden kann (Case, 1985), so dass zunehmend mehr einzelne Aspekte bei kognitiven Operationen gleichzeitig berücksichtigt werden können (z. B. Höhe und Breite). Somit könnte die Kapazität im Arbeitsgedächtnis eine wichtige Grundlage für die Integration unterschiedlicher Aspekte und Dimensionen und damit die kognitive Entwicklung darstellen (Pascual-Leone, 1970, 2000). Für die Kapazität und die Effektivität der Nutzung des Arbeitsgedächtnisses ist der Präfrontalcortex von entscheidender Bedeutung, der in rekurrenten Schleifen gerade wahrgenommenes Material länger im Bewusstsein hält (Fuster, 2000). Selbstverständlich gibt es auch alternative Theorien.

Im **formal-operationalen Stadium** nach Piaget, das ungefähr ab der Pubertät erreicht wird, können die Jugendlichen Hypothesen aufstellen und systematisch testen. Sie können über konkrete Operationen und Manipulationen in der Vorstellung hinausgehen.

3. Entwicklung der verschiedenen Gedächtnisformen

Prozedurales Lernen ist zum Erlangen der Bewegungskontrolle und Entwicklung der Psychomotorik im ersten Lebensjahr von Geburt an wichtig für Säugling und Kleinkind (Rovee-Collier, 1997). Dementsprechend ist prozedurales Lernen sehr früh möglich.

Auch ein **Wiedererkennen** (z. B. der Mutter des Kindes) entsteht sehr früh, da es bereits hilfreich und notwendig für das sehr junge Kind ist (Pascalis et al., 1998). Habituationsparadigmen arbeiten etwa damit, dass Säuglinge z. B. ihre Nuckelfrequenz ändern, wenn sie mit neuen Reizen konfrontiert werden. Reize an die sie sich bereits gewöhnt haben, das heißt, an die sie sich erinnern, rufen eine derartige Änderung nicht hervor (Colombo et al., 2008). So kann auch bereits bei sehr kleinen Kindern ohne Sprachentwicklung untersucht werden, ob sie sich an Reize erinnern. Man geht davon aus, dass das Wiedererkennen in den ersten Monaten nach der Geburt deutlich besser wird, wobei bereits 3-6 monatige Säuglinge beeindruckende Wiedererkennensleistungen vollbringen können (Pascalis et al., 1998). Spätestens das Fremdeln mit ca. 8 Monaten zeugt von einer unverkennbaren Unterscheidung zwischen Kindsmutter (oder primärer Bezugsperson) und unbekannten Personen. Für die Entstehung von Bindung ist ein frühes Wiedererkennen von besonderer Bedeutung.

Eine längerfristige **Objektpermanenz**, das heißt, das Erinnern, ohne dass ein Stimulus präsentiert wird („meine Mutter hört nicht auf zu existieren, wenn sie aus meinem Blickfeld verschwindet", versteckte Objekte werden im Experiment wieder gefunden) wird mit Ende des ersten Lebensjahres erworben, wobei sich die Zeitspanne über das erste Lebensjahr entwickelt (Ruffman et al., 2005). Mit der Festigung dieser Symbolisierungsfähigkeit ist auch die Grundlage für die weitere Sprachentwicklung gelegt.

Viele komplexere Konzepte werden erst durch den verbalen Ausdruck und das sprachliche Denken angelegt. Dies ist eine wichtige Beobachtung, da eine prominente Theorie davon ausgeht, dass strukturierte Gedächtnisinhalte vor dem 3. Lebensjahr nicht abgerufen werden können, weil sich die Art der Konzepte, in denen Erinnerungen kodiert werden, nach dieser Zeit mit fortschreitender Versprachlichung ändert, sodass frühere Erinnerungen nicht mehr zugänglich sind (Usher et al., 1993).

In Bezug auf das **Kurzzeitgedächtnis** nimmt die Gedächtnisspanne vom 2. Lebensjahr bis hin zum Jugendalter von 2-3 auf 6-7 Einzelitems kontinuierlich zu (Dempster, 1981). Wie bereits erwähnt, gibt es Entwicklungspsychologen, die hierin eine wichtige Grundlage der allgemeinen kognitiven Entwicklung sehen. Umstritten ist, ob sich wirklich die Kapazität des Kurzzeitgedächtnisses ändert, oder ob Inhalte schneller/effektiver kodiert werden, so dass scheinbar mehr Items behalten werden können.

Ich möchte an dieser Stelle erneut darauf hinweisen, dass es gerade für das autobiographische Gedächtnis notwendig ist, viele Aspekte zu einer einheitlichen strukturierten Episode zu verknüpfen (Ich-Bezug, Zeitpunkt und Sequenz der Ereignisse, Ort des Geschehens, Wahrnehmungen in unterschiedlichen Sinnesqualitäten, ausgelöste Emotionen).

Was ich im vorliegenden Kapitel vorschlagen möchte, ist somit die **konsequente Anwendung** der Logik entwicklungspsychologischer **Neo-Piaget-Theorien** (kognitive Entwicklung durch vergrößerte Möglichkeiten im Arbeitsgedächtnis; Case, 1985; Pascual-Leone, 1970, 2000) **auf die Entwicklung** auch **des autobiographischen Gedächtnisses**.

4. Entwicklung des autobiographischen Gedächtnisses

Im Gegensatz zu den genannten, einfachen Gedächtnisformen, die auch beim Kleinkind oder Säugling wieder auf Abruf getestet werden (Bauer, 2006), entwickelt sich das autobiographische Gedächtnis deutlich später (2.-6. Lebensjahr; Davis et al., 2008; Eacott et al., 1999).

Einer der ersten Erklärungsversuche der **frühkindlichen Amnesie** geht auf **Freud** zurück. Er ging davon aus, dass das Ich beunruhigende Erinnerungen aus frühen Phasen zensiert (Pillemer, 1998). Dies wurde jedoch von Experimentalpsychologen rasch verworfen, da sich keine eindeutigen Zusammenhänge zwischen affektiver Valenz der Erinnerungen und dem Vergessen zeigen ließen: Weder sind nur besonders stark emotional besetzte Erinnerungen vom Vergessen betroffen, noch sind diese Erinnerungen vom Vergessen komplett ausgenommen. Dagegen könnte die Differenzierung emotionaler Konzepte eine wichtige Rolle spielen (Wang, 2008).

Deswegen wandten sich die Erklärungsversuche der **Theorie der inkompatiblen Repräsentationen** zu, wodurch frühe Erinnerungen aus der vorsprachlichen Periode in späteren Entwicklungsphasen nicht mehr akzessibel sind (Fivush et al., 2004; Nelson et al., 2004; Perner et al., 1995). Jedoch lassen sich bei einer ausreichenden Menge an Hinweisreizen semantische kontextunabhängige Erinnerungen aus der frühkindlichen Zeit nachweisen, die jedoch nicht zu Episoden geordnet sind. Diese Befunde (selbst wenn sie kritisiert wurden) sind schwer zu erklären, wenn sich eigentlich die Art der Repräsentation qualitativ grundlegend verändert haben sollte.

Deshalb gibt es schließlich noch die Theorie, der hier weiter nachgegangen werden soll, dass die **autonoetische Bewusstheit**, das heißt, der Bezug zu sich selbst, dass Ereignisse persönlich erlebt wurden, nicht hergestellt werden kann (Perner et al., 1995).

Die frühkindliche Amnesie stellt dabei einen rascheren Abfall in der Zahl von Erinnerungen dar, als man ihn alleine aufgrund des größeren zeitlichen Abstandes erwarten würde (Wetzler und Sweeney, 1986). Sie ist keine komplette „Amnesie", sondern stellt eine graduelle Entwicklung der Erinnerung autobiographischer Episoden dar. Deswegen werden im Folgenden Hirnstrukturen in ihrer Entwicklung dargestellt, die wichtige Beiträge zu dieser graduellen Reifung leisten dürften.

5. Neurobiologische Grundlagen der Reifung

Auf den präfrontalen Cortex, der bei der Aufrechterhaltung von Informationen zur Integration unterschiedlicher Aspekte im Kurzzeitgedächtnis und beim Abruf von Langzeitgedächtnisinhalten benötigt wird, und die Strukturen im medialen Temporallappen, die bei der Enkodierung von zeitlicher und räumlicher Struktur sowie bei der multimodalen Integration von Episoden eine entscheidende Rolle für neue Erinnerungen spielen, soll im Folgenden gesondert eingegangen werden.

5.1. Präfrontalcortex

Der **ventrolaterale** (bei einfachen Aufgaben, bei denen Inhalte im Arbeitsgedächtnis aufrechterhalten werden müssen) und der **dorsolaterale Präfrontalcortex** (bei komplexeren Aufgaben, die auch eine Manipulation der Inhalte erfordern) (Rahm et al., 2006; Takahashi et al., 2007) sollen mit den jeweiligen Systemen, die zur Wahrnehmung eines Stimulus dienen, in Zusammenarbeit die zeitliche Verlängerung von Information ermöglichen. Der ventrolaterale Präfrontalcortex ist auch für den Abruf aus dem Langzeitgedächtnis zuständig (Donohue et al., 2005). Ein wiederholtes Sich-Erinnern an und Aufrechterhalten von Information („rehearsal") dient neben der emotionalen Bedeutung der Speicherung im Langzeitgedächtnis.

Für autobiographische Inhalte erfolgt meist kein bewusstes Wiederholen und Lernen, jedoch müssen verschiedene Konzepte integriert und zeitliche Intervalle in einer Abfolge von Handlungen überbrückt werden. So vergeht z. B. zwischen dem Wurf eines Balles und der Wahrnehmung des Erfolges der Handlung, ob das Ziel getroffen wurde, eine kurze Zeitspanne. Insbesondere zur Optimierung des genauen motorischen Bewegungsablaufs am Erfolg, aber auch zur Integration der erlebten Episode, ist eine derartige Verknüpfung notwendig.

5.1.1. Zusammenarbeit des Präfrontalcortex mit neokortikalen Strukturen zur Speicherung der einzelnen Repräsentanzen

Eigene Daten zeigen, dass kurze Ereignisse, nämlich visuelle Stimuli, somatosensorische Stimuli, auditorische Reize und auch kurze Bewegungen, ohne intendierte Kurzzeitgedächtnisleistung automatisch eine modalitätsspezifische **„Spur" im jeweiligen verarbeitenden kortikalen System** hinterlassen, die die kurzen Ereignisse um ca. 1 Sekunde nachweisbar überdauert (Bendcr et al., 2006; Bender et al., 2007; Bender et al., 2004; Bender et al., 2005 - siehe auch Abbildung 1). Das heißt, im sekundären visuellen Cortex findet sich eine prolongierte Stimulusnachverarbeitung auch deutlich nach Ende des Stimulus (Bender et al., 2008a). Im Rahmen von Kurzzeitgedächtnisaufgaben zeigte sich diese Nachverarbeitungskomponente (N700) deutlich verstärkt. Gleichzeitig fanden wir eine erhöhte ereigniskorrelierte kortiko-kortikale EEG-Kohärenz zwischen Elektroden über dem ventrolateralen Präfrontalcortex und Elektroden über dem Maximum der N700 in der visuellen Modalität und nach kurzen Bewegungen. Das heißt, die Gehirnströme über beiden Regionen ähnelten sich genau in dem

Zeitfenster der N700-Komponente verstärkt. Diese verstärkte Ähnlichkeit der Hirnstromkurven wird als Indikator für eine funktionelle Zusammenarbeit beider Areale angesehen. Unsere Befunde stehen somit in gutem Einklang mit der Theorie, dass der Präfrontalcortex auf automatisch angelegte Repräsentationen zugreift und diese in rekurrenten Schleifen verstärkt und länger aufrechterhält. Für eine funktionelle Bedeutung der N700 bei der Kurzzeitgedächtnisleistung spricht ebenfalls, dass wir eine deutliche Verkürzung und Amplitudenminderung der akustischen N700 bei Alzheimer-Patienten fanden (Bender et al., 2008b; siehe Abbildung 1). Frühe akustische Komponenten waren nicht in gleichem Ausmaß reduziert. Die Reduktion der akustischen N700 korrelierte signifikant mit der Kurzzeitgedächtnisleistung beim Zahlennachsprechen vor- und rückwärts.

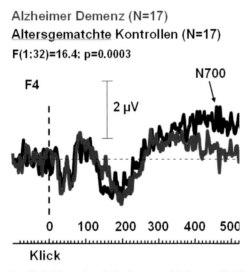

Abbildung 1: Automatische kortikale Kurzzeitgedächtnisspuren: Verkürzte Aktivierung im auditorischen System bei Alzheimer-Demenz-Patienten.

Die gestrichelte vertikale Linie zeigt an, wann ein kurzer Klick (50 ms) präsentiert wurde. Die gestrichelte horizontale Linie gibt das Baseline-Niveau an (0 μV). Es werden Daten über der rechten Frontalregion (Elektrode F4) gezeigt. Eine Negativierung (nach oben aufgetragen) bedeutet in diesem Falle eine Aktivierung. Man beachte den verfrühten Abfall und die Rückkehr zum Ausgangsniveau in der Patientengruppe, während die altersgematchten gesunden Kontrollprobanden eine automatische prolongierte Aktivierung zeigten. Alle Probanden sahen einen Stummfilm, während Klicks präsentiert wurden, die für die Probanden keine Bedeutung hatten und nicht beachtet wurden.

Dabei zeigen veröffentlichte Hirnstromkurven und unsere eigenen Befunde, dass die automatische verlängerte Spur im ursprünglich einen Reiz verarbeitenden System **bereits bei Kleinkindern** deutlich vorhanden ist und sehr wahrscheinlich im Reifungsverlauf sogar eher abnimmt. Es scheint also nicht die automatische Encodierung im verarbeitenden System zu sein, die unreif ist, sondern der Zugriff im Präfrontalcortex.

Eine **verzögerte Präfrontalcortexreifung** belegen unter anderem Befunde, dass beispielsweise selbst 7-12jährige Kinder sich schwer tun, gravierende langfristige Verluste kurzfristigen Gewinnen angemessen gegenüberzustellen (Crone et al., 2005). Die Herstellung der zeitlichen Kontingenz über größere Zeitspannen ist noch nicht ausgereift.

Wenn man insgesamt die kortikale Reifung betrachtet, dann zeigt sich, dass zunächst der somatosensorische Cortex im Alter von 8 Jahren das maximale Volumen an grauer Substanz erreicht. Der okzipitale visuelle Cortex und alle posterioren Areale folgen nach (Shaw et al., 2008). Zuletzt schließen sich in dieser Reihenfolge das motorische System, der ventrolaterale und am Ende der dorsolaterale Präfrontalcortex an. Auch mit anderen Parametern und Untersuchungen zeigt sich, dass die präfrontale gegenüber der Reifung des übrigen Cortex verzögert erfolgt. Dafür spricht auch die erwähnte Zunahme der Kurzzeitgedächtnisspanne im Kindesalter (Kwon et al., 2002).

5.2. Hippocampus

Die zweite wichtige Struktur, auf die hier näher eingegangen werden soll, ist der Hippocampus. Die Mehrzahl der Autoren geht davon aus, dass viele kortikale Areale mit dem Hippocampus verknüpft sind. Zur multimodalen Integration von Erinnerungen wird dort für die verschiedenen Erinnerungen ein „Index" erstellt, d. h. die kortikalen Neurone A, B, C und D, die bei Ereignis 1 in völlig verschiedenen Hirnregionen aktiviert wurden, projizieren und konvergieren alle auf ein hippocampales Neuron, wohingegen Neurone E, F, G und H, die durch ein zweites Ereignis aktiviert werden, auf ein anderes Neuron konvergieren. Da es auch Rück-Verknüpfungen gibt, können nun bei Erinnerungen anhand unvollständiger Bruchstücke (Hinweisreize, z. B. A und C) über den Index im Hippocampus die kompletten Episoden reaktiviert werden, da Index und kortikale Bruchstücke mit den fehlenden Teilen der Erinnerung (z. B. B und D) verknüpft sind (Burgess et al., 2001).

MR-volumetrische Befunde zeigen, dass das Volumen des Hippocampus bis zum 1.-2. Lebensjahr stark ansteigt und danach nur noch langsamer zunimmt (Utsunomiya et al., 1999). Auch Befunde bei Primaten sprechen für deutlich postpartale Reifungsprozesse der Strukturen im medialen Temporallappen, die über eine reine Größenzunahme im Wachstumsprozess deutlich hinausgehen (Lavenex et al., 2007). Allerdings gibt es auch Forscher, die die Hippocampusleistung mit einem Jahr für weitgehend ausgereift halten (Nelson et al., 2004). Neben dem Volumen nahm in der Studie von Lavenex (Lavenex et al., 2007) auch die Zellzahl bei Primaten von der 3. Woche zum 3. Monat und zum 7. bis 13. deutlich zu. Beim Volumen erfolgte die deutlichste Zunahme im 2. Zeitraum, während sich die Zellzahl von der 3. Woche zum 3. Monat fast verdoppelte und hinterher nicht mehr weiter anstieg.

Auch in Bezug auf die Konnektivität gibt es Hinweise darauf, dass die Verbindungen über das Subiculum zum Neocortex im Gegensatz zu den Verbindungen zu subkortikalen Arealen beim Kleinkind noch nicht ausgereift sind.

Eine typische Leistung des Hippocampus ist die räumliche Orientierung und das räumliche Gedächtnis. Dabei zeigten bereits sehr frühe Befunde (Bühler et al., 1930), dass eine gewisse räumliche Orientierung bereits bei 6-monatigen Kindern möglich ist. Im ersten Lebensjahr findet eine deutliche Verbesserung statt. Diese wird z. B. in Experimenten überprüft, wenn Kinder zusehen, wie ein interessantes Objekt versteckt wird. Später sollen sie es suchen. Bei längeren Verzögerungsintervallen sind die räumlichen Erinnerungen erst ab dem 3. Lebensjahr recht sicher (Diamond, 1985, 1990).

6. Reifung weiterer kognitiver Bausteine für das autobiographische Gedächtnis

6.1. Zeitliche Konzepte

In Bezug auf die Reifung zeitlicher Konzepte findet eine graduelle Entwicklung im Vorschulalter statt (Friedman, 1992; Friedman und Kemp, 1998). Im Alter von 1-2

Jahren lebt das Kind überwiegend in der Gegenwart und kennt nur das „jetzt" sowie ein „früher als jetzt" und ein „später als jetzt" – ohne eine feinere Differenzierung von Vergangenheit oder Zukunft in weiter und weniger weit zurückliegende Ereignisse. Es sei erwähnt, dass Skripte als prozedurale sequentielle Abläufe auch bei kleineren Kindern gut gespeichert werden können, allerdings nur als Handlungssequenz, ohne klaren zeitlichen Bezug, wann welche Handlung geschehen soll. Mit 2 Jahren können bestimmte große zeitliche Ereignisse (z. B. Weihnachten oder der Geburtstag) bereits zur zeitlichen Orientierung verwendet werden. Relative zeitliche Marker wie „gestern" oder „morgen" werden allerdings häufig erst mit 5 Jahren sicher verwendet (Hamer, 1982), weswegen sich Eltern oft z. B. mit „noch einmal schlafen" behelfen.

6.2. Reifung des Selbstkonzeptes

Die Bewusstheit der eigenen Person als eine Einheit entsteht ab dem 2.-3. Lebensjahr (Howe et al., 1993). Eine zeitliche und räumliche Organisationsstruktur wird hierfür benötigt. Jüngere Kinder können sich bereits erinnern, dass „ein Hund im Garten war", können allerdings nicht sagen, „ICH habe einen Hund im Garten GESEHEN". Die Quelle des eigenen Wissens und der Selbstbezug kann vorher nicht eindeutig hergestellt werden.

Die Unterscheidung zwischen „wissen" (erzählt bekommen haben) und „erlebt haben" (eigene Erfahrung) ist wichtig auch im Rahmen der Begutachtung der Glaubwürdigkeit von Zeugenaussagen. Ein häufiger Anlass hierzu sind Vorwürfe wegen Kindesmissbrauchs. Hier hat sich gezeigt, dass Kinder vor dem Alter von 3-6 Jahren leicht beeinflussbar sind, da sie nur ungenügend zwischen eigenen Erfahrungen und Erzählungen anderer unterscheiden können (Perner und Ruffmann, 1995). Im Schulalter sind Kinder hingegen dann sehr verlässliche Zeugen, da sie Aussagen schlecht bewusst manipulieren können. Auch „gefälschte Erinnerungen" sollen entgegen früherer Annahmen im frühen Kindesalter seltener sein (Brainerd et al., 2008). Die Entwicklung der Unterscheidung der Quelle eines Gedächtnisinhaltes nach seinem Kontext (erlebt versus erzählt bekommen) korreliert mit der Entwicklung des freien Gedächtnisabrufs (Perner und Ruffmann, 1995). Hieraus schlussfolgern verschiedene Autoren, dass die frühkindliche Amnesie keine Amnesie im eigentlichen Sinne ist, sondern ein Phänomen der sich graduell zunehmend entwickelnden autonoetischen Bewusstheit. Diese wiederum könnte aus der gesteigerten Fähigkeit resultieren, verschiedene Konzepte im Arbeitsgedächtnis zu integrieren.

7. Welche Rolle spielen unterschiedliche Bausteine bei der frühkindlichen Amnesie?

Zusammenfassend kann somit mit Nelson und Fivush (2004) konstatiert werden, dass sehr unterschiedliche Faktoren an der Entstehung des autobiographischen Gedächtnisses beteiligt sind, das sich in der wechselseitigen Interaktion mit Bezugspersonen entwickelt.

Im ersten Lebensjahr entwickeln sich grundlegende Grundfunktionen des deklarativen und impliziten Gedächtnisses. In sozialen Interaktionen werden auch die Grundsteine für das Selbst und die Entwicklung von Sprache und sprachlichen Konzepten gelegt. Über die Sprache entwickelt sich das reflexive kognitive Selbst. In Gesprächen über Zukunft und Vergangenheit „üben" die Kinder Gedächtnis. Hier liegt eine wesentliche Möglichkeit, ein differenziertes autobiographisches Gedächtnis und damit ein differenziertes Selbst bei Kindern zu fördern – oder verkümmern zu lassen. Wenn zeitliche und räumliche Konzepte hinzukommen, sodass sich zusammenhängende „Narrative" zur eigenen Person bilden lassen, dann entsteht das autobiographische Gedächtnis auf der Basis der Erinnerung von einfachen, weniger strukturierten und elaborierten Episoden. Episodisches und autobiographisches Gedächtnis sind je nach verwendeter Terminologie nicht 100prozentig gleichzusetzen, da Episoden sich auch nur auf einfache, gelernte Wortlisten („das habe ich gelesen") beziehen können, ohne autobiographische Struktur und Bedeutung. Das autobiographische Gedächtnis als ein wesentlicher Bestandteil unserer Persönlichkeit könnte sich deshalb erst zu einem Zeitpunkt entwickeln, wenn die Kinder in Interaktion mit den primären Bezugspersonen gewisse Fertigkeiten erlernt haben und nun für ihre sozialen Rollen und Erfahrungen einen Speicher für ihre Position und Eigenschaften brauchen. Dies würde dem autobiographischen Gedächtnis und der Entwicklung einer Persönlichkeit eine wichtige Funktion in der sozialen Interaktion zuschreiben, die sowohl den evolutiven Vorteil als auch die späte ontogenetische Entstehung erklären könnten.

8. Kurzer Ausblick für die Psychopathologie und die Persönlichkeitsentwicklung

In der psychodynamischen entwicklungsorientierten Sichtweise psychopathologischer Symptome (Resch, 1996) geht man davon aus, dass ein Individuum bestimmte genetisch und biologisch determinierte Vulnerabilitäten mitbringt, die sich auch im Temperament niederschlagen können. Jedoch spielen auch Umwelteinflüsse und Traumen (sowohl als bedeutende „life events" wie auch als chronische wiederholte kleine tägliche Belastungen) zusammen mit anstehenden Entwicklungsaufgaben eine wichtige Rolle. Dabei kristallisieren sich biographische Erfahrungen im Gedächtnis. All dies führt bei Belastungen zu einer Reaktionsdisposition der Person. Ist das Ich der Person mit den Belastungen überfordert, bilden sich Symptome aus, die im Sinne einer Abwehr als Lösungsversuch verstanden werden können.

Eine frühkindliche posttraumatische Belastungsstörung mit Symptomen wie bei Erwachsenen existiert aufgrund des nicht ausgereiften autobiographischen Gedächtnisses nicht. Jedoch kann mit Recht vermutet werden, dass sich frühe Deprivation und Traumatisierung in Reifungsstörungen der neuronalen Regelkreise niederschlägt, die zur Ausbildung einer adäquaten Selbststeuerung (exekutive Kontrolle) und eines differenzierten autobiographischen Gedächtnisses notwendig sind. Alle Hirnfunktionen wollen zu ihrer Entwicklung trainiert werden. Intrusives Wiedererleben von traumatischen Szenen im frühen Kindesalter ist extrem selten, falls es überhaupt existiert. Stattdessen besteht eine Tendenz zur Generalisierung und zu emotionaler Instabilität. Die persönliche „Struktur", das heißt, die Fähigkeit zur Selbststeuerung, ist beeinträchtigt. Der persönliche Narrativ und die Selbstentwicklung scheinen eng an die Entwicklung eines differenzierten autobiographischen Gedächtnisses gekoppelt zu sein. Dasselbe könnte für die Entwicklung und Differenzierung exekutiver Kontrollfunktionen als Ausdruck persönlicher Intention und Handlungsfähigkeit gelten.

Dieses autobiographische Gedächtnis ermöglicht es uns, aus unseren Interaktionen mit anderen zu lernen und stellt eine wichtige Voraussetzung für die gesellschaftliche, soziale und unsere persönliche Entwicklung dar.

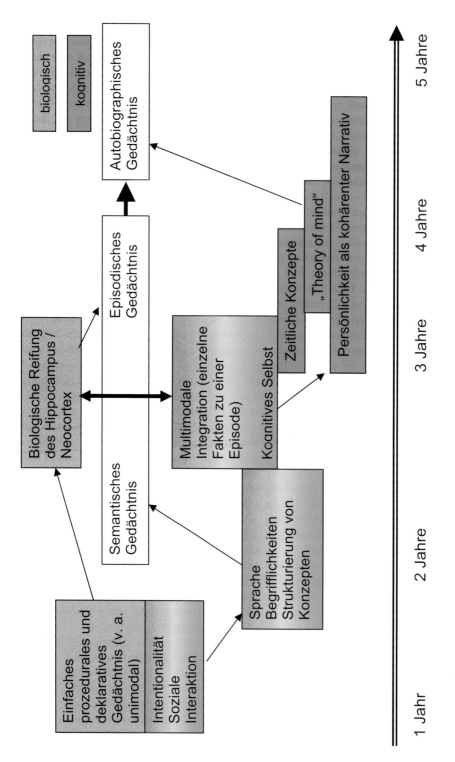

Abbildung 2:   Überblick über die Entwicklung des autobiographischen Gedächtnisses (modifiziert nach Nelson et al. 2004)

Literatur

[1] Bauer, P.J., (2006). Constructing a past in infancy: a neuro-developmental account. *Trends Cogn Sci* 10, 175-81.

[2] Bender, S., Becker, D., Oelkers-Ax, R., Weisbrod, M., 2006. Cortical motor areas are activated early in a characteristic sequence during post-movement processing. *Neuroimage* 32, 333-51.

[3] Bender, S., Hellwig, S., Resch, F., Weisbrod, M. (2007). Am I safe? The ventrolateral prefrontal cortex 'detects' when an unpleasant event does not occur. *Neuroimage* 38, 367-85.

[4] Bender, S., Oelkers-Ax, R., Hellwig, S., Resch, F., Weisbrod, M. (2008a). The topography of the scalp-recorded visual N700. *Clin Neurophysiol* 119, 587-604.

[5] Bender, S., Oelkers-Ax, R., Resch, F., Weisbrod, M. (2004). Motor processing after movement execution as revealed by evoked and induced activity. *Brain Res Cogn Brain Res* 21, 49-58.

[6] Bender, S., Weisbrod, M., Bornfleth, H., Resch, F., Oelkers-Ax, R. (2005). How do children prepare to react? Imaging maturation of motor preparation and stimulus anticipation by late contingent negative variation. *Neuroimage* 27, 737-52.

[7] Bender, S., Weisbrod, M., Thomas, C. (2008b). Watching memory traces decay. Auditory N700 predicts short-term memory deficits in M. Alzheimer. *World Congress of Psychiatry 2008*, Prague.

[8] Brainerd, C.J., Reyna, V.F., Ceci, S.J. (2008). Developmental reversals in false memory: a review of data and theory. *Psychol Bull* 134, 343-82.

[9] Bühler, K. (1930): Die geistige Entwicklung des Kindes. Jena: Verlag Gustav Fischer (Kapitel 14).

[10] Burgess, N., Becker, S., King, J.A., O'Keefe, J. (2001). Memory for events and their spatial context: models and experiments. *Philos Trans R Soc Lond B Biol Sci* 356, 1493-503.

[11] Case, R. (1985). *Intellectual development: A systematic reinterpretation*. New York, Academic Press.

[12] Colombo, J., Mitchell, D.W., 2008. Infant visual habituation. *Neurobiol Learn Mem*.

[13] Crone, E.A., Bunge, S.A., Latenstein, H., van der Molen, M.W. (2005). Characterization of children's decision making: sensitivity to punishment frequency, not task complexity. *Child Neuropsychol* 11, 245-63.

[14] Davis, N., Gross, J., Hayne, H. (2008). Defining the boundary of childhood amnesia. *Memory* 16, 465-74.

[15] Dempster, F.N. (1981): Memory span: Sources of individual and developmental differences. Psychological Bulletin, 89, p. 63-100.

[16] Diamond, A. (1985). Development of the ability to use recall to guide action, as indicated by infants' performance on AB. *Child Dev* 56, 868-83.

[17] Diamond, A. (1990). The development and neural bases of memory functions as indexed by the AB and delayed response tasks in human infants and infant monkeys. *Ann N Y Acad Sci* 608, 267-309; discussion 309-17.

[18] Donohue, S.E., Wendelken, C., Crone, E.A., Bunge, S.A. (2005). Retrieving rules for behavior from long-term memory. *Neuroimage* 26, 1140-9.

[19] Eacott, M.J., Crawley, R.A. (1999). Childhood amnesia: on answering questions about very early life events. *Memory* 7, 279-92.

[20] Fivush, R., Nelson, K. (2004). Culture and language in the emergence of autobiographical memory. *Psychol Sci* 15, 573-7.

[21] Friedman, W.J. (1992). Children's time memory: The development of a differentiated past. Cognitive Development, 7, 171–188.

[22] Friedman, W. J., & Kemp, S. (1998). The effects of elapsed time and retrieval on young children's judgments of the temporal distances of past events. Cognitive Development, 13, 335–367.

[23] Fuster, J.M. (2000). Prefrontal neurons in networks of executive memory. *Brain Res Bull* 52, 331-6.

[24] Harner, L. (1982). Talking about the past and future. In W. J. Friedman (Ed.), The developmental psychology of time (pp. 141–170). New York: Academic Press.

[25] Howe, M.L., Courage, M.L., (1993). On resolving the enigma of infantile amnesia. *Psychol Bull* 113, 305-26.

[26] Kwon, H., Reiss, A.L., Menon, V. (2002). Neural basis of protracted developmental changes in visuo-spatial working memory. *Proc Natl Acad Sci U S A* 99, 13336-41.

[27] Lavenex, P., Banta Lavenex, P., Amaral, D.G. (2007). Postnatal development of the primate hippocampal formation. *Dev Neurosci* 29, 179-92.

[28] Nelson, K., Fivush, R. (2004). The emergence of autobiographical memory: a social cultural developmental theory. *Psychol Rev* 111, 486-511.

[29] Pascalis, O., de Haan, M., Nelson, C.A., de Schonen, S. (1998). Long-term recognition memory for faces assessed by visual paired comparison in 3- and 6-month-old infants. *J Exp Psychol Learn Mem Cogn* 24, 249-60.

[30] Pascual-Leone, J. (1970). A mathematical model for the transition rule in Piaget's developmental stages. *Acta psychologica* 32, 301-345.

[31]   Pascual-Leone, J. (2000). Reflections on working memory: are the two models complementary? *J Exp Child Psychol* 77, 138-54.

[32]   Perner, J., Ruffman, T. (1995). Episodic memory and autonoetic consciousness: developmental evidence and a theory of childhood amnesia. *J Exp Child Psychol* 59, 516-48.

[33]   Piaget, J. (1970). Piaget's theory. In: P.H. Mussen (Ed.) Carmicheal's manual of child psychology, Volume 1, New York, *Wiley*, 703-732.

[34]   Pillemer, D.B. (1998). What is remembered about early childhood events? *Clin Psychol Rev* 18, 895-913.

[35]   Rahm, B., Opwis, K., Kaller, C.P., Spreer, J., Schwarzwald, R., Seifritz, E., Halsband, U., Unterrainer, J.M. (2006). Tracking the subprocesses of decision-based action in the human frontal lobes. *Neuroimage* 30, 656-67.

[36]   Resch, F. (1996). *Entwicklungspsychopathologie*. Beltz Verlag.

[37]   Rovee-Collier, C. (1997). Dissociations in infant memory: rethinking the development of implicit and explicit memory. *Psychol Rev* 104, 467-98.

[38]   Ruffman, T., Slade, L., Redman, J. (2005). Young infants' expectations about hidden objects. *Cognition* 97, B35-43.

[39]   Shaw, P., Kabani, N.J., Lerch, J.P., Eckstrand, K., Lenroot, R., Gogtay, N., Greenstein, D., Clasen, L., Evans, A., Rapoport, J.L., Giedd, J.N., Wise, S.P. (2008). Neurodevelopmental trajectories of the human cerebral cortex. *J Neurosci* 28, 3586-94.

[40]   Takahashi, E., Ohki, K., Kim, D.S. (2007). Diffusion tensor studies dissociated two fronto-temporal pathways in the human memory system. *Neuroimage* 34, 827-38.

[41]   Theberge, J., Williamson, K.E., Aoyama, N., Drost, D.J., Manchanda, R., Malla, A.K., Northcott, S., Menon, R.S., Neufeld, R.W., Rajakumar, N., Pavlosky, W., Densmore, M., Schaefer, B., Williamson, P.C., (2007). Longitudinal grey-matter and glutamatergic losses in first-episode schizophrenia. *Br J Psychiatry* 191, 325-34.

[42]   Tulving, E., Markowitsch, H.J.. (1998). Episodic and declarative memory: role of the hippocampus. *Hippocampus* 8, 198-204.

[43]   Usher, J.A., Neisser, U. (1993). Childhood amnesia and the beginnings of memory for four early life events. *J Exp Psychol Gen* 122, 155-65.

[44]   Utsunomiya, H., Takano, K., Okazaki, M., Mitsudome, A. (1999). Development of the temporal lobe in infants and children: analysis by MR-based volumetry. *AJNR Am J Neuroradiol* 20, 717-23.

[45]   Vidal, C.N., Rapoport, J.L., Hayashi, K.M., Geaga, J.A., Sui, Y., McLemore, L.E., Alaghband, Y., Giedd, J.N., Gochman, P., Blumenthal, J., Gogtay, N., Nicolson, R., Toga, A.W., Thompson, P.M. (2006). Dynamically spreading frontal and cingulate deficits mapped in adolescents with schizophrenia. *Arch Gen Psychiatry* 63, 25-34.

[46]   Wang, Q. (2008). Emotion knowledge and autobiographical memory across the preschool years: a cross-cultural longitudinal investigation. *Cognition* 108, 117-35.

[47]   Wetzler und Sweeney (1986): Childhood amnesia: An empirical demonstration. In D. Rubin (Ed.), Autobiographical memory (pp. 191–202). New York: Cambridge University Press.

Über Engramme und Exogramme

Oder: Wie „auto" ist das autobiographische Gedächtnis?

Harald WELZER
Kulturwissenschaftliches Institut, Essen

1. Exogramme

Die neurowissenschaftliche Gedächtnisforschung bezeichnet die neuralen Aktivierungsmuster, die zu einer Vorstellung oder einer Erinnerung gehören, als „Engramme"; Engramme repräsentieren, wenn man will, die Spuren all unserer Erlebnisse und Erfahrungen. Dagegen bezeichnen Exogramme (Donald, 2001) externe Gedächtnisinhalte jeglicher Art, die zur Bewältigung gegenwärtiger Anforderungen und zur Entwicklung von Handlungsoptionen für die Zukunft genutzt werden. Es kann sich dabei um schriftliche, mündliche, symbolische, gegenständliche, musikalische, habituelle, kurz: um jegliche Inhalte handeln, die entweder selbst als menschliches Orientierungsmittel entwickelt worden sind (wie zum Beispiel die Sprache) oder als solche verwendet werden können (wie der Sternenhimmel zum Navigieren). Ein solcher Inhalt springt, um es quantentheoretisch zu formulieren, in dem Augenblick in den Zustand eines Exogramms, in dem er von einem Subjekt als externer Gedächtnisinhalt betrachtet und verwendet wird.

Im Unterschied zu Engrammen sind Exogramme permanent, das heißt, sie überschreiten die zeitlichen und räumlichen Grenzen der individuellen Existenz und den Horizont persönlicher Erfahrung. Evolutionär betrachtet liegt der entscheidende Schritt der menschlichen Phylogenese in der Entwicklung von Symbolen, weil diese, wie Merlin Donald gezeigt hat, die Möglichkeiten der menschlichen Kognition um einen höchst leistungsfähigen Gedächtnisspeicher ergänzen, wobei sich vor allem die Speichereigenschaften von Engrammen und Exogrammen unterscheiden: Während Engramme „impermanent, small, hard to refine, impossible to display to awareness for any length of time, and difficult to locate and recall" sind, sind Exogramme „stable, permanent, virtually unlimited memory records that are infinitely reformattable" und bewusstseinsfähig (Donald 2001, S. 309ff.). Darüber hinaus kann man Exogramme leicht und mit einer Fülle unterschiedlicher Verfahren abrufen. Das menschliche Bewusstsein verfügt damit über zwei Repräsentationssysteme, ein internes und ein externes, während alle anderen Lebewesen nur über ein internes verfügen.

Diese in evolutionärer Perspektive entscheidende Leistung beruht auf zwei Gedächtnisfunktionen: erstens auf der Fähigkeit zum autonoetischen Erinnern, das ein Arbeitsgedächtnis mit einer gewissen Kapazität voraussetzt (Markowitsch & Welzer 2005, S. 80ff.), und zweitens auf der Auslagerung von Gedächtnis in andere Personen, in Institutionen oder in Medien. Ein Gedächtnis, das autonoetisch, also sich seiner selbst bewusst und daher reflexiv ist, ermöglicht das Warten auf bessere Gelegenheiten, das Überstehen problematischer Situationen, das Entwickeln effizienterer Lösungen, kurz: Es entbindet vom unmittelbaren Handlungsdruck und schafft genaugenommen erst jenen Raum zwischen Reiz und Reaktion, den wir als „Handeln" bezeichnen.

Zweitens erlauben Exogramme ganz einzigartige Formen der Repräsentation von Gedächtnisinhalten, die zum einen Entlastung von Handlungsdruck, zum anderen die soziale Weitergabe von Erinnertem erlauben. Menschen können Informationen aufbewahren und kommunizieren; sie können sie mit der Erfindung von Schrift schließlich sogar an Menschen weitergeben, mit denen sie räumlich oder zeitlich überhaupt nichts verbindet, womit sich ein Fundus von gespeichertem Wissen auftut, der die Beschränkungen der direkten Kommunikationen radikal überwindet. Das schafft die Möglichkeit der *kulturellen Weitergabe* von Erfahrungen (Tomasello 2002), und diese beschleunigt die langsame biologische Evolution mit den Mitteln des Sozialen. Menschen können ihre einzigartige Anpassungsfähigkeit an sich verändernde Umwelten deshalb realisieren, weil sie eine co-evolutionäre Entwicklungsumwelt geschaffen haben, die sie von den biologischen Vorgaben der Evolution emanzipiert hat.

2. Das autobiographische Gedächtnis

Bis vor Kurzem erschien unklar, warum auf der neuronalen Ebene episodisches und autobiographisches Gedächtnis nicht unterschieden werden können, obwohl sie phänomenal durchaus unterschiedlich leistungsfähig sind und auch unterschiedlich wahrgenommen werden (vgl. die Übersicht bei Markowitsch in diesem Band). Der empirisch gestützte Vorschlag von Markowitsch & Welzer (2005) geht dahin, das autobiographische Gedächtnis als sozial konstituiertes System zu verstehen, das auf der synaptischen, nicht aber auf der Funktions- und Lokalisierungsebene des episodischen Gedächtnisses erweitert ist. Das autobiographische Gedächtnis integriert die fünf basalen Gedächtnissysteme als Funktionseinheit und stellt die Synchronisierbarkeit eines jeweiligen Selbst mit den fluktuierenden Gruppen von Anderen sicher.

Das autobiographische Gedächtnis, das mehr als alles andere unser Ich bestimmt, bezeichnet und gewährleistet, bildet sich in sozialen Austauschprozessen heran, und zwar nicht nur, was seine Inhalte angeht, sondern als ein Gedächtnissystem, das in seiner Struktur, die diese Inhalte organisiert, selbst schon sozialer Formung unterliegt.

Dieses Gedächtnis, das wir für den Kernbestand unseres Selbst halten, weist viele Aspekte auf, die sich im Zusammensein mit anderen nicht nur gebildet haben, sondern auch nur dort lebendig werden. Wesentliche Aspekte unseres Selbst und unserer Entscheidungen sind an Intuitionen und Assoziationen gebunden, die wir nicht immer – vielleicht sogar eher selten – bewusst steuern, sondern durch die unser Handeln angeleitet und – vielleicht gar nicht so selten – gesteuert wird. Dieser Zusammenhang zwischen einer relativen individuellen Autonomie und Selbstbewusstheit auf der einen Seite und einer ausgeprägten Sozialitäts- und Körperabhängigkeit auf der anderen Seite bestimmt unsere Existenz, und das autobiographische Gedächtnis übernimmt dabei die Aufgabe, diesen Zusammenhang zu synthetisieren und eine Kontinuität zwischen den beiden Seiten herzustellen, die uns gar nicht bewusst ist, sodass wir uns beständig eines scheinbar gleichbleibenden Ich – über alle Zeiten, über alle Situationen hinweg – versichern können. Dieses Ich (und alles, was wir als unsere Identität bezeichnen, die wir aus unserer Lebensgeschichte und der Vergangenheit der Erinnerungsgemeinschaft schöpfen, zu der wir gehören), ist in gewisser Weise ein Selbstmissverständnis, allerdings ein notwendiges und sinnreiches. Hans Georg Gadamer hat genau das gemeint, als er davon gesprochen hat, dass die Autobiographie die Geschichte "reprivatisiere"

(Gadamer, 1983, S. 281). Die Geschichte gehört nicht uns, sondern wir gehören der Geschichte, wie sie uns als Gesamtgestalt der Begriffe, Konzepte, Orientierungsmittel und Dinge gegenübertritt, die von Menschen, die vor uns da waren, bereitgestellt wurden.

Das individualistische Selbstbild, das die westlichen Gesellschaften ihren Mitgliedern antrainieren, führt zu einer Selbsttäuschung: konstitutiv sind wir nicht individuell; wir sind viel enger an nähere und fernere Andere gebunden, als in unserer Selbsterfahrung sichtbar wird.

Wenn wir bemerken, wie sehr unser Selbst in Wahrheit in geschichtlicher und sozialer Bezogenheit herangebildet wird und lebt, erscheint es vielleicht weniger unabhängig, als uns lieb ist, aber nichtsdestoweniger doch immer noch als etwas ganz und gar einzigartiges. Und in der Tat besteht seine Einzigartigkeit für jeden einzelnen der Milliarden Menschen im Zusammentreffen all jener genetischen, historischen, kulturellen, sozialen und kommunikativen Bedingungen, die so, in dieser Summe und Gestalt, nur er allein erfährt. Diese Reihung gibt zugleich ein Kontinuum der Persönlichkeitsentwicklung an, dessen einer Pol Festgelegtheit und dessen anderer Varianz ist, und dieses Kontinuum macht deutlich, dass die Geschichte unserer kommunikativen Erfahrungen das Moment ist, das unser Gedächtnis und unser Selbst am stärksten individualisiert. Insofern sind Sozialität und Individualität keine Gegensätze, sondern bedingen einander.

3. Die Ontogenese des autobiographischen Gedächtnisses

Die Ontogenese ist gleichbedeutend mit der sich immer weiter verbessernden symbolischen, kognitiven und zeitlichen Synchronisation eines Kindes mit den anderen Mitgliedern seiner Welt. Der Schlüssel für diese Synchronisation, die auf den Ebenen der Kategorisierung, der Sprache, der Konzeptbildung etc. zugleich stattfindet, liegt in der Autobiographisierung des Gedächtnisses. Erst wenn es ein Selbst gibt, auf das die Erlebnisse, Beobachtungen, Gedanken bezogen werden können, kann die heranwachsende Person mehr und mehr mit den Personen seiner Umgebung synchronisiert werden. Individualisierung und Sozialisierung sind also keineswegs Gegensätze, sondern fallen zusammen. Ontogenese und Soziogenese sind lediglich zwei Aspekte ein- und desselben Vorgangs.

Im – verglichen mit anderen Säugetiergehirnen – gigantischen Entwicklungspotenzial des menschlichen Gehirns und seiner Offenheit für die formenden Einflüsse naturaler und sozialer Umwelten liegt der Grund für den Überlebensvorteil der menschlichen Spezies: Kein anderes Lebewesen kann sich unterschiedlichen und sich verändernden Umweltbedingungen so gut anpassen wie der Mensch. Genauer kann man sagen: Menschen schaffen erst die Umwelt, in der sie sich entwickeln und existieren können. Deshalb verläuft ihre Entwicklung co-evolutionär; die Entwicklungsumgebungen der jeweils nachfolgenden Generationen sind von den vorangegangenen immer schon mitgestaltet. Und da Menschen sich in einer co-evolutionären Umwelt entwickeln, besteht das, was sie sich in sozialer Praxis aneignen, aus symbolischen Formen auf dem neuesten Stand – denn sie verwenden ja das Material, dass ihnen ihre jeweilige Vorgängergeneration zur Verfügung stellt und modifizieren es umstandslos, weil sie ihre Umwelt aktiv erschließen und sich eben nicht an sie adaptieren.

Vor diesem Hintergrund wird unmittelbar einsichtig, was das autobiographische Gedächtnis des Menschen ist. Eine co-evolutionäre Entwicklungsumwelt ist zwangsläufig eine Welt in beständiger Veränderung; das betrifft die Lebensformen der

Menschen in ihrer jeweiligen historischen und kulturellen Gestalt und damit auch die ontogenetischen Anforderungsprofile, die die jeweilige Passung zwischen denen, die schon da sind, und denen, die dazukommen, sicherstellen müssen. Eine Spezies, die eine co-evolutionäre Entwicklungsumwelt nutzt, braucht ein Relais, das seine Mitglieder für sich erweiternde und diversifizierende soziale Gruppen anschlussfähig, „soziabel" macht. Das autobiographische Gedächtnis ist ein solches Relais, eine psychosoziale Instanz, die subjektiv Kohärenz und Kontinuität sichert, obwohl die sozialen Umwelten und mit ihnen die auf das Individuum gerichteten Anforderungen fluktuieren. Genau diese Relaisfunktion erklärt auch, weshalb wir sowohl historisch verschiedene Niveaus der Autobiographisierung verzeichnen können als auch in inter-kultureller Perspektive unterschiedliche Altersstufen verzeichnen, in denen ontogenetisch die Autobiographisierung, mithin die Entstehung eines kontinuierlichen Selbst einsetzt.

Für die Entwicklung des autobiographischen Gedächtnisses ist die kulturelle Ge-staltung der Gedächtnisentwicklung eindrucksvoll belegt worden: So hat Qi Wang in einer kulturvergleichenden Studie untersucht, in welches Lebensalter die frühesten selbst- und personenbezogenen Erinnerungen fallen, wenn Erwachsene nach ihren ersten Erinnerungen gefragt werden und erhebliche Differenzen zwischen amerikani-schen und asiatischen Probanden festgestellt (Wang, 2006).

TABLE 1

Mean Age (in Months) of Earliest Memory by Culture and Memory Type

Culture	Memory type				
	Self	Mother	Family	Friend	Surroundings
United States	54.63 (20.78)	45.92 (14.09)	53.50 (16.49)	60.10 (21.05)	52.48 (20.13)
Taiwan	69.66 (30.95)	65.00 (33.04)	69.85 (32.79)	76.00 (32.18)	65.93 (36.05)
Total	62.70 (27.72)$_a$	56.02 (27.51)$_b$	62.37 (27.63)$_a$	68.69 (28.64)$_c$	59.45 (30.31)$_{a,b}$

Note. Standard deviations are given in parentheses. In the last row, means that do not share subscripts differed at $p < .05$ in univariate analyses.

Früheste episodische Erinnerungen liegen bei amerikanischen Befragten erheblich früher als bei Probanden aus Taiwan, was sich einfach über die unterschiedlichen kulturellen Individualisierungstypen erklären lässt: Gesellschaften, die – wie besonders die amerikanische – extrem starken Wert auf die Entwicklung von Individualität und selbstbezogener Leistungsbereitschaft legen, prägen Individuen mit einer früheren und vermutlich stärkeren Autobiographisierung; Gesellschaften, bei denen der Sozialitätsbezug gegenüber dem Individualismus stärker ausgeprägt ist, haben Mitglieder, die sich später und wahrscheinlich schwächer autobiographisieren. Es steht zu vermuten, dass diese Unterschiede sich im Rahmen der Angleichung der Lebensformen im Zuge der Globalisierung tendenziell nivellieren werden; umgekehrt ist anzunehmen, dass es historische Phasen gegeben hat, in denen das Gedächtnis gar keine Autobiographisierung im modernen Sinne erfahren hat: Wenn ein individuelles Leben unter Bedingungen etwa der Leibeigenschaft oder der Sklaverei gar keine individuell steuerbare Gestaltbarkeit vorsieht und sich überwiegend durch Fremdzwang gestaltet, bestehen weder kulturelle Anlässe noch Mittel zu einer Autobiographisierung im heutigen Sinn. Wie nuanciert Entwicklungsumgebungen auf Autobiographisierungsprozesse einwirken, haben Harpaz-Rotem & Hirst einerseits am Vergleich von israelischen Personen gezeigt, die im Kibbuz aufgewachsen sind, zu solchen, die in der Familie groß geworden sind: Die ehemaligen Kibbuzkinder haben spätere erste Erinnerungen als die Vergleichspersonen aus konventionellen Familien (Harpaz-Rotem & Hirst, 2005).

Man sieht also, dass die Entwicklung des autobiographischen Gedächtnisses nicht allein nach biologischen Vorgaben verläuft, sondern in hohem Maße kulturell und historisch moderiert ist. Auch hier wird die exogrammatische Struktur der menschlichen Gedächtnisbildung deutlich.

Norbert Elias hat schon vor einem Dreivierteljahrhundert darauf hingewiesen, dass wir die Psycho- und Soziogenese des Menschen nur dann zureichend verstehen können, wenn wir den zugrunde liegenden Prozess als einen begreifen, der sich grundsätzlich und immer innerhalb einer Figuration von Menschen abspielt, die **vor** dem sich entwickelnden Kind da war, und dessen gesamte Entwicklung nach der Geburt von den kulturellen und sozialen Handlungen und Techniken abhängt, die diese Figuration co-evolutionär entwickelt hat. Diese Perspektive ist auch von so unterschiedlichen Entwicklungspsychologen wie Lev Wygotsky, Daniel Stern und Michael Tomasello eingenommen worden, die zeigen, dass Menschen nichts „verinnerlichen", wenn sie sich entwickeln, sondern dass sie im Zusammensein mit Anderen praktisch lernen, was sie brauchen, um in einer gegebenen Sozialität zu funktionieren und zu einem vollwertigen Mitglied dieser jeweiligen Sozialität zu werden.

Die Ontogenese eines beliebigen Kindes besteht also in einer diachronen Zustandstransformation: Die eine Transformation ist historisch und bezieht sich auf den Wandel der Wahrnehmungs-, Kommunikations- und Erziehungsformen (und damit der Bilder und Vorstellungen, was „gut für ein Baby" ist und wie man es zu behandeln hat); die andere Transformation bezieht sich auf das sich entwickelnde Individuum selbst und besteht in der sukzessiven Veränderung seines Verhältnisses zu den anderen und zu sich selbst – anders formuliert: in der Verschiebung der Balance zwischen interpersonalen und intrapersonalen Regulationen, zwischen Selbstzwang und Fremdzwang.

Wie auf der Ebene langfristiger historischer Transformationen Fremdzwänge sich in Selbstzwänge verwandeln, so wird die von der Bezugsperson des Kindes angeleitete Regulation seines Befindens zunehmend in intrapersonale Regulationen übergeleitet – aus Fremdzwängen werden Selbstzwänge, oder in neutralerer Formulierung: aus Fremdregulationen werden Selbstregulationen. Ich nehme an, dass das autobiographische Gedächtnis die deklarative und reflexiv zugängliche Instanz der Selbstregulation darstellt, während die anderen Gedächtnissysteme die impliziten Formen der Selbstregulation auf Dauer stellen und situativ abrufbar machen.

Hinsichtlich der emotionalen Entwicklung von Säuglingen, Kindern und Heranwachsenden haben die Entwicklungspsychologen Wolfgang Friedlmeier und Manfred Holodynski (2005) eine überzeugende Beschreibung vorgelegt, wie aus interpersonalen Regulierungen der Befindlichkeiten eines Kindes im Verlauf der Ontogenese intrapsychische Regulationen werden. Dabei gehen die Autoren davon aus, dass Neugeborene prinzipiell zur Kommunikation in der Lage sind, wobei ihrer Auffassung nach „Vorläufer-Emotionen" (precursor emotions) die entscheidende expressive Rolle spielen. Ein Baby kann durch den Ausdruck seiner Emotionen kommunizieren, wie es ihm geht und in welcher Weise sein Zustand einzuschätzen ist: Es kann Ekel, Hunger, Wohlbefinden kommunizieren, weil die dazugehörigen Emotionen expressive Signale für die Bezugspersonen liefern, auf die sie reagieren können. Da die Bezugsperson – in den meisten Fällen die Mutter – nun aber nicht nur technisch das entsprechende Bedürfnis des Säuglings befriedigt, sondern ihrerseits emotional – mit Streicheln, Wiegen, Singen, Sprechen – auf das Baby reagiert, ergeben sich in der interpersonalen Situation der Fürsorge für das Kind zwei Feedbackschleifen: Zum einen registriert das

Baby an seinem Körperzustand propriozeptiv und intrazeptiv, dass etwas sich – vom Unbehagen zum Wohlbefinden – verändert hat. Zugleich registriert es aber auch einen emotionalen Gleichklang mit der Mutter: Über das Körperfeedback werden Empfindungen ausgelöst, die dem „Gefühlszustand der nachgeahmten Person entsprechen und dadurch vor allem bei Säuglingen und Kleinkindern eine Gefühlsansteckung auslösen können" (Friedlmeier & Holodynski, 2005, S. 66). Hier wird deutlich, dass die frühe Regulierungstechnik rein interpersonal verläuft – die körperlichen Bedürfnisse des Kindes und mit ihnen die Vorläufer-Emotionen werden durch die Mutter befriedigt, und die Beziehung zwischen den beiden stellt neben den intrazeptiven Feedbackschleifen auch ein soziales Feedback bereit, dass nun nicht nur intrapersonal, sondern auch interpersonal alles wieder in Ordnung ist.

Die Autoren legen ein Transformationsmodell der Emotionsregulierung vor, das durch die folgenden Phasen strukturiert ist: In den ersten beiden Lebensjahren entwickelt sich ein System der interpersonalen Regulation, mit dessen Hilfe das Kind „ein differenziertes, durch Ausdruckssymbole vermitteltes Emotionsrepertoire" aufbaut und sich zugleich eine Reihe von Bewältigungserfahrungen etablieren (2005, S. 104). Der regulative Prozess ist in dieser Phase auf die Bezugsperson und das Kind aufgeteilt, was ein Wechselspiel zwischen intuitivem elterlichen Fürsorgeverhalten, der Imitationsfähigkeit des Babys und eine Sensibilität für Sequenzen und kommunikative und affektive Feinabstimmungen auf beiden Seiten impliziert. Die Regulierung erfolgt in dieser Zeitspanne nahezu ausschließlich interpersonal, weil das Kind noch nicht in der Lage ist, selbst etwas zu tun, was der Regulation seiner Befindlichkeit dienen würde.

Dies geschieht erst in der zweiten Phase, im Alter zwischen drei und sechs Jahren. Mithilfe des sich jetzt konturierenden Selbstkonzepts, einer bald auch symbolischen Kommunikation und Repräsentation von Befindlichkeiten und einer deutlich wachsenden Erwartung seines sozialen Umfelds, das Kind möge sich doch „benehmen" oder „still sein" oder „artig sein", beginnt sich die „allumfassende Unterstützung durch seine Bezugspersonen zu reduzieren", und das Kind wird „sowohl zu einer intrapersonalen emotionalen Handlungsregulation als auch zu einer interpersonalen reflexiven Emotionsregulation fähig" (2005, S. 105). Das Kind ist zunehmend auch zu Bedürfnisaufschüben in der Lage und wird sich überdies dessen bewusst, dass es Gefühle hat – was sich etwa auch darin anzeigt, dass es Emotionen spielerisch simulieren kann, indem es so tut, „als ob" es traurig sei o. ä. Die Verknüpfung der Regulation von „außen" und „innen" wird im Übrigen auch daran erkennbar, dass das Kind nun zunehmend in der Lage ist, Handlungen zu hemmen oder zu unterlassen, wenn es begreift, dass etwas „verboten" ist oder von den Bezugspersonen ungern gesehen wird.

In einer dritten Entwicklungsphase, die Friedlmeier und Holodynski mit dem sechsten Lebensjahr einsetzen lassen, „erfolgt ein Formwechsel der psychischen Regulationsmittel (der Ausdrucks- und Sprechzeichen), die das Kind für seine intrapersonale Regulation einsetzt." (2005, S. 106) Das heißt: Was zuvor einem Beobachter sichtbar war – heftiger Zorn, große Freude, massive Verunsicherung – wird nun zu „mentalen Ausdruckszeichen", die nach innen einen bestimmten emotionalen Zustand signalisieren, während das Gesicht und die Körperhaltung neutral bleiben. „Es entsteht eine mentale Ebene des Ausdrucks, Sprechens und Handelns. Es entwickeln sich ‚Als-ob-Gefühle' (Damasio, 1999), d. h. Gefühle, die auf keinem Körperfeedback von realen Ausdrucks- und Körperreaktionen mehr beruhen, sondern auf deren somatosensiblen Repräsentationen" (2005, S. 106).

Eine vierte bzw. fünfte Entwicklungsphase wird mit der Adoleszenz bzw. dem Erwachsenenalter erreicht – wobei im Jugendalter vor allem die sozioemotionale

Feinabstimmung, das heißt das Erproben der adäquatesten „Passung" der eigenen Person zur sozialen Umwelt von Bedeutung zu sein scheint, die sich im Erwachsenenalter korrigiert und stabilisiert. Alles das ist, je nach dem historischen und kulturellen Entwicklungsniveau der Gesellschaft, in der die Person heranwächst, variabel. Dieses Modell von Friedlmeier und Holodynski, das empirisch zumindest für die Kindheitsphasen gut belegbar ist, lässt sich als direkte Illustration der grundlegenden Entwicklungsdynamik betrachten, dass in der Ontogenese aus Fremdzwängen Selbstzwänge bzw. aus Außenregulierungen Innenregulierungen werden – und jeder weiß, wie unreguliert, direkt und außenorientiert die emotionale Welt eines Kleinkindes ist, wie impulsiv und unberechenbar die eines pubertierenden Jugendlichen und wie gedämpft und innengeleitet die einer Person im mittleren Erwachsenenalter sein kann. Aber der besondere Clou des Modells von Friedlmeier und Holodynski ebenso wie der theoretisch viel weiter ausgreifenden Konzeption von Elias liegt darin, dass hier der Individuationsprozess von vornherein als ein sozialer gedacht wird: Alles, was ontogenetisch geschieht, ist ein Verlauf von der regulativen Sozialität, in der und mit der das Kind sich entwickelt, hin zu jener Individualität, in der soziale Zwänge, Restriktionen und Gefühlsregulationen in die Innenwelt verlegt sind.

4. Wie „auto" ist das autobiographische Gedächtnis?

Die Gedächtnisentwicklung verläuft vom Sozialen hin zum Individuellen – vom Säugling und Kleinkind, das ohne episodisches Gedächtnis in einem Universum des So-Seins existiert und das die Quellen von Erinnerungen nicht unterscheidet, zum Vorschulkind, das über wachsende temporale Differenzierungen eine Situierung seines Selbst in der Zeit gewinnt und schließlich über den Spracherwerb und ein kognitives Selbst ein autobiographisches Ich wird, das die früheren und künftigen Erfahrungen in einer Lebensgeschichte integriert, die sozial und individuell zugleich ist.

Eine menschliche Gesellschaft kann nur dann funktionieren und Kooperation nur dann gewährleistet sein, wenn Menschen verlässlich heute dieselben sind, die sie gestern waren und morgen noch sein werden. Das autobiographische Gedächtnis erlaubt nicht nur, Erinnerungen als **unsere** Erinnerungen zu markieren, es bildet auch die temporale Feedbackmatrix unserer Selbst, mit der wir ermessen können, wo und wie wir uns verändert haben und wo und wie wir uns gleichgeblieben sind. Und es bietet eine Abgleichmatrix zu den Zuschreibungen, Einschätzungen und Beurteilungen unserer Person, die unser soziales Umfeld unablässig vornimmt.

In dieser Perspektive konstituiert sich das autobiographische Gedächtnis also viel mehr von „außen" als von „innen", und es ist auch in seiner Funktion in weiten Teilen exogrammatisch: Wie sehr es beständig von außen gestützt und aufrechterhalten werden muss, wird einem dann klar, wenn man – etwa infolge einer unfallbedingten Amnesie – seine Erinnerungen nicht mehr mit denen der Anderen synchronisieren kann. Wir übersehen diese funktionelle Außenseite unseres Gedächtnisses gewöhnlich, weil sie mit unserem individualistischen Selbstbild nicht übereinzustimmen scheint. Aber auch die prinzipiell unendliche Erweiterung des menschlichen Gedächtnisraums durch die Exogramme und ihre Bedeutung für die Phylo- wie für die Ontogenese des Menschen zeigt, dass das menschliche Gedächtnis seine volle Kapazität nicht seinen internen Funktionen, sondern seinen externen Verkehrsformen verdankt. Menschen sind daher viel besser zu verstehen, wenn man sie nicht als Individuen betrachtet, sondern als Schnittstellen in einem Netzwerk.

5. Das kommunikative Gedächtnis

Wir beziehen in unser Wahrnehmen, Deuten und Handeln offenbar immer viel mehr Faktoren ein, als uns bewusst zugänglich sind. Vor diesem Hintergrund ist Autobiographie, wie der Psychologe Mark Freeman formuliert hat, keine Frage der Repräsentation eines Lebens, sondern das Ensemble der vielfältigen Quellen, die das Selbst ausmachen (Freeman 2001, S. 40). Das Verbindende zwischen diesen Quellen ist soziale Praxis, und die besteht in kommunikativen Prozessen. Es ist ein "kommunikatives Unbewusstes", das diese Quellen verbindet und grundsätzlich auf mehr "Wissen" basiert, als jedem einzelnen Handelnden und auch allen zusammen bewusst verfügbar ist. Wesentliche Bestandteile unseres Selbstgefühls, unserer Handlungsorientierungen und unseres Gedächtnisses operieren auf unbewussten Ebenen – nicht in dem Sinne, dass es hier um "Verdrängtes" oder "Abgespaltenes" ginge, sondern im Sinne eines funktionalen Unbewussten, das aus operativen Gründen jenseits der Bewusstseinsschwelle angesiedelt ist. Die Linguisten George Lakoff und Mark Johnson sprechen sogar von einem "cognitive unconsciousness", also von etwas, was man weiß und zugleich nicht weiß. Sie illustrieren diese Überlegung anhand der Wahrnehmungsvorgänge, die in jedem Augenblick aktiv sind, den wir an einem Gespräch teilnehmen.

Sie nennen dabei die folgenden Vorgänge (wobei sie ausdrücklich betonen, dass diese nur einen kleinen Ausschnitt der Wahrnehmungen beschreiben, die in einer Kommunikation vorhanden und aktiv sind): Jemand, der in ein Gespräch verwickelt ist, ist in der Lage,

1. in der ablaufenden Folge von Geräuschen und Tönen eine Sprache zu identifizieren, die grammatikalische Struktur des Gesagten zu entschlüsseln etc.,
2. logische Verknüpfungen zu verstehen,
3. der Gesamtheit der gesprochenen Worte und Sätze semantischen und pragmatischen Sinn abzugewinnen,
4. dem Gesagten selbst einen Rahmen zu verleihen, der der vor sich gehenden Kommunikation angemessen ist,
5. Einwände und Einwürfe zu machen, die für die verhandelten Themen bedeutsam sind,
6. Vorstellungsbilder über das Verhandelte zu entwickeln und zu prüfen,
7. Lücken des Nichtgesagten aufzufüllen,
8. den weiteren Verlauf des Gesprächs zu antizipieren,
9. die nächste Antwort vorzubereiten usw. usf., und nicht zuletzt zieht er Erinnerungen zu dem heran, was gerade verhandelt wird (Lakoff & Johnson, 1999, S. 10ff.).

All diese Kognitionen nehmen wir mit einer solchen Flexibilität und Geschwindigkeit vor, dass sie uns gar nicht zu Bewusstsein kommen. Allenfalls dann, wenn Missverständnisse entstehen oder Widersprüche zwischen der Körpersprache des Gegenübers und dem verbal Mitgeteilten sichtbar werden, wird uns auch intentional bewusst, was auf der Ebene unseres kommunikativen Unbewussten unser Verhalten in der Situation anleitet: ein permanenter höchst sensitiver und genauer Wahrnehmungs- und Interpretationsvorgang, der zwischen Zentrum und Peripherie der kommunikativen Situation, ihrem lebendigen Prozess und ihrem Kontext und den vielen simultan ablaufenden Dialogen auf allen Ebenen der Sinneswahrnehmung mühelos unterscheiden kann. Wollte man alle Ebenen der emotionalen und kognitiven Prozesse entschlüsseln, die in jedem beliebigen Augenblick jedes beliebigen Gesprächs ablaufen, würde man sich im Dickicht der Simultanität schnell verstricken – was selbst schon ein guter Beleg dafür ist, dass wir ständig viel mehr "wissen", als uns bewusst ist. Würden alle diese Operationen unter bewusster Kontrolle ablaufen, wäre man handlungsunfähig. Insofern wäre es an der Zeit, dem Unbewussten einen viel positiveren Status zuzuschreiben, als es Freud und die Psychoanalytiker nach ihm getan haben: Das Unbewusste ist für die menschliche Existenz höchst funktional, weil es das bewusste Handeln durch Entlastung effizienter und freier macht. Man könnte in diesem Sinn in Umkehrung des berühmten Freud'schen Diktums sogar sagen: Wo ich war, soll es werden, nämlich ein Unbewusstes, das kommunikativ konstituiert ist und kommunikativ in jedem Augenblick wirksam ist.

Bewusste kommunikative Praxis besteht darin, dass jeder der Beteiligten "Sinn" in die kommunikativen Situationen hineinträgt: Man erschließt das, was das Gegenüber beabsichtigt und tun wird, noch bevor dessen Handlung abgeschlossen ist – was sich an der Beobachtung von Spielzügen, z. B. Doppelpässen beim Fußball, ablesen lässt, oder etwa dann, wenn man jemandem beim Telefonieren zuhört und automatisch zu ergänzen versucht, was die Person am anderen, unhörbaren Ende der Leitung sagt. In all unseren sozialen Handlungen und im Sprechen sowieso ist also der andere immer schon enthalten.

Wenn diese kommunikative Praxis Vergangenheit und Geschichte zum Gegenstand hat, geht es keineswegs nur um die Weitergabe von narrativen und inhaltlichen Versatzstücken, die so und so kombiniert werden können und werden, sondern immer auch um die Organisationsstruktur dieser Kombinationen, die vorab schon festlegt, in welchen Rollen welche Akteure überhaupt auftreten können und wie zu bewerten ist, was sie erlebt haben. Deshalb ist es oft so, dass es eher die emotionale Dimension, die atmosphärische Tönung des Berichts ist, die weitergegeben wird und die Vorstellung und Deutung der Vergangenheit bestimmt, während die inhaltlichen Zusammenhänge – situative Umstände, Kausalitäten, Abläufe etc. – frei verändert werden, so, wie es für die Erzähler und Zuhörer am meisten "Sinn macht". Deshalb werden individuelle Lebensgeschichten wie die Geschichten von Kollektiven permanent im Lichte neuer Erfahrungen und Bedürfnisse aus der Gegenwart heraus überschrieben. Man könnte sagen, jede Gegenwart, jeder Autobiograph schafft sich jene Vergangenheit, die für seine Zukunftsorientierungen und -optionen den funktional höchsten Wert hat.

6. Gibt es falsche Erinnerungen?

Dass das autobiographische Gedächtnis ausgesprochen geschmeidig in der Integration unterschiedlichster Quellenbestände ist, dafür liefert die Gedächtnisforschung eine Reihe von Begründungen. Dabei liegt grundsätzlich ein Problem darin, dass die Nichterfüllung realitätsgerechter Wiedergaben von vergangenen Geschehnissen stets als defizitär betrachtet wird, als „Fehlleistung" des Gedächtnisses oder als „false memory" etwa. Es wäre aber höchst verwunderlich, wenn das Zentralorgan der menschlichen Weltbewältigung evolutionär so insuffizient entwickelt wurde, dass es sich pausenlos Fehler leistet. Vielleicht hat das, was als falsches Erinnern und Fehlleistung erscheint und als ärgerlich empfunden wird, ja Methode. Anders könnte das menschliche Gedächtnis seine schier grenzenlose Integrationsfähigkeit gar nicht erfüllen, und als assoziativ arbeitendes System muss es notwendig mit Unschärfen und riskanten Verbindungen operieren. Die markantesten „Fehlleistungen" des Gedächtnisses hat Daniel Schacter (1999) aufgelistet:

1. Das Verblassen von Erinnerungen. Man kann davon ausgehen, dass Erinnerungen dann verschwinden, wenn sie nicht in Anspruch genommen werden; möglicherweise lösen sich die synaptischen Verknüpfungen der entsprechenden Engramme auf, wenn die Erinnerung nie abgerufen wird (Schacter, 1999, 184).

2. Eine weitere Problematik des Erinnerns entsteht schon im Moment der Einspeicherung, denn natürlich ist unsere Wahrnehmung in jeder Situation, in der wir uns befinden, höchst selektiv. In das Langzeitgedächtnis werden also überhaupt nur jene Aspekte einer Situation überführt, denen unsere Aufmerksamkeit gegolten hat. Man kann sich das an den Tricks von Varieté-Zauberkünstlern klarmachen, die darauf basieren, dass die Aufmerksamkeit der Zuschauer so sehr auf einen Aspekt der sichtbaren Situation focussiert wird, dass diese andere Manipulationen selbst dann nicht wahrnehmen, wenn sie ganz unverdeckt vollzogen werden. Daneben spielt eine Rolle, dass Personen nach Kategorien wahrgenommen werden; es ist einfach im Regelfall nicht wichtig, sich die Charakteristika einer Person einzuprägen, die einen nach dem Weg fragt und die man danach nie wiedersehen wird. Kriminalisten können eine unendliche Fülle solcher Erinnerungsfehlleistungen aus Zeugenverhören berichten.

3. Oft scheint der Abruf von Erinnerungen irgendwie blockiert. Hierbei handelt es sich meist um temporäre Schwierigkeiten, sich an etwas klar zu erinnern; man hat das Gefühl, es „läge einem auf der Zunge" (weshalb diese Blockierung auch als TOT, „tip-of-the-tongue"-Phänomen bezeichnet wird). Man geht davon aus, dass andere Erinnerungspartikel mit jener Erinnerung interferieren, die man abzurufen beabsichtigt. Da der Erinnerungsabruf offensichtlich in der Aktivierung eines assoziativen Musters besteht, würde ein Interferieren anderer Assoziationen einer korrekten Aktivierung tatsächlich auch im Wege stehen. Deshalb fällt einem oft zu einem späteren Zeitpunkt, wenn es um ganz andere Dinge geht, der gesuchte Name ganz von selbst wieder ein (Schacter, 1999, 188).

4. Ein sehr weites Feld bilden die Fehlerinnerungen. Der problemlose Import „falscher" Erinnerungen in die eigene Lebensgeschichte etwa geht darauf zurück, dass Erzähler sich zwar korrekt an einen Zusammenhang erinnern können, sich aber in der Quelle irren, aus der sie diese Erinnerung geschöpft haben – weshalb etwa auch Bücher oder Filme zur Quelle von Erinnerungen werden können, die man als seine eigenen empfindet. Quellen-Verwechslungen und Quellen-Amnesie spielen gelegentlich auch eine Rolle in urheberrechtlichen Streitigkeiten, etwa wenn die Melodie eines Schlagers anscheinend plagiiert wurde. Auch in solchen Fällen von „unintended plagiarism" kann die Ursache eine Quellen-Verwechslung sein und der Komponist ganz unabsichtlich eine Melodie, die er in Wahrheit von irgendwoher kannte, als seine eigene Kreation verstanden haben.

5. Einen wichtigen Aspekt bei Fehlerinnerungen aufgrund von Quellen-Amnesien und -Verwechslungen stellt Suggestibilität dar, die in spezifischen Situationen wie etwa therapeutischen Settings oder Tiefeninterviews besonders hoch sein kann und zur Generierung von lebensgeschichtlichen Erinnerungen führen kann, die keine Entsprechung in der faktischen Lebensgeschichte haben. Ein spektakuläres Beispiel hierzu stellt der Fall des Schriftstellers Binjamin Wilkomirski dar, der seine Kindheitserfahrungen im Konzentrationslager in

einem äußerst erfolgreichen Buch veröffentlicht hatte (Wilkomirski, 1996). Es stellte sich allerdings bald heraus, dass Wilkomirski in Wahrheit Bruno Dösseker heißt, bei Schweizer Adoptiveltern aufgewachsen war und nie etwas mit dem Holocaust zu tun hatte. Allerdings hatte er sich über Jahre hinweg durch Besuche in Lagern, Aneignung der entsprechenden Lektüre und mit einem gewissen suggestiven Feedback aus Therapien eine Opfer-Identität zugelegt, an die er offenbar selbst glaubte (Assmann 2001).

6. Erinnerungen werden verzerrt. Grundsätzlich ist es so, dass vorhandene Überzeugungen und Einstellungen in Bezug auf Menschen und Situationen uns dazu veranlassen, diese auch entsprechend selektiv wahrzunehmen und uns gemäß unserer Kategorisierungen daran zu erinnern. Einer der frühen Erinnerungsforscher, Frederic Bartlett, hat dazu eine klassische Studie (1997 - [i. O. 1932]) vorgelegt, in der er britischen Studenten eine für sie exotische Geschichte aus einem ethnologischen Forschungsbericht vorlegte, die sie lesen und anschließend nacherzählen sollten. Dabei kamen zwei experimentelle Settings zur Anwendung: In dem einen wurde die Versuchsperson aufgefordert, die Geschichte jemand anderem weiterzuerzählen, dieser hatte sie dann einem Dritten zu erzählen usw. – eine Variante des Kindergeburtstagsspiels "Stille Post", allerdings mit einem komplexeren Inhalt. Dieses Verfahren bezeichnete Bartlett als "serielle Reproduktion". In einem zweiten Setting wurde jeweils dieselbe Versuchsperson in Zeitabständen darum gebeten, die Geschichte erneut zu erzählen ("wiederholte Reproduktion"). Bartlett zeichnete die Variationen akribisch auf und notierte im Fall der wiederholten Reproduktion schon bei der zweiten Wiedergabe nach etwa 20 Stunden signifikante Abweichungen von der Originalgeschichte: Erstens wurde die Geschichte kürzer, zweitens wurde ihr narrativer Stil "moderner", drittens bekam sie eine – aus Sicht der westlichen Kultur – logischere und kohärentere Struktur. Bartletts Befunde verweisen nicht nur darauf, dass die Wahrnehmung, die Einspeicherung und der Abruf von Erinnerungen kulturellen Schemata folgt, sondern zugleich darauf, dass Erinnerung in hohem Maße konstruktiv ist, indem sie den jeweiligen selbstbezogenen und kulturellen Sinnbedürfnissen der sich erinnernden Personen folgt.

7. Schließlich ist noch das Problem der Persistenz von Erinnerungen zu erwähnen – dass einem also etwas nicht „aus dem Sinn geht", obwohl man sich nicht daran erinnern möchte. Dieses Phänomen tritt besonders im Zusammenhang traumatischer Erfahrungen oder depressiver Erkrankungen auf und führt etwa dazu, dass die Patienten ständig über negative Ereignisse und schlechte Erfahrungen „nachgrübeln". In diesen Symptombereich gehört auch die Übergeneralisierung solcher Erinnerungen in der Weise, dass etwa der ganze Lebensabschnitt, in den eine negative Erinnerung fällt, in dieser Tönung gesehen wird.

Solche scheinbaren Dysfunktionen des Gedächtnisses werden im Allgemeinen, wie gesagt, als etwas prinzipiell Negatives aufgefasst. Aber vieles von dem, was im Alltag als ärgerliches Versagen des Gedächtnisses erscheint, ist höchst funktional. Vergessen ist konstitutiv für die Fähigkeit des Erinnerns überhaupt, denn wenn wir uns an alles erinnern würden, was im Strom der Ereignisse und im Inventar der Dinge, die in uns in jedem Augenblick umgeben, prinzipiell wahrnehmbar und damit erinnerbar ist, hätten wir nicht die geringste Möglichkeit, uns zu orientieren und Entscheidungen darüber zu treffen, was als Nächstes zu tun ist. Vergessen ist also eine höchst funktionale adaptive Fähigkeit. Auch Blockierungsphänomene gehen auf eine adaptive Funktion zurück, nämlich die Inhibierung, die notwendig dafür ist, dass wir uns beim Abruf von Gedächtnisinhalten an genau das erinnern, was wir gerade benötigen und eben nicht an alles andere auch noch. Blockierung ist mithin lediglich ein kleinerer Betriebsunfall in einem ansonsten höchst funktionalen System des gezielten Abrufs. Dasselbe gilt für die Selektivität der Wahrnehmung. Wir sehen in erster Linie das, worauf sich unser aktuelles Interesse richtet, alles andere verschwindet an den unscharfen Randbereichen unserer Aufmerksamkeit. Jeder weiß, wie eng die Aufmerksamkeit focussiert ist, wenn man einen bestimmten Gegenstand, etwa einen Zettel mit einer Telefonnummer, in einer Schublade voller Papiere, Notizen, Visitenkarten etc. sucht. Aber auch generell finden aus einer beliebigen Situation nur die allerwenigsten Merkmale Eingang in das Arbeitsgedächtnis, und von dort wandert, wie gesagt, wiederum nur das wenigste in die Langzeitgedächtnissysteme weiter. Auch in den Vorgängen der Einspeicherung, der Aufbewahrung, des Abrufs und der erneuten Einspeicherung findet Selektion statt – Engramme können sich auflösen, wenn sie nicht aktiviert werden. In der Abrufsituation geht es gelegentlich nur um einen einzigen Aspekt eines komplexen Erinnerungszusammenhangs; beim Rückspeichern werden Merkmale der Situation, in der die Erinnerung abgerufen wurde, mit abgespeichert – kurz: Erinnerungsinhalte unterliegen in hohem Maße gebrauchsabhängigen Veränderungen.

Wir verfügen bemerkenswerterweise über keinen Lügendetektor auf Hirnebene; „wahre" und „falsche" Erinnerungen fühlen sich gleich an. Dass das autobiographische Gedächtnis nicht zwischen „wahren" und „falschen" Erinnerungen unterscheidet, sollte Veranlassung geben, die Unterscheidung zwischen „wahr" und „falsch" im Zusammenhang von Erinnerungen kontextspezifisch vorzunehmen. Ein Wahrheitsbegriff, der sich an der objektiven Rekonstruktion zurückliegender Sachverhalte orientiert, hat zweifellos in der Wissenschaft oder vor Gericht höchste Relevanz, aber juristische wie wissenschaftliche Wahrheitskriterien werden methodisch anders erfüllt als soziale. Gelten im ersten Fall nur durch codifizierte Verifikationsstrategien gesicherte Daten als „wahr", bemisst sich Wahrheit im sozialen Alltag am Kriterium sozialer Übereinstimmung. Viele Erinnerungskonflikte zwischen Wissenschaftlern und Zeitzeugen und besonders die Durchmischungen von „Erinnern" und „Gedenken" gehen auf die chronische Vernachlässigung dieser Unterscheidungen zurück.

Wichtiger aber in unserem Zusammenhang ist der Kernbefund, dass das Gedächtnis höchst geschmeidig und opportunistisch sich nach den Gegebenheiten einer jeweiligen Gegenwart, den Situationen und Stimmungen, in denen sich jemand befindet und den Erinnerungsgemeinschaften, zu denen er gehört, nuanciert umschreibt. Das ist keine Fehlfunktion, sondern liegt wiederum darin begründet, dass Kooperation und damit funktionale Übereinstimmung in Wahrnehmungen und Deutungen ein konstitutives Merkmal der menschlichen Lebensform ist. Anders gesagt: Eine Person, die nichts vergisst, könnte sich an Veränderungen in ihrer sozialen Umwelt überhaupt nicht adaptieren, was man sich einfach daran klarmachen kann, dass Konflikte, Verletzungen, Kränkungen etc. niemals in den Status einer bewältigten Vergangenheit absinken könnten, sondern beständig „online" blieben und mit aktuellen Zuständen und Aufgaben interferieren würden. Kooperation in Bezug auf abgestimmtes zukunftsbezogenes Handeln wäre nicht möglich, und da exakt dies das zentrale Bestimmungsmerkmal der menschlichen Lebensform ist, könnte diese nicht funktionieren, wenn ihre Mitglieder mit starren, unflexiblen und unbestechlichen Gedächtnissen ausgestattet wären.

Das autobiographische Gedächtnis ist also, summa summarum, viel weniger „auto", als es den Anschein hat. Aber wenn man es das soziographische Gedächtnis nennen würde, würde man verfehlen, dass jedes individuelle Gedächtnis in jedem Moment eine einzigartige und nur einmal vorkommende Schnittstelle jener spezifischen Engramme und Exogramme ist, aus denen wir unsere Welt schöpfen.

Literatur

[1]   Assmann, A. (2001). Wie wahr sind Erinnerungen? In: H. Welzer (Hg.), *Das soziale Gedächtnis. Geschichte, Erinnerung, Tradierung* (S.103-122). Hamburg: Hamburger Edition.

[2]   Bartlett, F. (1997 [1932]). *Remembering. A study in experimental and social psychology.* Cambridge: University Press.

[3]   Damasio, A. (1999). *The feeling of what happens. Body and emotion in the making of consciousness.* New York u.a.: Harcourt Brace.

[4]   Donald, M. (2001). *A mind so rare. The evolution of human consciousness.* New York: Norton.

[5]   Elias, N. (1986). *Über den Prozeß der Zivilisation.* Frankfurt/M.: Suhrkamp.

[6]   Freeman, M. (2001). Tradition und Erinnerung des Selbst und der Kultur. In H. Welzer (Hg.), *Das soziale Gedächtnis. Geschichte, Erinnerung, Tradierung* (S. 25-40). Hamburg: Hamburger Edition.

[7]   Gadamer, H.G. (1983). *Wahrheit und Methode. Grundzüge einer philosophischen Hermeneutik,* Bd. 1. Tübingen: Mohr.

[8]   Harpaz-Rotem, I., & Hirst, W. (2005). The earliest memory in individuals raised in either traditional and reformed kibbutz or outside the kibbutz. *Memory,* 13, 51-62.

[9]   Holodynski, M. & Friedlmeier, W. (2005). *Development of Emotions and Their Regulation.* New York u.a.: Springer.

[10] Lakoff, G. & Johnson, M. (1999). *Philosophy in the flesh. The embodied mind and its challenge to western thought.* New York: Basic Books.

[11] Markowitsch, H.J. & Welzer, H. (2005). *Das autobiographische Gedächtnis. Hirnorganische Grundlagen und biosoziale Entwicklung.* Stuttgart: Klett-Cotta.

[12] Schacter, D.L. (1999). *The seven sins of memory.* American Psychologist, 54, 182-201.

[13] Stern, D. (1998). *Die Mutterschaftskonstellation. Eine vergleichende Darstellung verschiedener Formen der Mutter-Kind-Psychotherapie.* Stuttgart: Klett-Cotta.

[14] Tomasello, M. (2002). *Die kulturelle Entwicklung des menschlichen Denkens.* Frankfurt/M.: Suhrkamp.

[15] Wang, Q. (2006). Earliest recollections of self and others in European American and Taiwanese young adults. *Psychological Science,* 17, 8, 708-714.

[16] Wilkomirski, B. (1995). *Bruchstücke.* Frankfurt/M.: Suhrkamp.

[17] Wygotski, L.S. (1978). *Denken und Sprechen.* Frankfurt/M.: Fischer.

Autoren- und Herausgeberverzeichnis

Pat ABBOT

Department of Psychology, University of Southampton
Wessex Neurological Centre, Southampton General Hospital
Southampton, SO16 6YD, England

Stephan BENDER

Zentrum für Psychosoziale Medizin, Klinik für Kinder- und Jugendpsychiatrie
Universität Heidelberg
Villa Blumenstraße, 69115 Heidelberg
e-mail: stephan.bender@med.uni-heidelberg.de

Frank G. BRECHT

St. Thomas e.V.
Wieblinger Weg 92 a, 69123 Heidelberg – Wieblingen
e-mail: brecht@st-thomas.de

Kim S. GRAHAM

School of Psychology, Cardiff University
Tower Building, Park Place, Cardiff CF10 3AT
e-mail: grahamks@cardiff.ac.uk

Christina J. HEROLD

Sektion Gerontopsychiatrie, Universität Heidelberg
Voßstr. 4, 69115 Heidelberg
e-mail: christina-j.herold@med.uni-heidelberg.de

Narinder KAPUR

Department of Psychology, University of Southampton
Addenbrooke´s Hospital, Cambridge
R3 Neurosciences, Box 83, Cambridge CB2 2QQ
e-mail: narinder.kapur@addenbrookes.nhs.uk

Marc M. LÄSSER

Sektion Gerontopsychiatrie, Universität Heidelberg
Voßstr. 4, 69115 Heidelberg
e-mail: marc.laesser@med.uni-heidelberg.de

Hans J. MARKOWITSCH

Physiologische Psychologie, Universität Bielefeld
Universitätsstraße 25, 33615 Bielefeld
e-mail: hans.markowitsch@uni-bielefeld.de

Johannes PANTEL

Klinik für Psychiatrie, Psychosomatik und Psychotherapie, Universität Frankfurt
Heinrich-Hoffmann-Str. 10, 60528 Frankfurt a.M.
e-mail: johannes.pantel@kgu.de

Lena A. SCHMID

Sektion Gerontopsychiatrie, Universität Heidelberg
Voßstr. 4, 69115 Heidelberg
e-mail: lena.schmid@med.uni-heidelberg.de

Johannes SCHRÖDER

Sektion Gerontopsychiatrie, Universität Heidelberg
Voßstr. 4, 69115 Heidelberg
e-mail: johannes.schroeder@med.uni-heidelberg.de

Ulrich SEIDL

Sektion Gerontopsychiatrie, Universität Heidelberg
Voßstr. 4, 69115 Heidelberg
e-mail: ulrich.seidl@med.uni-heidelberg.de

John S. SIMONS

Department of Experimental Psychology, University of Cambridge
Downing Street, Cambridge CB2 3EB
e-mail: j.simons@psychol.cam.ac.uk

Pablo TORO

Sektion Gerontopsychiatrie, Universität Heidelberg
Voßstr. 4, 69115 Heidelberg
e-mail: pablo.toro@med.uni-heidelberg.de

Harald WELZER

Kulturwissenschaftliches Institut
Goethestraße 31, 45128 Essen
e-mail: harald.welzer@kwi-nrw.de

Das autobiographische Gedächtnis: Grundlagen und Klinik
J. Schröder und F.G. Brecht (Hrsg.)
© *2009, AKA Verlag Heidelberg*

Danksagung

Der vorliegende Kongressband geht auf das VIII. Heidelberger Symposium zur interdisziplinären Arbeit in der Sozialpsychiatrie zurück, das in den Kongressräumen der SAP AG in St. Leon-Rot stattfinden konnte. Angeregt wurde das Symposium von der Dietmar-Hopp-Stiftung, die das Forschungsprojekt „Die zerrüttete Erinnerung – Störungen des autobiographischen Gedächtnisses bei schizophrenen Psychosen" überhaupt erst möglich machte.

Erwähnen möchten wir ferner Frau France Beaumont und Frau Rita Drokur, die mit ihrem steten organisatorischen Engagement das Symposium nicht nur organisatorisch begleiteten.

Das autobiographische Gedächtnis: Grundlagen und Klinik
J. Schröder und F.G. Brecht (Hrsg.)
© *2009, AKA Verlag Heidelberg*

Autorenverzeichnis